Die Konzeption des "Neuen Menschen" in Ernst Barlachs dramatischem Schaffen

American University Studies

Series I
Germanic Languages and Literature
Vol. 95

PETER LANG
New York • San Francisco • Bern • Baltimore
Frankfurt am Main • Berlin • Wien • Paris

Jochen Richter

Die Konzeption des "Neuen Menschen" in Ernst Barlachs dramatischem Schaffen

PETER LANG
New York • San Francisco • Bern • Baltimore
Frankfurt am Main • Berlin • Wien • Paris

Library of Congress Cataloging-in-Publication Data

Richter, Jochen Hans.
  Die Konzeption des "Neuen Menschen" in Ernst Barlachs
dramatischem Schaffen / by Jochen Richter.
    p. cm. — (American university studies. Series I, Germanic
languages and literature; vol. 95)
  Includes bibliographical references.
    1. Barlach, Ernst, 1870-1938—Criticism and interpretation.   I. Title.
II. Series: American university studies. Series I, Germanic languages
and literature ; vol. 95.
PT2603.A53Z84   1992   832'.912—dc20   92-8238
ISBN 0-8204-1552-9   CIP
ISSN 0721-1392

Die Deutsche Bibliothek-CIP-Einheitsaufnahme

Richter, Jochen Hans:
Die Konzeption des "Neuen Menschen" in Ernst Barlachs
dramatischem Schaffen / Jochen Richter.—New York; Berlin; Bern;
Frankfurt/M.; Paris; Wien: Lang, 1992
  (American university studies : Ser. 1, Germanic languages and
literature ; Vol. 95)
    ISBN 0-8204-1552-9
NE: American university studies/01

Mein Dank geht an alle, die mir bei der Vollendung dieses Projektes geholfen haben; besonders aber an meinen Vater, Hans Richter, an Dr. Gerd Schneider, an meine Sekretärin Roz Macken und an Allegheny College für die großzügige Unterstützung der letzten Fassung dieser Arbeit.

Im Text verwendete Abkürzungen für Barlachs Werke

AV *Der arme Vetter*
BB *Der blaue Boll*
ES *Die echten Sedemunds*
FI *Der Findling*
GR *Der Graf von Rantzau*
GZ *Die gute Zeit*
SÜ *Die Sündflut*
TT *Der tote Tag*

Diese Dramen werden alle mit nachfolgenden Seitenangaben zitiert nach der Ausgabe: *Ernst Barlach, Das dichterische Werk in drei Bänden: Erster Band.* Die Dramen hrsg. von Friedrich Droß und Klaus Lazarowicz. München: R. Piper, 1956.

PI *Zweiter Band. Die Prosa I,* hrsg. von Friedrich Droß. München: R. Piper & Co. Verlag, 1958.

PII *Dritter Band. Die Prosa II,* hrsg. von Friedrich Droß. Mit einem Nachwort von Walter Muschg. München: R. Piper & Co. Verlag, 1959.

BI *Die Briefe I. 1888–1924,* hrsg. von Friedrich Droß. München: R. Piper & Co. Verlag, 1968.

BII *Die Briefe II. 1925–1938,* hrsg. von Friedrich Droß. München: R. Piper & Co. Verlag, 1969.

INHALT

Einführung

„Es gibt nun aber keine 'Deutungen', die meine...Arbeiten erschöpfen, sogar annähernd nur umschreiben,"[1] stellt Barlach in einem Brief vom 20. Januar 1936 mit Bezug auf seine Plastik fest. Was für die Plastik stimmt, gilt im gleichen Maße auch für das dichterische Werk Ernst Barlachs. Es ist gerade diese Qualität des Unerschöpflichen, die immer wieder Interpreten und Literaturwissenschaftler in ihren Bann zieht und sein Werk zum Objekt einer umfangreichen Sekundärliteratur gemacht hat.

Die vorliegende Arbeit beabsichtigt keine Gesamtdeutung des dramatischen Werkes, sondern bemüht sich darum, einen wesentlichen Teilaspekt der Dramen zu erhellen. Barlachs Konzept vom „neuen Menschen" steht im Zentrum aller seiner Stücke und hat auch die Form der Dramen beeinflußt. Dennoch ist dieses Thema mit Ausnahme eines kurzen Aufsatzes nicht näher behandelt worden.[2] Selbst die Dissertation von Paul E. Wyler, „Der 'neue Mensch' im Drama des deutschen Expressionismus," erwähnt Barlach nur am Rande.[3] Diese Vernachlässigung spiegelt die Unsicherheit über Barlachs literarische Zuordnung wider. In fast allen Untersuchungen wird Barlach zwar zusammen mit den Expressionisten behandelt, aber gleichzeitig betonen die Autoren seine Ausnahmestellung und Unabhängigkeit von den literarischen Strömungen seiner Zeit. Bezeichnend für diese Haltung ist ein Aufsatz von Otto Mann in einer Sammlung, die ausschließlich Gestalten der expressionistischen Bewegung behandelt. Der erste Satz über Barlach lautet: „Ernst Barlach war nicht bewußter Träger und Verfechter expressionistischer Kunst und Dichtung"; und weiter unten heißt es nochmals: „Auch ordnet sich Barlach mit seinen Dramen nicht in den Expressionismus ein."[4] Gerade das Konzept vom neuen Menschen, das eines der Zentralthemen des Expressionismus darstellt, steht auch bei Barlach im Mittelpunkt seines dramatischen Schaffens und bindet ihn eng an diese literarische Bewegung. Eine eingehende Behandlung des Themas dient also nicht nur dem besseren Verständnis der einzelnen Dramen, sondern stellt zugleich auch Verbindungslinien zur zeitgenössischen Literatur her und liefert Material für eine Einordnung in die literarischen Strömungen zu Beginn des 20. Jahrhunderts.

Allerdings birgt eine solche Untersuchung der Barlachschen Dramen auf ein bestimmtes Konzept hin auch Gefahren und Nachteile, auf die Edson M. Chick im Zusammenhang mit dem BB hingewiesen hat:

> What needs to be known ist that it [BB] ist not just another late expressionistic play about the New Man. It ist, rather, an intricate, vivid, lively work of art....To gain some insight into its workings, one must first recognize that Barlach is too much of an artist to be treated as a mediocre *Dichterdenker* (poet-thinker)—one of that peculiarly German tribe of lay theologians and amateur philosophers. The kernel of what *Der blaue Boll* has to say is not to be found in simplistic generalities about change and becoming....[5]

Um die hier beschriebene Gefahr der Verallgemeinerung und bedeutungslosen Schematisierung zu vermeiden, soll das Konzept vom neuen Menschen deduktiv aus dem dramatischen Werk abgeleitet werden. Diese werkorientierte Methode verhindert nicht nur unnötige Wiederholungen, da sie den Vergleich eines jeden Dramas mit einer vorgefaßten Definition überflüssig macht, sondern lenkt auch die Aufmerksamkeit bewußt auf die individuellen Dramen. Darin besteht aber das Hauptanliegen dieser Untersuchung. Es soll nicht der Sinn dieser Arbeit sein, die einzelnen Dramen mit einem bereits festgelegten Schema zu vergleichen, um lediglich Übereinstimmungen und Abweichungen zu konstatieren; es geht vielmehr darum, zum Verständnis der immer noch umstrittenen Dramen selbst beizutragen. Aus diesem Grunde konzentriert sich die Untersuchung auf die eingehenden Einzelanalysen von vier Dramen, die—jede für sich selbst genommen—einen Beitrag zum Verständnis von Barlachs dramatischem Werk leisten sollen, ohne unzulässigerweise zu verallgemeinern.

Die Auswahl der vier Dramen ist allerdings unter besonderer Berücksichtigung des Konzepts vom neuen Menschen geschehen. Da der TT, der AV, der FI und der BB entscheidende Stufen in der Entwicklung oder besondere

Ausprägungen der gewählten Thematik darstellen, sind sie den übrigen Dramen vorgezogen worden. Dennoch werden auch die ES, die SÜ, die GZ und der GR nicht völlig übergangen, sondern in kurzen Zwischenkapiteln bzw. im Schlußkapitel auf ihre Behandlung der Idee vom neuen Menschen hin untersucht. Diese Regelung erlaubt es, die Dramen in chronologischer Anordnung zu behandeln und auf eine etwaige Entwicklung der Ideen hin zu überprüfen. Ein besonderes Augenmerk liegt auf dem wiederkehrenden Gebrauch von Motiven, Symbolen und Metaphern. Die Ergebnisse der Einzeluntersuchungen werden zum Schluß miteinander verglichen und auf ein gemeinsames Schema und mögliche formale Implikationen hin überprüft.

Obwohl in dieser Untersuchung eine überwiegend werkimmanente Interpretationsmethode angewendet wird, glaubt der Verfasser nicht an den Gebrauch reiner Methoden. Die Methode soll dem Verständnis des Werkes dienen, und wenn (auto-)biographisches, geistesgeschichtliches oder historisches Material der Interpretation nützt, dann wird es herangezogen. Besondere Berücksichtigung finden daher auch die seit 1969 vorliegenden zwei Briefbände Ernst Barlachs. Daß die Heranziehung von biographischem Material für das Verständnis von Barlachs Werk besonders fruchtbar ist, muß selbst ein Interpret wie Herbert Kaiser zugestehen, der sich programmatisch zur induktiven und werkimmanenten Interpretation bekennt. „Die Zentralstellung des geistigen Subjekts in Barlachs Dichtungen erklärt sich so als die Selbstbespiegelung der eigenen, der Barlachschen Geistigkeit, in der das Biographische und Erlebte nach seiner geistigen Bedeutsamkeit befragt und damit allgemeingültig wird," lautet das Faszit von Kaisers Untersuchung, und der Autor weist in einer Fußnote nochmals darauf hin, daß „Barlachs Briefe und Tagebücher zum Verständnis von Mensch und Werk von allergrößter Bedeutung" sind.[6]

Fußnoten Einführung

1. Ernst Barlach, *Die Briefe, 1925–1938*, hrsg. von Friedrich Dross (München: R. Piper & Co. Verlag, 1969), II, 611; im folgenden im Text zitiert als B II.

2. W. I. Lucas, „Barlach's 'Der blaue Boll' and the New Man," *German Life and Letters*, XVI (1962/63), 238–247.

3. Stanford University, 1943.

4. Otto Mann, „Ernst Barlach," in *Expressionismus: Gestalten einer literarischen Bewegung*, hrsg. von Hermann Friedmann und Otto Mann (Heidelberg: Wolfgang Rothe Verlag, 1956), S. 296.

5. Edson M. Chick, *Ernst Barlach*, Twayne's World Authors Series, No. 26 (New York: Twayne Publishers, 1967), S. 85.

6. Herbert Kaiser, *Der Dramatiker Ernst Barlach: Analysen und Gesamtdeutung* (München: Fink Verlag, 1972), S. 216.

Der tote Tag

In dem autobiographischen Bericht „Ein selbsterzähltes Leben" meldet Barlach, daß er bereits in seinen Wedeler Jahren von 1901 bis 1904 „ein Drama zu schreiben begann."[1] Der fragmentarische Entwurf, der sich beim Nachlaß in Güstrow befindet, läßt jedoch keine gehaltliche Verbindung zu dem erst 1912 im Druck erschienenen Drama *Der tote Tag* erkennen.[2] Nach Herbert Meier begann Barlach im Mai 1907 mit der Niederschrift eines Dramas „Der Göttersohn." Dieser Titel wurde im Juli 1908 bei einer zweiten Niederschrift in „Blutgeschrei" geändert.[3] Beide Titel zeigen eindeutige Bezüge auf das spätere Drama und können als Vorstufen für den TT angesehen werden. Während die Überschrift „Der Göttersohn" auf die geheimnisvolle Abstammung des Sohnes hinweist, bezieht sich der Titel „Blutgeschrei" vor allem auf den fünften Akt, in dem das Wort Blut leitmotivischen Charakter annimmt. Wie stark Barlach den TT noch unter dem Titel „Blutgeschrei" konzipiert hat, wird durch die zweifache Variation des Wortes am Schluß des Dramas deutlich:

> Steißbart: Woher das Blut kommt, bedenken sollen sie. Alle haben ihr bestes Blut von einem unsichtbaren Vater.
>
> Kule: Dein Geschrei klingt sonderbar.
>
> Steißbart: Aber wie Blutgeschrei richtig. Sonderbar ist nur, daß der Mensch nicht lernen will, daß sein Vater Gott ist (TT, S. 95).

Seit dem 8. Februar 1908 erwähnt Barlach das Drama häufiger in seinen Briefen (B II, S. 926). Vom Frühjahr 1909 bis Mitte 1910 wird das Manuskript verschiedenen Freunden und Bekannten zur Kritik vorgelegt und überarbeitet. Im Juni 1910 meldet Barlach an Reinhard Piper: „Ich habe mein Drama fertig, so wie man es vorbehaltlich einiger Flickereien eben fertig nennt."[4] Seit Dezember 1910 befindet sich eine endgültige Schreibmaschinenfassung in den Händen des Verlegers Paul Cassirer, aber erst 1912 erscheint das Stück unter dem neuen Titel *Der tote Tag* im Druck.

Die Oberflächenhandlung des TT läßt sich mit wenigen Worten zusammenfassen: Der Sohn drängt hinaus in die Welt, um sich im Leben zu bewähren. Er wird in dieser Haltung durch seinen unbekannten göttlichen Vater bestärkt, der ihm zum Zeichen des Aufbruchs das Roß Herzhorn gesandt hat. Die Mutter wehrt sich jedoch verzweifelt gegen den Fortgang des Sohnes. Sie tötet das Roß und verhindert auf diese Weise den Aufbruch. Als ihre Tat mit Hilfe des unsichtbaren Gnomen Steißbart bekannt wird, ersticht sie sich. Der Sohn, dem es schon vorher an Kraft fehlte, sich von der Mutter zu lösen, folgt ihr in den Tod.

Diese kurze Wiedergabe der Handlung sagt jedoch wenig über das Stück selber aus, denn einerseits ist die äußere Handlung recht nebensächlich für das gesamte Drama und andererseits sind die inneren Vorgänge so dicht gewebt, so komplex und vielschichtig, daß sie sich jeder vereinfachenden Darstellung entziehen. Thomas Mann erkannte diesen Sachverhalt bei seiner ersten Begegnung mit dem Stück im Oktober 1924. Er schrieb für die amerikanische Zeitschrift *Dial* über den TT: „It is a work *sui generis*, dislocated and exorbitant, radically bold and singular—in my unauthoritative opinion it is the most powerful and most peculiar accomplishment of the new drama in Germany."[5] Trotz der von Thomas Mann gefeierten Einzigartigkeit darf man auch in diesem Stück die in fast allen Barlachschen Werken vorhandenen biographischen Grundelemente nicht übersehen.

Barlach hat im April 1916 in einem Brief an Doktor Cohen rückblickend den biographischen Hintergrund seines Stückes erhellt. Er weist dort auf die Bemühungen hin, seinen unehelichen Sohn Nikolaus durch einen Prozeß für sich zu gewinnen. „So versetzte ich mich...in die Situation des Kindes, war in der Phantasie zugleich Vater und Sohn, zugleich Mutter und Kind" (B I, S. 480). Friedrich Schult zeichnete im November 1919 eine ähnliche Bemerkung Barlachs zum TT auf: „Die Mutter wollte den Knaben nicht hergeben. Auf diese Weise mußte ich früher oder später notwendig Gott für ihn werden. Das war der Anstoß. Unter den Händen wuchs die Idee von selbst ins Mythische."[6]

Ausgangspunkt und Grundkonflikt des Dramas, der Sohn als Streitobjekt zwischen Mutter und Vater, beruhen also auf tatsächlichen Erlebnissen. Auch die Überhöhung der väterlichen Welt ins Göttliche läßt sich auf reale Erfahrungen zurückführen. Barlach erklärt in dem bereits erwähnten Brief an Cohen, daß die Mutter des Kindes „einem niedrigen Lebenskreis" angehörte und ihn „betrog und erpreßte" (B I. S. 480). Verstärkt wird der negative Akzent der Mutterrolle durch das gespannte Verhältnis zur eigenen Mutter. „Das Leben meiner Mutter," heißt es in Barlachs Autobiographie, „hatte schon lange keinen selbstigen Gehalt mehr. Die, denen sie das Leben gegeben, mußten ihr den Sinn fürs Dasein schaffen..." (P I, S. 42). Diese egoistisch gefärbte Mutterliebe wird von Barlach in stark überzeichneter Form in den TT hineinkomponiert und trägt zum Untergang des Sohnes bei.

Auch das Motiv des schmerzlich vermißten und nicht erreichbaren Vaters läßt sich biographisch erhellen. Barlach verlor als Vierzehnjähriger im Jahre 1884 seinen Vater. Wie tief er diesen Verlust empfunden hat, bezeugt ein Kondolenzbrief an seinen Vetter Karl Barlach vom 10. Februar 1918. „Lieber Vetter, ich bin nicht eingenommen genug von mir, um zu glauben, Dir bei Gelegenheit des Todes Deines Vaters etwas sagen zu können, das Dir von Wert sein könne. Ich könnte eigentlich so viel sagen, daß es nicht im Briefe zu erledigen wäre. Denn die Begriffe Sohn und Vater haben für mich eine ungeheure Weite....Ein Vater, den man im Alter von vierzehn Jahren verliert, ist etwas unbegreiflich anderes als der, welcher einem als erwachsenem Mann entrissen wird. Mag sein, daß mir aus meinen Erfahrungen so viel Mystik in den Vaterbegriff geflossen ist..." (B I, S. 520). Daß sich das Bild des eigenen Vaters mit dem des unerreichbaren Göttervaters in Barlachs Phantasie vermischt hat, beweist auch die Namensgebung des Rosses. Herzhorn ist der Geburtsort des Vaters.

Ein letztes biographisches Element läßt sich in der Benennung des geheimnisvollen blinden Besuchers im TT feststellen. Nach Friedrich Schult ist der Name Kule „die früheste Maske, die sich der Dichter, der Zeit seines Lebens sich zu verstecken liebte, vorband..." (P I, S. 517).

Bedenkt man, daß nicht allein der Vorwurf zum Drama, sondern auch die Darstellung der Hauptpersonen und ihrer Konflikte miteinander auf biographische

Realitäten zurückgehen, dann muß man wohl Karl Graucob zustimmen, der schreibt, daß „*Der tote Tag* mit Barlachs persönlichem Leben eng verbunden ist."[7] Die Tatsache einer solchen Verankerung der Dichtung in die biographische Wirklichkeit sollte jeden Interpreten davor bewahren, sich allzu leichtfertig und eifrig in metaphysisch-philosophische Spekulationen zu verlieren. Andererseits soll auch die Bedeutung des Biographischen nicht überbewertet werden. Eine bloße Aufzählung von möglichen Einflüssen aus der erlebten Wirklichkeit des Dichters auf das Werk besagt nichts; im Gegenteil, sie kann sogar in die Irre führen. Das Material der Wirklichkeit bedeutet fast immer nur einen Anstoß, der dann in einem komplizierten Prozeß in Fiktion umgewandelt und grundlegend verändert wird. Im TT verwandelt sich dementsprechend das spezifisch Biographische in etwas viel Allgemeineres: Es geht Barlach zwar auch um die Klärung der Position seines Sohnes im Spannungsfeld der feindlichen Eltern; aber es geht ihm vor allem um die Stellung des Menschen zwischen dem Irdisch-Körperlichen, dargestellt als Mutterwelt, und dem über das Körperliche hinausstrebenden geistigen Prinzip, das durch den fernen Vater vertreten wird.

Barlach selbst hat in seinem Brief an Julius Cohen darauf hingewiesen und sich heftig gegen eine psychoanalytische, das heißt auf den Dichter bezogene Interpretation gewehrt. Er schreibt:

> Ich bedachte nur dies und empfand es: Wie niedrig ist der Mensch an seine Erzeugerin gebunden, wie banal, wie bürgerlich seine Existenz! An Sexuelles dachte ich dabei nicht. Im Gegenteil....Mein Kernproblem ist dies: Wie kommt es, daß ich (oder sonst wer) Trieb und Zwang über mich hinaus empfinde? Fort vom Mütterlichen, vom Schmeichelnden, Wohlberatenen, Sichaneinander-Genügenden und am Ende (in meinem Falle persönlich) weg von dem ewigen Sexuellen. Schluß: Etwas Fremdes, aber doch Verwandtes ist mein eigentliches Ich. Möglicherweise ein Göttliches über mir, das mich mahnt zu Höherem, oder sonst was Rätselhaftes in mir, das also Vaterstelle verträte (B I, S. 480).

Es geht Barlach offensichtlich um die Bestimmung des Menschen allgemein, denn selbst, wo er die erste Person Singularis benutzt, fügt er den verallgemeinernden Klammersatz „(oder sonst wer)" an und nimmt in der zweiten Klammer seinen eigenen besonderen Fall aus.

Barlach sieht demnach den Menschen im Spannungsfeld zwischen einer mütterlichen und einer väterlichen Welt, und zwar nicht in einer fixierten Position, sondern strebend, in einer deutlichen Aufwärtsbewegung „fort vom Mütterlichen," hinauf zum Väterlichen.[8] Der Mensch soll sich aus der starren und selbstgenügsamen Welt der Mutter lösen, „Vergangenheit und Gegenwart, die ihn ketten" (B. I, S. 481), abtun und sich, einer inneren göttlichen Stimme gehorchend, erneuern. Um diesen Erneuerungsprozeß geht es im TT.

Die Kraft, die sich dieser Erneuerung entgegenzustellen versucht, hat Barlach in der Figur der Mutter verkörpert. Wenn sich der Vorhang hebt, steigt sie, wie die Regieanweisung vorschreibt, „Aus dem Keller auf, halb heraus steht sie still" (TT, S. 11). Dieses Verharren der Mutter, das wie eine photographische Momentaufnahme wirkt, weist auf die Bindung der Mutter an das Irdisch-Unterirdische hin. Der Keller ist ihr Lebensraum. Das wird auch auf der sprachlichen Ebene deutlich. Im Dialog taucht das Wort Keller fünfzehnmal auf. Es wird bezeichnenderweise neunmal von der Mutter und nur je dreimal von Steißbart und vom Sohn gebraucht. Steißbart, der Gegenspieler der Mutter in der Auseinandersetzung um den Sohn, erkennt ihre Bindung an den Bereich des Kellers. Als die Mutter ihn warnt: „...hüte dich vor mir!", antwortet er ihr: „Wie vor dem Keller!" (TT, S. 16). Während wir bei Steißbart eine Bewegung in die Höhe erkennen, sei es durch das grotesk-komische Auffahren (TT, S. 79) oder sei es durch das Aufhängen im Räucherboden, wird bei der Mutter das Erdgebundene, Verharrende deutlich. Aus der Perspektive Steißbarts muß der Kellerbereich notwendig eine negative Bedeutung bekommen. Er wird schon zu Beginn des ersten Aktes von Steißbart mit dem Grab verglichen: „Freund Keller speichert meinen Tod, Freund Keller hat den Kitzel, mich zu begraben, nie geh ich herunter, nie, nie" (TT, S. 13). Diese Verbindung von Keller und Grab, die Steißbart an mehreren Stellen wiederholt (TT, S. 13, S. 14, S. 32, S. 69, S. 70), deutet schon im ersten Akt auf die Katastrophe voraus. Vom Roß Herzhorn berichtet die Mutter: „Es scheute vor dem grabenden Maulwurf in der Erde" (TT,

S. 31). Die Bedeutungsverbindung, die auf der gemeinsamen Etymologie Graben/Grab beruht, wird offensichlich bewußt von Barlach benutzt. Der Maulwurf als in der Erde lebendes Tier verweist deutlich auf den Bereich der Mutter und verstärkt die Vorahnung eines unglücklichen Endes. Der Keller wird konsequenterweise zum Grab des vom Vater gesandten Rosses. „...[D]er Keller hatte längst Lust, jemand zu begraben" (TT, S. 47), sagt die Mutter bei der nächtlichen Beseitigung des Rosses und bestätigt nochmals die unheilvolle Verbindung von Keller und Grab.[9]

Der Versuch der Mutter, den Sohn in ihrem Bereich festzuhalten, muß notwendig scheitern, besonders da der Sohn von diesem Bereich abgestoßen wird. Die Mutter selbst weist darauf hin. Als Steißbart behauptet, daß der Sohn den Geistern der Unterwelt gewachsen ist, erwidert die Mutter: „Nicht so ganz. Er graut sich leicht im Dunkeln, er ekelt sich vor Gewürm gleich euch..." (TT, S. 13).

Eng verbunden mit der Kellerthematik ist der ausgedehnte Gebrauch der Lichtmetaphorik. Während des gesamten Stückes herrscht ein gedämpftes, dämmeriges Licht, wie es Barlach auch in den Lithographien zum TT eindringlich dargestellt hat. Mit Ausnahme des ersten Aktes, dessen Regieanweisungen immerhin „dunkle Bodenräume" (TT, S. 11) vorschreiben, herrscht „dämmerige Sommernacht" (TT, S. 29), „fahler Morgendämmer" (TT, S. 48) und „trübes Licht" (TT, S. 68). Auf diese Weise unterstreicht Barlach die dominierende Rolle der Mutter. Es gelingt ihr, den Sohn im Bereich ihres dämmerigen Hauses zu halten, obwohl er sich nach dem Sonnenlicht sehnt.[10] Während die Mutter den Tag abwertet und verlacht (TT, S. 55), ist die Nacht für sie „die heilige Nacht" (TT, S. 33), die sie benutzt, um das Götterroß zu töten. Durch diese Tat nimmt sie dem Sohn und der Welt die Hoffnung auf Erlösung; durch sie gewinnt das Reich des Dunkeln die Oberhand, und der Tag stirbt; er wird zum toten Tag. Die „Finsternis der Sonne" (TT, S. 53) ist das Zeichen für die Schuld der Mutter und das Versagen des Sohnes. „Wer sich beschmutzt, soll im Dunkeln bleiben," sagt der Sohn (TT, S. 55).

Der räumlichen Bindung der Mutter an den dunklen mit dem Grab assoziierten Kellerbereich entspricht eine zeitliche Orientierung an der Vergangenheit. Deutlichsten Ausdruck findet diese Haltung am Ende des ersten

Aktes in der Szene mit der Wiege. Die Wiege wird für die Mutter zum Symbol einer alten Ordnung, für deren Weiterbestehen sie auch jetzt noch kämpft. „War ich nicht deine Sonne und dein Mond?" (TT, S. 27), so fragt sie den Sohn und bestätigt ihre rhetorische Frage gleich darauf: „So war es damals" (TT, S. 27). Nun besteht allerdings Gefahr, denn der Sohn will in die Vaterwelt aufbrechen, und die Mutter erkennt das sehr deutlich. „Aber sicher bin ich nun nicht mehr die Sonne für deine Augen..." (TT, S. 28), stellt sie später fest. Bezeichnenderweise benutzt Barlach hier die Sonne, da sie, wie schon vorher dargestellt, nicht zum Bereich der Mutter gehört. Die Mutter will dem Sohn zwar auch Sonne sein, doch gelingt es ihr nicht mehr.

Da sie den Sohn durch die Beschwörung der Vergangenheit nicht auf ihre Seite ziehen kann, verfolgt sie ihr Ziel auf einem anderen Weg. Sie vergleicht ihn mit Kule: „Es ist besser, auf die Jungen zu passen als auf die Alten—und gegen den da...bis[t] du,..., ein blutjunges Bürschchen. Die Jungen muß man hüten" (TT, S. 28).[11] Der Sohn akzeptiert jedoch ihr Argument nicht und weist sie zurück. „Das ist eine schöne Sache, ich glaubte mich leidlich vernünftig, und sieh an, vor dir bin ich blöder als ein Wiegenkind" (TT, S. 28). Die Mutter will die Entwicklung, die der Sohn durchgemacht hat, nicht wahrhaben. Sie will keine Änderung; sie will die Vergangenheit, das Wiegenkindstadium als Dauerzustand für den Sohn, denn „Sohnes-Zukunft ist Mutter-Vergangenheit" (TT, S. 23). Eine solche Auffassung erlaubt dem Sohn keine Zukunft und keine Entwicklung. Die Mutter versucht, den gegenwärtigen Augenblick zur Dauer zu machen und muß notwendig tragisch enden. Entweder wird der Sohn die Mutter verlassen und sie auf diese Weise zerstören, oder die Mutter wird den Aufbruch des Sohnes verhindern und so den Sohn zerstören. Die Zerstörung des Sohnes würde in jedem Fall auch den Untergang der Mutter nach sich ziehen, da ihre Existenz auf die Existenz des Sohnes gegründet ist.

So weit kann die Mutter jedoch nicht sehen. Ihr Handeln richtet sich ganz auf die Erhaltung des *status quo*. Und wo sie diesen nicht erhalten kann, versucht sie, wenigstens die Entwicklung zu verlangsamen. Als der Sohn davon spricht, daß er die Mutter verlassen will, gibt sie ihm zu bedenken: „Vielleicht müßtest du den Tod leiden." Darauf erwidert der Sohn: „Hier müßte ichs auch, würde es dich freuen, wenn mich die Zeit tötet?" (TT, S. 36). Und die Mutter gesteht: „Es wäre langsam, und ich sähe dich, selbst alt, noch in vollem Leben und hätte mein Genügen daran" (TT, S. 36). Auf gleiche Weise müssen wir den Triumph der Mutter verstehen, als der Sohn sich in die Hand schneidet. Sie hat Zeit gewonnen: „Tief ins Blut, die Hand mußt du schonen" (TT, S. 35). Ihre Sorge richtet sich ganz auf die Erhaltung des Hier und Jetzt; sie würde am liebsten die Zeit wieder zurückdrehen. Aus diesem Grunde scheut sie sich auch nicht, „mit toter Vergangenheit der lebenden Zukunft zu schaden" (TT, S. 20), und aus dem gleichen Grunde ist sie unfähig, die von Kule beschworene Ewigkeit zu verstehen. Als Kule ihr erklärt: „Wer Sorgen hat...ist nicht geartet, die heilige Sprache der Ewigkeit zu verstehen," erwidert die Mutter: „So hört keine Mutter, was die Ewigkeit zu murmeln hat" (TT, S. 34).

An die Erde gebunden und im verzweifelten Kampf gegen die fortschreitende Zeit ist die Mutter unfähig, auf die „Sprichwörter der Ewigkeit" (TT, S. 33) zu lauschen. Sie ist materialistisch orientiert. Aus diesem Grunde kann sie Steißbart, der einen Teil des Vatergeistes verkörpert, nicht sehen, und aus dem gleichen Grunde weigert sie sich, die Botschaft des Gottes zu akzeptieren. „Kann man sich von Brot ernähren, das im Traum gebacken ist?," fragt sie Kule und fügt entschlossen hinzu: „Sein [des Gottes] Traumgesicht erkenn ich nicht an ..." (TT, S. 20). Für die Mutter hat der geistige Bereich keine Kraft; selbst ihre Begegnung mit dem Gott hat sie als etwas rein Materielles, rein Sexuelles erfahren (TT, S. 20).

Bezeichnend für diese Haltung ist ihr häufiger Gebrauch der Speisemetaphorik. Auch am Gott gilt für sie nur, was sich auf den Körper beziehen läßt. Seine Traumbotschaft lehnt sie ab, da man sich davon nicht ernähren kann (TT, S. 20). Auf ähnliche Weise benutzt die Mutter die Speisemetaphorik, um die Visionen Kules von einer zukünftigen besseren Welt zu widerlegen: „Hat er Hunger? Tanzen ihm volle Schüsseln vor den Augen? Frag ihn nach dem Inhalt, da wird man sehen, ob es wahr ist beim Abendessen" (TT, S. 22). Und später heißt es noch einmal: „Sieh ihn an, ihn bangt um die vollen Schüsseln....Er redet für seinen Magen gegen eine Mutter" (TT, S. 24). In der ersten Szene des ersten Aktes sorgt sich die Mutter um Hirschfleisch für das Abendessen. Wir stimmen Herbert Kaiser zu, der diesen Vorgang als bewußte Kennzeichnung der Mutter ansieht. Sie wird als „mit den Kräften...des

Antigeistigen (Fleisch)...verbündet"[12] dargestellt. Daß solche Verbindungen nicht zufällig sind, beweist auch die letzte Szene des Dramas, in der die Mutter das Fleisch des toten Rosses auftischt, um ihren Erfolg über den Gott vollkommen zu machen. Das Geistige soll durch den Eßvorgang 'eingekörpert' und dadurch vernichtet werden. Auf diese Weise tritt in Wirklichkeit ein, was der Sohn im Wahn andeutet, wenn er von „Zukunftsfressern" (TT, S. 93) redet: Die Zukunft wird aufgefressen; es gibt für die Mutter und den Sohn keine Zukunft mehr.

Die Mutter ist offensichtlich unfähig, über die materielle Sphäre hinauszugelangen. Das zeigt sich vor allem in ihren Gefühlen für den Sohn. Ihre Liebe erstarrt zum Verlangen nach Besitz, um dessen Sicherung sie wegen ihrer statischen Zeitauffassung kämpft. Sie selber definiert ihr Verhältnis zum Sohn in den Kategorien des Besitzes. „Mein, mein, mein Sohn ist es gewesen und mein soll er bleiben" (TT, S. 29), versichert sie sich selbst mit Entschlossenheit und ermahnt den Sohn: „Du hast mein Leben empfangen, das vergiß nicht, und wenn du fort bist, wer soll mir Leben schaffen? Alles, was mein ist, hast du im Besitz, wenn du es mit dir in die Zukunft trägst, so muß ich darben und sterben" (TT, S. 23). Die Mutter hat dem Sohn alles gegeben, und nun fühlt sie sich berechtigt zurückzufordern. „Ich wurde mein Sohn, und nur, weil ich von dir Liebe empfing, gabst du mir zum eigenen Leben so viel zurück, wie ich zur Notdurft brauchte" (TT, S. 23). Zwar hat sich die Mutter aus Liebe für den Sohn aufgeopfert, aber diese Liebe ist nicht selbstlos und bedingungslos gewesen. Sie hat gegeben, um zu besitzen. Ihre scheinbar so vollkommene Selbstlosigkeit wird von ihr selbst als äußerster Egoismus entlarvt. Der Sohn dient ihr zur Rechtfertigung ihrer eigenen Existenz. Ohne ihn kann sie nicht leben. „Sieh an, wenn du nicht bei mir bist, so ist es dasselbe, als wärest du garnicht—ich wäre auch nicht Mutter, was sollte ich sonst sein, was könnte ich sonst werden?" (TT, S. 23). In diesem Zitat ist die Problematik der Mutter zusammengedrängt. In ihrer Rolle als Mutter hat sie sich für ihr hilfloses und abhängiges Kind geopfert. Diese äußerste Selbstlosigkeit der Liebe schlägt aber notwendig in das Gegenteil um, da nun die Mutter in die Rolle des Kindes fällt und völlig vom Sohn abhängt. Sie braucht ihn, damit ihr Leben weiterhin einen Sinn hat. Ohne ihn wird sie zum leergegossenen Gefäß (TT, S. 20) oder zur leeren Wiege (TT, S. 29). „Ich lebe nur von den Almosen deines Lebens" (TT, S. 23), erklärt sie dem Sohn. Auf diese Weise werden ihre Liebe und ihr Leben zur Kette. Gelingt es dem Sohn, diese Kette zu zerreißen, dann muß die Mutter untergehen, da ihr Leben als Mutter ohne Sohn sinnlos ist; gelingt es der Mutter, den Sohn an sich zu fesseln, wird er ein Wiegenkind (TT, S. 28) und „Muttersohn" (TT, S. 43) bleiben. Aus der Sicht der Mutter gibt es nur eine Lösung: Sie muß den Sohn als „erwachsenen Säugling in ihrem Hause" (TT, S. 14) behalten. „...[M]ein Sohn ist ein Kind" (TT, S. 19), berichtet sie daher dem blinden Kule und erinnert sich voller Wehmut an die ersten Jahre des Sohnes: „Was ich damals hatte, hatte ich sicher, heute weiß ich kaum noch, was ich habe" (TT, S. 28). Nach der Tötung des Rosses bittet die Mutter Kule um Hilfe: „Reiß ihn zurück, mach ihn wieder klein..." (TT, S. 54), und später ermuntert sie ihren Sohn: „...spiel Junge, spiel! Nimm den Stock und reite darauf, hüpf ums Haus, bring Riesen um, schlag Gnomen tot—und dann, wenn du Hunger hast, komm zu mir und iß dich satt" (TT, S. 36).[13] Schließlich schlägt sie ihn auf die Backe, um ihn eindeutig als kleines, ungezogen aufbegehrendes Kind abzustempeln (TT, S. 36).

Die Mutter wehrt sich mit allen ihr zur Verfügung stehenden Mitteln gegen den von Gott geforderten Aufbruch des Sohnes, da es um ihre eigene Existenz geht. Ihre Mittel sind gemäß ihrer Verhaftung im Irdisch-Materiellen rein physischer Art. Gerade dieser Sachverhalt gibt ihr eine gewisse Überlegenheit über die anderen Charaktere des Dramas und ermöglicht es ihr, diese in ihrem Sinne zu manipulieren. So mißbraucht sie Besenbein bei der Beseitigung des Rosses und überredet Kule, die Schuld für diesen Mord auf sich zu nehmen. Es gelingt ihr sogar, Steißbart für einige Zeit auszuschalten. Weil sie keine Bindung an die geistige Welt anerkennt, benutzt sie bedenkenlos alle Möglichkeiten, um ihr egoistisches Ziel—die dauerhafte Bindung ihres Sohnes—zu erreichen. Programmatisch für die Ablehnung des geistigen Prinzips durch die Mutter ist ihre knappe Feststellung: „Ein Mensch ist kein Gott" (TT, S. 35). Sie steht als einzig Handelnde einer Gruppe von passiven, bestenfalls reagierenden Charakteren gegenüber. Auf diese Weise wird sie zum einzigen echt dramatischen Handlungselement des Stückes. Während die anderen wie gelähmt und unfähig zum Handeln erscheinen, ist die Mutter in fieberhafter Tätigkeit.

Dabei spielt es für sie keine Rolle, daß der Sohn vielleicht „der Welt ein besseres Gesicht" (TT, S. 24) schaffen könnte. Ihr geht es allein darum, eigenes

Leid und eigenen Schmerz zu vermeiden. Kule durchschaut ihre Haltung. Als sie ihn drängt, die Schuld für das Verschwinden des Rosses auf sich zu nehmen, denn dann solle alles noch „zum Guten ausschlagen," erwidert er ihr mit der rhetorischen Frage: „Dir oder der Welt?" (TT, S. 54). Sie muß Kule für einen blinden Narren halten, denn dieser ist bereit, die Leiden der Welt auf sich zu nehmen (TT, S. 17 f.). Aus ihrer Sicht kann sie eine solche selbstlose Tat nicht verstehen und deutet sie auf ihre Weise um. Für sie leidet Kule nur, weil er weiß, daß ihn keiner um dieses Leiden bringen wird. Er ist vor einer Enttäuschung, einem Verlust sicher, daher kann er sein Mit-Leiden sogar genießen: „Was gehen dich die Leiden der Welt an, solches Leiden wie deines ist nichts als die Tarnkappe deiner Freuden, du nimmst sie auf dich, weil deine Lust und Behagen darin vor Neid geborgen sind" (TT, S. 18). Zwar kennt auch die Mutter Leiden, aber es ist nur ein ichbezogenes Leiden aus Furcht, den einmal erworbenen Schatz zu verlieren (TT, S. 11). Leiden am unvollkommenen Zustand der Welt und der Menschen, echtes Mit-Leiden, das bei Kule zur freiwilligen Aufnahme des Alben führt, ein solches Leiden bleibt der Mutter ebenso unverständlich wie das Leiden des Sohnes an der eigenen Begrenztheit und sein Streben über sich selbst hinaus.

Da sie die geistige Wurzel für das Aufbruchsbegehren des Sohnes nicht versteht, glaubt sie, daß sie nur den äußeren Anlaß—nämlich das Roß—aus dem Wege zu schaffen braucht, um sein Bleiben zu sichern. Doch schon gleich nach ihrer Tat muß sie erkennen, daß sie mit dieser Untat das Problem nicht gelöst hat. Als sie ihren Sohn im Traum leise lachen hört, vermutet sie: „Sollte er noch immer vom Reiten träumen? Weh mir, wenn du vom Reiten träumst!" und „*Sie sinkt zu Boden*" (TT, S. 48). Im vierten und fünften Akt versucht sie verzweifelt, den Sohn, der sich am Verlust des Rosses schuldig fühlt, zu entlasten und die Tat nacheinander dem Alb, Besenbein, dem Gnomen und Kule zuzuschieben. Als sie jedoch erkennen muß, daß der Sohn seine Sehnsucht, über die Mutterwelt hinauszugelangen, nicht aufgeben kann, gesteht sie—von Steißbart gedrängt—ihre Schuld ein und ersticht sich, da sie ihren Sohn und damit auch den Sinn ihres Lebens als verloren ansehen muß. Die Selbstigkeit ihrer Liebe wird noch im Tode deutlich, denn sie verflucht den Sohn, der sich nicht von ihr allein besitzen lassen will.

In der Mutter hat Barlach sein Bild vom alten Menschen entworfen. Dieser alte Mensch ist egozentrisch, selbstisch und am Irdisch-Materiellen orientiert. Er hat ein statisches Weltbild und versucht, die Vergangenheit wiederherzustellen oder wenigstens dem Augenblick Dauer zu verleihen. Er strebt nicht nach einem zukünftigen, höheren, geistigen Ziel, sondern hängt am Besitz und ist blind für die Forderungen der geistigen Wirklichkeit. In seiner Ich-Bezogenheit handelt er nur aus eigenem Interesse mitleids- und bedenkenlos und scheut sich nicht davor, andere für seine kurzfristigen Ziele zu mißbrauchen.

Die Barlachliteratur hat diesen Menschentypus mit dem Begriff Immanenz in Verbindung gebracht.[14] Wenn man unter Immanenz die Begrenzung der Mutter auf ihren eigenen engen Lebenskreis unter Ausschluß einer höheren, geistigen Welt versteht, dann mag diese Bezeichnung richtig sein; doch scheint es eine Übertreibung zu sein, wenn die Mutter im Zusammenhang mit dem Begriff der Immanenz als das Widergöttliche schlechthin bezeichnet wird.[15] Zwar kämpft die Mutter gegen das Gebot des Gottes, den Sohn in die Welt zu entlassen, aber sie tut es aus menschlichem Egoismus, und sie ist—wie das Geschehen beweist—dem Göttlichen nicht gewachsen. Die Mutter des TT ist weder „die Verkörperung des Widergöttlichen" noch eine allegorisierende Figur, noch das „Prinzip des Mütterlichen,"[16] sondern eine kraft- und lebensvolle Gestalt, „die freilich... vereinfachte Umrisse und einen Zug ins Monumentale" aufweist.[17] Gerade weil sie das Ungeistige, ewig Gestrige und Egozentrische verkörpert, wirkt sie so menschlich; gerade weil ihr die idealisierenden Züge vorenthalten sind, erkennen wir in ihr ein Stück Wirklichkeit und empfinden trotz aller negativen Eigenschaften Mitleid mit ihr.

Schließlich sollen auch ihre positiven Eigenschaften nicht unerwähnt bleiben. Sie hat sich fraglos für den Sohn aufgeopfert und ist sogar noch zum Schluß des Stückes fast bereit, den Sohn freizugeben: „Wahrhaftig, ich bin nicht sicher, ob ich ihn [den Sohn] nicht freudig hergäbe, lächelte er nur einmal wie jetzt—aber zu mir" (TT, S. 89), sagt sie, als sie den Sohn in seine Vision vom Vater versunken sieht. Die Geste des Händegreifens im zweiten Akt (TT, S. 36) und ihre Bemerkung zu Kule: „Alles Schwere wird bei dir im Seelenfeuer leicht und rein geglüht" (TT, S. 57) zeigt, daß sie zu Wärme und Verständnis fähig ist. Aus dieser Perspektive betrachtet, ist die Mutter weniger Widersacherin Gottes als vielmehr Vertreterin eines Menschentums, das zwar die Welt beherrscht, dessen Überwindung Barlach aber fordert. Es geht dann auch nicht mehr in erster Linie um den immer wieder betonten Gegensatz von Immanenz und Transzendenz, sondern um das Bild vom alten und neuen Menschen. Das soll jedoch nicht heißen, daß Barlach nicht zugleich die Thematik Immanenz-Transzendenz oder Mensch-Gott behandelt. Dagegen spricht allein schon der häufige Gebrauch des Wortes Gott. Es wird einschließlich verschiedener Zusammensetzungen insgesamt 53mal im TT gebraucht. Doch liegt der Hauptakzent auf der Suche des Menschen nach einer neuen Wirklichkeit, auf dem Versuch, die alte Welt zu verlassen und über sich hinauszugelangen.

Die Aufgabe, die Barlach seinem neuen Menschen stellt, ist es, den bereits beschriebenen alten Menschen zu überwinden.[18] An dieser Aufgabe der Wandlung und Erneuerung versucht sich der Sohn gegen den Willen der Mutter mit Hilfe des Gnomen Steißbart und des Blinden Kule. Die beiden ersten Szenen des ersten Aktes bereiten den Auftritt des Sohnes vor und leiten in seine Problematik ein. Aus der ersten Dialogszene zwischen der Mutter und Steißbart erfahren wir, daß die Mutter den Sohn „wie einen erwachsenen Säugling in ihrem Hause" (TT, S. 14) behandelt und ihm den Vater gewissermaßen vorenthält. Es wird deutlich, daß die Mutter den Sohn nicht völlig versteht und daß sie über sein Verhalten beunruhigt ist. Gerade darum versucht sie, Steißbart auszuforschen: „Mein Sohn hat Gedanken, die nur du weißt, was bin ich noch für eine Mutter!" (TT, S. 15).

In der zweiten Szene wird durch Kules Bericht die göttliche Abstammung des Sohnes deutlich. Kule erkennt die göttlichen Eigenschaften des Sohnes, bevor sich die Mutter ihm als seine ehemalige Braut zu erkennen gibt. Die Tatsache, daß nur der Sohn den Gnomen sehen kann, führt ihn zu dieser Vermutung. Die Mutter wehrt sich zunächst gegen seine Auslegung, gesteht dann aber, daß ihr der Gott, der Vater des Kindes, im Traum erschienen ist und den Aufbruch des Sohnes in die Welt gefordert hat. Als Zeichen hat der Gott das Roß gesandt, dessen Ankunft Kule bereits gemeldet hatte. Die Mutter ist jedoch entschlossen, den Aufbruch des Sohnes zu verhindern und versucht, Kule zum Komplizen zu gewinnen. Kule lehnt ab. In diesem Augenblick tritt der Sohn auf.

Das Stück setzt also mit einem dramatischen Konflikt ein, der durch die Sendung des Rosses zu einer schnellen Entscheidung getrieben wird. Auf der einen Seite kämpft die Mutter. Sie will den Aufbruch des Sohnes selbst gegen den Willen des Gottes verhindern. Auf der anderen Seite steht das Traumgebot des Gottes, das durch die Sendung des Rosses objektive Substanz gewinnt. Obwohl die Mutter einen gewissen Vorteil hat, da sie bis jetzt erfolgreich den Sohn in ihrer engen Welt festgehalten hat, fürchtet sie vor allem Steißbart, der sich eindeutig für die Welt des Vaters erklärt. Auf der Suche nach weiteren Verbündeten wird die Mutter auch von Kule zurückgewiesen, der zunächst die Vaterwelt vertritt. In einem lapidaren Satz faßt Kule die Problematik des Sohnes zusammen: „Göttersöhne sind keine Mutterkinder" (TT, S. 19). Zwischen diesen beiden Polen, Göttersohn oder Mutterkind, muß sich der Sohn entscheiden.

Mit Hilfe eines kunstvollen Metaphernnetzes wird die göttliche Seite des Sohnes herausgearbeitet. Als Kule Vermutungen über den Mann der Mutter anstellt, erwidert sie: „Ei, er ist munter wie ein entwischter Vogel und lustig wie ein Traum" (TT, S. 17). Durch diese Vergleiche werden sowohl Vogel- als auch Traummetaphorik an das Göttliche gebunden. Daher überrascht es nicht, wenn Kule kurz darauf die Situation des Sohnes mit einem weiteren Bild aus dem Vogelbereich beschreibt: „Ist er vielleicht einer, der in der Welt steckt wie ein Vogel in der brechenden Eierschale, mit den Augen lebt er schon in der andern Welt—und sie hat ihn nötig? (TT, S. 18). In diesem Vergleich ist die Ausgangsposition des Sohnes noch einmal knapp zusammengedrängt. Er ist in der Welt der Mutter gefangen, aber seine Augen, die Organe des Lichtes und des Göttlichen, sehen schon eine andere Welt. Die Gleichsetzung des Sohnes mit dem Vogel als dem Tier, das sich ohne Schwierigkeiten von der Erde lösen kann, wird hier zum Zeichen seiner göttlichen Abkunft und seines Strebens nach dem Göttlichen. Indem Kule dem Sohn eine bedeutende Funktion in der Welt zuschreibt, spielt er offenbar auf eine Erlöserrolle für den Sohn an. Durch einen weiteren Vergleich wird die Vogelmetaphorik mit dem Roß verknüpft und auf diese Weise das vom Vater gesandte Roß auch sprachlich mit dem Göttlichen verklammert. Kule meldet: „Mir deuchte ein Rossewiehern vorbeizuschwingen wie Flügelschlag reisender Zugvögel übers Haus" (TT, S. 19). Der Hinweis auf die Zugvögel verstärkt die Aufbruchsstimmung und erzwingt eine Abwehrreaktion von der Mutter.

Der erste Auftritt des Sohnes fügt die drei erwähnten Wortfelder: Traum, Vogel und Roß zusammen und bestätigt die enge Bindung des Sohnes an das Göttliche. Wie die Mutter hat auch er einen Traum gehabt. Während die Mutter jedoch an der Traumbotschaft zweifelt und sie ablehnt, akzeptiert der Sohn seinen Traum als wahr und wirklich. Er kennt den Namen des Rosses und weiß, daß es ihm vom Vater gesandt ist. Traum und Roß, metaphorisch schon vorher an das Göttliche gebunden, werden vom Göttersohn verstanden.

Auch im Verhalten Kule gegenüber zeigt der Sohn ein traumsicheres Erkenntnisvermögen. Während die Mutter Kules wahren Charakter zunächst völlig mißdeutet, obwohl sie ihn früher gekannt hat, erkennt der Sohn deutlich das Besondere des fremden Gastes und bindet mit einem weiteren Vergleich aus dem Vogelbereich auch Kule an den Bereich des Göttlichen: „Zehn Sonnen machen das Haus nicht hell und ob sie immer tanzten. Sieh, Mutter, da und da, fliegen wie Schneehühner am Wolkenboden. Was ist das—ein Mann und hat eine Sonne als Kopf?" (TT, S. 21). Bezeichnenderweise führt der Sohn mit seinen ersten Worten die Lichtmetaphorik ein, die das gesamte Stück beherrscht und zum Titel des Stückes gehört: Was im optimistischen Überschwang mit zehn Sonnen beginnt, endet als toter Tag. Auch diesen Umschwung hat Barlach bereits am Anfang des Stückes kunstvoll eingeflochten. Als der Sohn das Roß beschreibt, wendet er sich an Kule, von dessen Blindheit er nichts weiß und fordert ihn auf: „Sieh auch!... Hufe hats wie vier Augen, so kann es springen, und hätte man vier Augen zu schauen, man hätte Not—*zu Kule*—ihm zu folgen, es läuft wie dein Blick" (TT, S. 21). Durch den Vergleich des Rosses mit Kules Augenlicht beabsichtigt der Sohn eine Beschreibung der göttlichen Qualitäten des Rosses. Da sich der Sohn mit dem Possessivadjektiv „dein" spezifisch an den blinden Kule wendet, erhält man eine frühe Vorausdeutung auf das unheilvolle Ende. Die Mutter weist sogleich hämisch auf den fehlgegangenen Vergleich hin: „So lahm ist es? Wie sein Blick" (TT, S. 21).

Für den Sohn, der den Unterschied von Erscheinung und Wesen noch nicht kennt, bedeutet der Verlust des Augenlichts auch den Verlust der Welt. Aber Kule weist ihn auf eine Welt hinter der Realität hin. Am Beispiel des Traumes von Herzhorn zeigt Kule ihm, daß man träumend „schöner und weiter als mit wachenden Augen" (TT, S. 22) sieht. Der Sohn versteht ihn sogleich, denn sein

Traum bedeutete ihm ebenfalls Realität. Während die Mutter diese Art des Schauens abtut, weil sie auf Träumen beruht, akzeptiert der Sohn sie aus eben diesem Grunde.

Bezeichnenderweise träumt Kule von einer „besseren Zukunft" (TT, S. 24) und steht damit scharf im Gegensatz zur Mutter. Er hofft auf Gestalten, die „der Welt ein besseres Gesicht" schaffen werden und weist den Sohn auf seine zukünftige Erlöserrolle hin. Während die Mutter um die Erhaltung des *status quo* ringt, träumt Kule von einer zukünftigen neuen Welt und weckt in dem Sohn das Verlangen, „die Bilder der Zukunft...an die Sonne zu schaffen" (TT, S. 24). Um dieser Aufgabe gerecht zu werden, braucht der Sohn mehr Kraft, als Kule sie hatte. Zwar kann Kule tiefer sehen als der Sohn, aber es fehlt ihm die Bindung an die Realität. Er hat die bittere Realität zugunsten einer besseren Welt aufgegeben und ist einseitig auf eine zukünftige Idealwelt festgelegt. Durch das Verlassen der Mutter und durch den Verlust des Augenlichtes ist Kule vom Irdischen losgelöst worden. Er träumt, aber er ist nicht fähig zu handeln. Wie sich die Mutter nur an der äußeren augenblicklichen Realität orientiert, so lebt Kule völlig in einer vergeistigten Innenwelt; wie die Mutter nach der Wiederherstellung der Vergangenheit strebt, so träumt Kule von der Zukunft. Beider Welten sind einseitig und beschränkt. Die Welt der Mutter ist erstarrt, „saftig von Bitterkeit und fett von Gräßlichkeit" (TT, S. 23). Sie bedarf, wie Kule erkennt, der Erlösung. Die Erlösung aber geschieht nicht im Traum, sondern durch Handeln.

Der Sohn sieht seine Aufgabe in der Versöhnung der Gegensätze von Erscheinung und Wesen, von Nacht und Tag. Ohne die Realität aufzugeben, will er zum Wesen der Dinge vordringen. Er will den Weg Kules weitergehen, ohne jedoch wie dieser durch die Gräßlichkeit und Bitterkeit der Welt geblendet zu werden. Programmatisch verkündet er: „Ich muß sie [die Bilder der Zukunft] auch sehen. Sehen, was die Sonne sehen kann, will ich, und will wissen, wie die Bilder der Zukunft aussehen. Wir müssen auf die Nacht warten" (TT, S. 24 f.). Damit setzt sich der Sohn ein übermenschliches Ziel, denn der wahre Zustand der Welt und der Menschen ist nach Kules Erfahrung Bitterkeit, Gräßlichkeit und Leiden in einem solchen Ausmaß, daß die volle Erkenntnis dieses Leidens das Menschenerträgliche übersteigt. Zu sehen, was die Sonne sieht, bedeutet, das Leid der ganzen Welt zu erfahren, und in diesem Sinne muß Kule verstanden werden, wenn er sagt: „...die Götter sind voll unendlicher Leiden" (TT, S. 34). Kule war dem Anblick des Leidens nicht gewachsen. Dennoch belehrt er den Sohn, daß Leben Leid bedeutet und daß Mit-Leid oder stellvertretendes Leiden höchste Tugenden des Menschen sind. „...[W]er sich noch mit anderer Leid dazu belädt, der ist erst der wahre Mann" (TT, S. 26). Der Sohn stimmt ihm halb bewundernd, halb neidisch zu: „So blind möchte einer wohl sein" (TT, S. 26). Er ist bereit, die schönen Gestalten der besseren Zukunft zu wecken und der Welt „ein besseres Gesicht" zu schaffen (TT, S. 24), obwohl die Mutter nicht müde wird, ihn davon abzubringen. Diese Tat erfodet jedoch eine Auseinandersetzung mit dem Leid. Diese erfolgt im zweiten Akt im Kampf mit dem Alb. Der erste Akt vermittelt im Ganzen einen hoffnungsvollen Eindruck. Von Kule als „Heldensohn" (TT, S. 18) und andeutungsweise als „Göttersohn" (TT, S. 19) bezeichnet, wehrt sich der Sohn gegen seine Behandlung als „Wiegenkind" (TT, S. 28). Allerdings steht am Schluß eine zweideutige Frage: „Merkst du am Spaß, daß ich kein Wiegenkind mehr bin, Mutter?" (TT, S. 29), fragt der Sohn selbstbewußt und glaubt, daß die Antwort eindeutig positiv sein muß. Vom Ende des Stückes her wird jedoch deutlich, daß die Mutter es nicht merken will und dadurch beider Untergang herbeiführt.

Bis zu dem Augenblick, da er im Kampf dem Alb unterliegt, wird der Sohn viermal als „Göttersohn" bezeichnet (TT, S. 37, 40, 42, 43). Von diesem Augenblick an herrschen negative Bezeichnungen vor: viermal „Bettnässer" (TT, S. 74, 80, 81, 86), dreimal „Muttersohn" (TT, S. 43, 56, 94) und je einmal „Armer" (TT, S. 84), „Mehlbart" (TT, S. 74), „Nebelbart" (TT, S. 74), „Stubenhocker" (TT, S. 86) und „Wandhorcher" (TT, S. 86). Nur einmal wird das Wort „Göttersohn" nach dem Kampf von Kule gebraucht, aber nur um einen negativen Befund darzustellen: „...den jungen Göttersohn sah ich stehen, mitten zwischen den andern, den glänzenden Bildern....Ja, er stand herrlicher als alle, aber nur kurz, er verlosch, und seine Lücke starrte schwarz wie ein Grab" (TT, S. 51). Wenn der Sohn Kule später zwingen will, das Wort noch einmal auszusprechen, weicht dieser ihm aus. „Wie ich dich nannte? Vom Namen wird niemand etwas Rechtes, was verschlägt es, wie man dich nennt, bis du darum ein anderer als du warst" (TT, S. 56)? Offensichtlich hat eine bedeutende Wende stattgefunden, die durch das Versagen im Kampf mit dem Alb herbeigeführt wurde. Diese Wende macht die Kampfszene zum eigentlichen Zentrum des Dramas.

Der Alb ist eine Allegorie des menschlichen Leidens. Er quält die Menschen nicht aus Bosheit, sondern „weil es sie gut macht" (TT, S. 38). Er leidet selbst unter seiner grausamen Aufgabe so sehr, daß er schon versucht hat, sich selbst zu töten. Er steht jedoch unter dem Gesetz der Notwendigkeit. Er ist „ein peinvolles untötbares Schicksal" (TT, S. 42). Ähnlich wie Mephistopheles im *Faust* ein Teil jener Kraft ist, die stets das Böse will und stets das Gute schafft, so wird hier das Leid, das der Alb über die Menschen bringt, ins Positive umgedeutet. Kule versucht, die Menschen von diesem Leid zu befreien, indem er den Alb freiwillig jede Nacht zu sich ruft. Er kann den Alb nicht auslöschen, aber er kann ihn durch seine Opferbereitschaft neutralisieren. Diese Haltung ist problematisch, denn einerseits erhöht sie das Leiden des Alben, der weiß, daß er einen Unschuldigen peinigt; und zum anderen beraubt Kule die Menschen der kathartischen Wirkung des Leides. Er befreit zwar die Menschen vorübergehend vom Leid, aber er verhindert zugleich ihr Besserung. Eine paradoxe Situation entsteht. Kule, den der Alb als den „Besten der Menschen" (TT, S. 40) bezeichnet, da er selbstlos und bereitwillig das Leid der anderen auf sich nimmt, ist zugleich auch „der Schlimmste" (TT, S. 39), denn er macht die leidvolle Aufgabe des Alben noch schrecklicher und verhindert die gerechte Bestrafung und damit Besserung der Schuldigen.

Für den Alb besteht keine Hoffnung auf Erlösung, denn die Menschen können ihn nicht töten, „und die Götter wollen nicht" (TT, S. 38). Hier sieht der Sohn seine Gelegenheit zu göttlicher Bewährung. Aus Mitleid mit den Menschen und dem Alb will er sich „beschmutzen und Gutes tun" (TT, S. 40). Ermutigt, da Kule ihn Göttersohn genannt hat, nimmt er den Kampf mit dem Alb auf. Er will die Welt für immer vom Leid befreien. Durch Schmähreden aufgestachelt, stürzt er sich auf den Alb und versucht, ihm das Herz aus dem Leib zu reißen. Aber er versagt. In seiner Hilflosigkeit ruft er nach der Mutter. Damit hat er seine Rolle als Göttersohn und Erlöser der Menschen ausgespielt. „Ja, ja, erstanden war der Welt gute Hoffnung, aber geboren ist nichts worden—*Gelächter*—eine Mißgeburt allenfalls. Es grauste eine wollüstige Erwartung und zu Tage kam eine Mißgeburt, ein Muttersohn erschien" (TT, S. 43), kommentiert der Alb höhnisch. Der

Anspruch des Sohnes auf Gottgleichheit erweist sich als Hybris; die Geburt des neuen Menschen findet nicht statt. Hier liegt die Wurzel für den Untergang des Sohnes, der sich in selbstquälerischer Agonie über den vierten und fünften Akt hinzieht.

Warum scheitert der Sohn? Der Text gibt nur wenig Aufschluß, und es scheint, als habe Barlach die Gründe für das Versagen bewußt im Vagen gehalten. Am Abend vor dem Albkampf hat sich der Sohn beim Holzspalten in die Hand geschnitten. Der Blutverlust für dieses „Knechtswerk" (TT, S. 35) hat ihn für seine eigentliche Aufgabe geschwächt. Auf diese Verbindung weist der Sohn selbst hin, als ihn die Kraft im Kampf mit dem Alb verläßt: „...die Kraft meiner Hände ist krank, ein Schnitt sitzt tief im Fleisch" (TT, S. 42). Die freiwillige Bindung des Sohnes an das Knechtswerk raubt ihm die Kraft für seine göttliche Aufgabe. Die Anspielung auf das Fleisch weist auch auf eine allgemeinere Deutung hin: Die menschlich-körperliche Bindung des Sohnes und des Menschen verhindert die Bewältigung des göttlich-geistigen Auftrags.

Auf einen weiteren Grund für das Scheitern des Sohnes weist Barlach versteckt hin. Zum wahrhaft Göttlichen gehört nach Kules Auslegung das Altruistische. Nicht zufällig vermutet Kule, daß der Sohn Göttertum träumt, als dieser ihn fragt: „Soll ich helfen?" (TT, S. 37). Als der Sohn den Kampf mit dem Alb aufnimmt, ist er bereit, dem Alb, Kule und den Menschen zu helfen; als ihn aber der Alb anfleht: „Hilf mir, hilf mir," da antwortet er in seiner Not mit einer egoistisch gefärbten rhetorischen Gegenfrage: „Und wer hilft mir, wer kann mir helfen..." (TT, S. 43). An dieser Stelle verrät der Sohn sein selbstloses Vorhaben.

Ein dritter Grund für das Scheitern des Sohnes liegt in der ungelösten Leidensproblematik, in die auch Kule so paradox verstrickt ist. Während der Sohn sich zunächst von Mitleid für die Menschen getrieben auf den Alb stürzt, beginnt er bald, an der Richtigkeit seines Tuns zu zweifeln. Er muß dem Alb selbst Leid zufügen, um das Leid auszumerzen. Diese Erkenntnis führt zu einer ersten Schwächung der Kampfeskraft und zur mitleidigen Frage an den Alb „Hast du viel Schmerzen, armer Alb?" (TT, S. 41). Der Zweifel vertieft und erweitert sich zur Frage nach dem Sinn des Leidens überhaupt, denn vielleicht ist auch das Leiden gottgewollt: „Aber wenn Leiden heilig sind?" (TT, S. 42). In dieser verzweifelnden Lage verliert der Sohn die Kraft und die Fähigkeit zu zerstören, was vielleicht zur Besserung der Welt beiträgt. Aufgefordert, dem Alb das Herz aus der Brust zu reißen, erwidert er: „Reiß selbst,—ich will nicht, ich kann nicht" (TT, S. 43).

Ein weiterer Grund mag auch in dem unverständlichen und unmotivierten Hinauszögern des Aufbruchs zum Vater gesehen werden. Trotz seines heftigen Verlangens und trotz der deutlichen Zeichen im Traum, durch Kule und durch die Sendung des Rosses macht der Sohn keine Anstalten zum Aufbruch. Die Botschaft eines Gottes ist jedoch ein Anruf, der keinen Aufschub erlaubt. Darüberhinaus verfällt der Sohn mit seinem unbedingten, auf ein unerreichbares Ziel in der Zukunft gerichteten Streben einem ähnlichen Irrtum wie die Mutter bei ihrem Versuch, die Zeit zum Stillstand zu bringen. Während die Mutter ihren Fixpunkt im Irdisch-Zeitlichen setzt, strebt der Sohn nach einem paradiesisch zeit- und leidlosen Zustand. Mit diesen fixierten Zielvorstellungen verletzen beide die Gesetzmäßigkeiten der Barlachschen Welt, deren oberster Grundsatz Dynamik ist.

Schließlich kann auch das Zerbrechen des von Gott gestifteten Wanderstabes, der Kule durch die Welt geführt hat, als ein strafbarer Akt der Auflehnung gegen Gott gedeutet werden.[19]

Es läßt sich also durchaus ein schuldhaftes Fehlverhalten des Sohnes nachweisen, und daher wird sein Scheitern von den meisten Interpreten als selbstverschuldet ausgelegt.[20] Der Sohn selbst empfindet sein Versagen als Schuld. Er bezieht trotz der Gegenvorstellungen und Tröstungsversuche der Mutter und Kules die universale Trauer und die Verzweiflung des toten Tages allein auf sich. Zwar werden Schuld und Verzweiflung erst wach, als der Sohn entdeckt, daß das Roß verschwunden ist, aber deutlich sieht der Sohn die Verbindung zwischen seiner Niederlage und dem Verschwinden des Rosses: „Ich und meine Aufführung haben ihm [dem Tag] zu Tode mißfallen. Wer sich beschmutzt, soll im Dunkeln bleiben" (TT, S. 55). Für den Sohn bedingt die Niederlage im Albkampf den Verlust des Rosses und das Ausbleiben der Sonne. Daher wendet er sich an Kule und verlangt von ihm sein Urteil: „Richte Du! Was kann die Meister tödlicher verdrießen, als wenn sich ein Stümper unter sie mischt? Dabei bleibt es. Ab mit dem Kopf, den ein Zehnrecker hochstreckt" (TT, S. 55). Der Sohn, daran kann kein Zweifel bestehen, fühlt sich schuldig, und seine Schuld liegt für ihn in seiner Unfähigkeit, gottgleich zu handeln. Sein Ziel war es, das Göttliche mit dem Menschlichen zu vereinigen und auf diese Weise die Götter zu übertreffen. Er wollte sich beschmutzen, wozu nach der Aussage des Alben kein Gott bereit ist, und dennoch das Göttliche leisten. Sein Scheitern weist ihn jedoch als Menschen aus.

Der zum Göttlichen strebende Mensch scheitert an seiner irdischen Begrenztheit. Statt das Göttliche und Menschliche harmonisch zu vereinigen, wird der Sohn durch diese Antithetik zerrieben: „Da reißen die Echos von unten und oben sich um mein Ohr" (TT, S. 88), berichtet der Sohn, kurz bevor er untergeht. In der Stellung zwischen unten und oben, zwischen Mutter und Vater, zwischen Menschlichem und Göttlichem sieht der Sohn keinen Ausweg und kein Ziel. Die Welt der Mutter kann und will er nicht gänzlich abstreifen, und die Welt des Vaters, nach der er sich sehnt, bleibt ihm verschlossen. Er kann sie trotz seiner verzweifelten Anstrengungen nicht erlangen. Die Schlußfolgerung, die H. Kaiser zieht, daß der Sohn „von Anfang an ohne Aussicht"[21] kämpfe, liegt daher nahe. Auf Grund eines der Erbsünde ähnlichen Prinzips ist der Sohn als Mensch mit seinem göttlichen Streben dem Untergang geweiht. „Seine Göttlichkeit ist inkarniert und deshalb verdorben....Kein Mensch überbrückt aus eigener Kraft die Kluft zwischen sich und Gott, niemand erlöst sich selbst, geschweige denn die Menschheit."[22] Eine solche Interpretation, die „das Dilemma des Sohnes...in seinem bloßen Dasein" sieht, versagt ihm von Anbeginn des Stückes jeden Ausweg. Konsequenterweise behauptet Kaiser daher auch, „daß Herzhorn...*keine* echte Möglichkeit für den Sohn bedeutet"[23] und daß es sich um einen „schon immer 'toten Tag'"[24] handelt. Diese Beobachtungen treffen auf den speziellen Fall des Sohnes zu; doch da Kaiser im Sohn zugleich den Vertreter des Menschen schlechthin sieht, könnten sie zu voreiligen Schlüssen über Barlachs Welt- und Menschenbild führen. Der Sohn ist nicht beispielhaft für den Menschen schlechthin, sondern er steht als Beispiel für den suchenden Menschen. Die Welt Barlachs ist nicht für immer mit dem Bild des toten Tages festgelegt, und der Mensch, obwohl er ein Zwitterwesen von materieller Gebundenheit und geistig-göttlichem Ursprung ist, muß nicht mit Notwendigkeit scheitern und in Verzweiflung enden. Dieses Schicksal trifft nur den Menschen, der sich wie der Sohn in hybrider Blindheit den Göttern ebenbürtig glaubt. Wie die Mutter an ihrer extremen Diesseitigkeit (Immanenz) scheitert, so fällt der Sohn über seine extreme Orientierung auf das Jenseits (Transzendenz).

Diese Erklärungen mögen das Scheitern des Sohnes erhellen; die merkwürdige Doppelung der Begründung durch Albkampf und Roßmord bleibt jedoch rätselhaft, denn die Niederlage im Kampf mit dem Alb führt nicht mit logischer Notwendigkeit zur Tötung des Rosses durch die Mutter. Die Einheit der Handlung hat an dieser Stelle offenbar einen Bruch. Barlach verläßt bewußt die aristotelischen Normen der streng gebauten Handlungslogik, um das Scheitern des Sohnes angemessen darstellen zu können. Das Scheitern wird nicht in einer kausal auf die Katastrophe hin zugespitzten Geschehniskette gezeigt, sondern ereignet sich in einem immer neuen und immer wieder unterliegenden, hartnäckigen und qualvollen Ringen um einen Ausweg und gibt dem Stück seine eigentümliche Prägung. Nach dem Albkampf scheint die Zeit im Stück stillzustehen und Handlung bedeutet nur noch hoffnungsloses Sich-im-Kreise-Drehen. Diese Struktur erklärt die Doppelung: der Roßmord wird zum äußeren Zeichen des innerlich bereits Geschehenen und betont durch die Wiederholung die Bedeutung des Scheiterns.[25]

Eine solche Struktur erklärt auch, warum das Scheitern des Sohnes bereits am Ende des zweiten Aktes, d.h. etwa nach dem ersten Drittel des Stückes, endgültig feststeht. Dieser Sachverhalt ist dem Drama als „Mangel im Aufbau" angelastet worden.[26] Was jedoch aus der Sicht der aristotelischen Dramennorm als Mangel erscheint, erweist sich im Kontext des TT als notwendig und gelungen. Durch die Vorwegnahme der Katastrophe wird die Aufmerksamkeit des Zuschauers auf das ausweglose Ringen des Sohnes konzentriert. Seine qualvollen Versuche, das bereits besiegelte Schicksal doch noch zu ändern, verdeutlichen seine Blindheit und Ohnmacht, aber auch seine Sehnsucht und sein Verlangen, über sich selbst hinauszugelangen, und werden auf diese Weise stellvertretend für das Schicksal des Menschen. Barlach geht es im TT nicht um Entwicklung und Handlung im Zusammenhang mit einem individuellen Schicksal, sondern um die Darstellung der menschlichen Existenz, die Barlach als „Strafanstalt, Verstoßung, Hölle, Degradierung usw" (P II, S. 403) versinnbildlicht. Dabei spielt die Schuld des Menschen keine Rolle. Ob schuldig oder unschuldig, der zum Aufbruch bereite Mensch strebt mit allen Kräften dem ersehnten Ziel zu, ohne es jemals zu erreichen. Er bleibt ein Gefangener seiner Menschlichkeit,—zum Scheitern verdammt.

Die endliche Einsicht in die eigene Begrenztheit treibt den Sohn in die Verzweiflung und in den Tod. Nach dem Tode der Mutter bestätigt der Sohn, was ihm der Alb bereits bei seiner Niederlage verkündet hat: daß er ein Muttersohn sei (TT, S. 43 und S. 94). Seine erste Reaktion auf den Tod der Mutter ist der Ausruf: „Verfluchter Muttersohn!" (TT, S. 94). Der Sohn empfindet seine Bindung an die Mutter und damit auch die Bindung an das Dasein als Fluch, und seine verzweifelnde und verneinende Antwort darauf ist der Selbstmord. Damit vollzieht sich, was der Sohn schon vorher dunkel geahnt hat. Als die Mutter ihn warnt: „Ein Mensch ist kein Gott," entgegnet Kule: „Manche haben doch Götterwesen an sich," und darauf bricht es aus dem Sohn heraus: „Man muß sie totschlagen, daß der Gott in ihnen nicht vorher zu Schanden wird" (TT, S. 35). Der Gott ist nach Meinung des Sohnes in ihm zu Schanden geworden, und seine Reaktion ist Verzweiflung. Die göttliche Seite des Menschen findet keine Erfüllung und die irdisch-materielle Seite wird als negativ abgetan. Es sieht so aus, als ob Barlach keinen Ausweg für den Menschen wüßte und als ob das Schicksal des Sohnes Ausdruck eines sinnlosen Lebens und Strebens in einer sinnlosen Welt wäre. Selbst durch den Tod des Sohnes werden keine positiven Werte deutlich. Sein Tod erscheint ebenso sinnlos wie das Leben.

Der Darstellung und Vertiefung dieses Gefühls der Sinnlosigkeit dienen vor allem die letzten beiden Akte. In ihnen sehen wir den Sohn immer tiefer in seine Hoffnungslosigkeit und Verzweiflung gleiten. Das Schuldgefühl über das Scheitern im Albkampf verbindet sich mit dem Gefühl, ohne das Roß im Hause der Mutter eingekerkert zu sein. Weder die verzweifelten Fluchtversuche im Nebel, noch die Tatsache, daß Kule die Verantwortung für das Verschwinden des Rosses auf sich nimmt, können dem Sohn helfen. Die Welt um ihn herum zieht sich immer dichter zusammen, und es gelingt ihm nicht einmal, in seinen Wahnvorstellungen zu entkommen. Wie beim Albkampf enden auch diese Ausbruchsversuche mit dem Hilferuf nach der Mutter (TT, S. 71 und S. 90) und der schließlichen Erkenntnis, daß ihm „Mutters Art" doch am besten anstünde (TT, S. 94).

Während er anfangs mit einem Vogel verglichen wird, der aus der Eierschale hervorbricht (TT, S. 18), heißt es später von seinen blinden Wünschen, daß sie sich „wie junge Vögel im Nest zu Tode quälen, weil ihnen Eltern zur Aufzucht fehlen" (TT, S. 53).[27] Die Hütte der Mutter wird zum Gefängnis, in dem „es klingt, als rasseln Ketten" (TT, S. 92), und die Zukunft ist wie ein Kochtopf in Scherben gegangen (TT, S. 84). Das Roß Herzhorn, das durch seine Verbindung mit der Lichtmetaphorik zuerst an die Rosse des Sonnenwagens erinnert, wird zunächst zum Steckenpferd und Spielzeug des Sohnes verniedlicht (TT, S. 67) und schließlich zum Zeichen des toten Tages degradiert. Der Tag „ist ein totes Roß, das mit uns gestürzt ist und auf uns liegt" (TT, S. 68). Zu den Metaphern des Todes kommen Verfalls-Metaphern. Der Sohn spricht vom „Aas des Tages", dessen „schmutziger Giftnebel" dünstet (TT, S. 69). Der Nebel, der die fortschreitende innere Verwirrung und Verzweiflung des Sohnes anzeigt, wird mit Bildern des Herbstes, des Abends und der Nacht verbunden: „Und wahrhaftig, der Tag hat den Sommer mit ins Grab genommen. Herbst! Da ist der Winter nicht weit, vielleicht schon zum Abend, wer weiß" (TT, S. 69). Landschaft, Tages- und Jahreszeit spiegeln die innere Lage des Sohnes. Besonders der Nebel dient dazu, die Situation des Sohnes und gleichzeitig auch die des Menschen darzustellen. Ohne den Sinn seines eigenen Berichtes selbst ganz zu erfassen, beschreibt der Sohn seinen ersten Gang im Nebel: „...oh Nebel!...ich denke mir, so müssen Blinde durch die Welt gehen, ewig umwallt von ihrem eigenen Nebel, der mit ihnen zieht wie ihr Leben selbst. So wenig wissen sie, woher er kommt und so wenig können sie von ihm los. Das wars! Mit offenen Augen ging ich und konnte sehen, wie blind ich war, denn das war eine Blindheit, die nicht von den Augen kommt, sondern die andere, die schlimmste, die macht, daß die besten Augen nicht sehen" (TT, S. 72).

Der Sohn erfährt seine Begrenzung und Blindheit als Mensch, doch kann und will er sie nicht wahrhaben und quält und sehnt sich weiter nach der göttlichen Vaterwelt. Noch am Schluß des Dramas spricht er im Wahn von dieser Sehnsucht und bindet ein letztes Mal die Sonnen- und Pferdemetaphorik zusammen: „Einmal muß es ja heller werden, die Sonne saust über mir, ich höre ihre Hufe schallen, und die Funken zischen durch den Nebel" (TT, S. 89). Doch sieht der Sohn das Licht nicht mehr, und die Vaterwelt bleibt ihm verschlossen; daher wächst seine

Verzweiflung mit jedem Rückfall in die materielle Mutterwelt. Die „Echos von unten und oben" (TT, S. 88) zerreißen ihn schließlich im wahren Sinne des Wortes. Bei seinem zweiten eingebildeten Nebelgang kommt es zu einem Zusammentreffen mit einem geheimnisvollen Doppelgänger, von dem der Sohn erwartet, daß er seinen Platz in der Hütte einnimmt. Während das eine Ich die Mutterwelt befriedigen soll, könnte das *alter ego* sich ungehindert auf die Suche nach dem Vater begeben. Als jedoch die Illusion zerrinnt und die grausame Wahrheit durch die Beichte der Mutter an den Tag kommt, bleibt dem Sohn nur noch der Weg in den Tod offen. Durch ihren Fluch und Tod verstößt die Mutter ihn endgültig aus ihrer Welt, aus der Ekel und Sehnsucht nach dem Vater ihn schon vorher hinausdrängten. Vom Vater ohne Antwort gelassen schwebt der Sohn in einem Vakuum, aus dem es keinen Ausweg gibt. Der Anteil der Mutter verhindert das Erreichen der Vaterwelt, und der Anteil des Vaters verbietet ein Sich-Genügen-Lassen in der engen Mutterwelt. Zwischen den beiden Prinzipien, die ihn zugleich anziehen und abstoßen, wird der Sohn als hilfloses Opfer zerrieben. Sein Tod erscheint als grausame Folge einer absurden Welt, in der es keine Hoffnung für den Menschen gibt. Das Streben des Sohnes und damit zugleich das Streben des Menschen nach einer besseren Welt und einem besseren Ich endet im Nihilismus.

Eine Möglichkeit, das Scheitern des Sohnes und der Mutter zu vermeiden, ist der Verzicht auf jegliches Streben und Handeln. Diese Möglichkeit hat Barlach in der rätselhaftesten Gestalt des Dramas, in Kule, gestaltet. Er wird der egoistisch um das eigene Wohl kämpfenden Mutter und dem nach dem Absoluten strebenden Sohn als eine dritte Möglichkeit menschlichen Verhaltens gegenübergestellt. Während Mutter und Sohn—wenn auch in entgegengesetzte Richtungen—streben und suchen, verkörpert Kule das Prinzip der völligen Selbstaufgabe und Selbstlosigkeit. Leben bedeutet für ihn passives Sich-Fügen in das Schicksal, ein Leiden und Erleiden. Symbol dieser Haltung ist der Stein, den er mit sich herumschleppt. Während der Sohn die Menschheit mit einer einzigen glänzenden Tat vom Leiden befreien will, ist Kule bereit, das Leiden der Welt auf seine Schultern zu laden. Man hat daher mit Recht auf christusähnliche Züge in Kule hingewiesen;[28] aber es muß zugleich betont werden, daß dieser Christus nicht über die Macht verfügt, die Welt und die Menschen zu erlösen, da ihm der göttliche Auftrag fehlt. Bitterkeit, Gräßlichkeit und Leid der Welt haben ihn geblendet und selbst seine „Götter sind voll unendlicher Leiden" (TT, S. 34). Durch seine Blindheit auf ein inneres und damit echteres Erleben verwiesen, ist er der Erkenntnis der Dinge und der Welt zwar näher,[29] bleibt aber trotzdem ohnmächtig. Zwar erkennt er die Existenz einer göttlichen Welt an und weiß, daß es eine Wahrheit gibt (TT, S. 30), doch handelt es sich um einen verborgenen Gott (TT, S. 66) und wie der Gott, so ist auch die Wahrheit „verborgen in den Eingeweiden der Zeit" (TT, S. 30). Seine Hoffnungen richten sich auf eine bessere Zukunft (TT, S. 24), doch er selbst ist machtlos und kann nichts für diese Zukunft tun. Daher ordnet er sich dem Schicksal unter und gelangt bewußt zu einer amor fati-Haltung: „Was dem Gott beliebt, müssen die Menschen lieben," belehrt er die Mutter (TT, S. 20). Selbst als er in die Roßtötung verwickelt wird, bestätigt er dieses Bekenntnis ausdrücklich: „Alles ist geschehen, wie es mußte. Es ist gut" (TT, S. 64).

In seiner widerspruchslosen Bejahung des Schicksals wird Kule zum fast willenlosen Werkzeug in den Händen der Mutter. Obwohl er schon früh die Tötung des Rosses vorausahnt und seine Beteiligung am Roßmord ablehnt, kann die Mutter ihn doch überreden, die Schuld für die vollbrachte Untat auf sich zu nehmen. Die Verteidigung seiner Haltung ist trotz des von ihm bewiesenen Altruismus nicht frei von einem quietistischen und beschwichtigenden Unterton. Auf die Frage, ob nicht vielleicht alles doch hätte anders kommen können, antwortet Kule sich selbst: „...solche Gedanken können im Menschen nicht hausen, sie würden ihn zernagen und aushöhlen, er könnte nicht froh und zufrieden sein" (TT, S. 64). Und kurz darauf: „Das kann nicht bereut werden, was das Schicksal selbst gewollt hat. Nur wer ans Schicksal glaubt, ist sicher, daß er sich nicht selbst zerreißt" (TT, S. 66). In diesen Feststellungen schwingt bereits die später ins philisterhaft übertriebene Abhängigkeit Noahs von seinem Gott mit.

Die Bejahung allen Geschehens, auch des verbrecherischen, bösen Geschehens, als unabänderliches Schicksal, um sich selbst oder andere vor nagendem Zweifel und Schuldgefühlen zu bewahren, zeigt, daß auch Kules Haltung nicht ohne Schwächen ist. Aus diesem Grunde wird Kule hier als Repräsentant einer empirisch faßbaren menschlichen Haltung verstanden und nicht wie bei H. Kaiser als eine „über seine empirische Identität" hinausgewachsene,

„in reiner Entgrenzung" lebende „Vor-Person" oder als ein Wesen „ohne Individualerfahrung mit bloßem Daseins-Bewußtsein."[30] Nicht nur der bereits besprochene quietistische Zug, sondern auch die recht präzisen Erinnerungen Kules an seine Vergangenheit sind bei dieser Einordnung Kules vernachlässigt worden.

Kule ist keine Idealfigur, und deswegen ist auch der Vorwurf des Sohnes gegen Kule als echte Kritik an seinem Verhalten aufzufassen. Der Sohn nimmt Kules eigene Worte auf und erwidert ihm: „Bin nicht froh und zufrieden, nein, zernagen und aushöhlen wird es mich. Ich war wohl gut bisher, so gut man etwas gut sein lassen darf, aber jetzt bin ich schlimm, schlimm" (TT, S. 65). Gewiß hat Kule durch die Übernahme der Schuld an der Roßtötung die Verwirrung und Verzweiflung des Sohnes erhöht; er ist mitschuldig daran, daß es dem Sohn jetzt schlimm geht. Der Mann, dessen Leidensbereitschaft und Zukunftsvisionen der Sohn bewunderte, soll ihm jetzt seine Zukunft zerstört haben. Mit gequältem Hohn entgegnet er daher auf das wiederholt vorgebrachte Argument Kules, daß alles, was geschehen sei, auch gut sein müsse, mit der Frage: „Und man kann fröhlich sein und getrost, daß ein anderer zerrissen wird? Man kann lustig vergessen—weißt du es denn noch?" (TT, S. 67). Mit diesen Fragen weist der Sohn auf die egoistische Grundhaltung hin, in die jeder Schicksalsglaube umschlagen kann.

Barlach selber, als dessen Sprachrohr und Kommentator Kule im TT auf weite Strecken dient, hat die Gefahr eines solchen Egoismus deutlich erkannt. In einem Brief aus dem Jahre 1934 bekennt er sich zu einem stark an Kule erinnernden Glauben an das Schicksal: „Was verhängt ist, was kommen muß aus Ratschluß von oben oder aus innerster Unzulänglichkeit der Mitwelt, muß hingenommen und wo nicht willkommen geheißen, so doch im Glauben an das Notwendige empfangen werden. Ich begehre nicht zu wissen, was ich doch nicht abwenden kann. Könnte ich etwas Kommendes, Unvermeidliches abwenden, so wäre es eben nicht unvermeidlich, so bin ich, obwohl vielleicht mitschuldig an dem Geschehen, doch getrost und überzeugt von seiner Unbedingtheit." Und er fügt gleichsam als Warnung für sich selbst hinzu: „Wappnen kann ich mich nur gegen eins:—gegen den Egoismus des persönlichen Sonderwohls, das sei ferne von mir" (B II, S. 451).

Kule wird durch seine Leidensbereitschaft im moralischen Bereich verankert und so gegen den Vorwurf des Egoismus gewappnet. Doch selbst diese Leidensbereitschaft wird von Barlach noch einmal durch die Zweifel der Mutter relativiert. Als Kule über das Leiden in der Welt spricht, entgegnet ihm die Mutter: „Blinder Narr, was weißt du von Leiden?...Was gehen dich die Leiden der Welt an, solches Leiden wie deines ist nichts als die Tarnkappe deiner Freuden, du nimmst sie auf dich, weil deine Lust und Behagen darin sicher vor Neid geborgen sind" (TT, S. 17 f.). Aus der Perspektive der Mutter bekommt auch das Leiden eine egoistische Färbung, obwohl Kules Handlungen später beweisen, daß er über die Verdächtigung der Mutter erhaben ist; und obgleich die Angriffe des Sohnes auf den fälschlich verdächtigten Kule zielen, liefern weder seine Verhaltensweise noch sein Schicksal eine Antwort auf die im Stück aufgeworfene Frage nach der Position des Menschen im Spannungsfeld des Irdischen und Göttlichen. Kules passive Schicksalsbejahung deutet zwar auf die letzten Stücke Barlachs voraus, steht aber hier noch zu sehr am Rande und wirkt zu kraftlos und manipulierbar, um als Lösung für ein zukünftiges neues Menschentum akzeptiert zu werden. Kule kann in seiner Ohnmacht bestenfalls von einer besseren Zukunft träumen und sich nach ihr sehnen.

Eine Möglichkeit, diese bessere Zukunft aktiv zu schaffen, deutet Kule allerdings an, als er die Mutter über das Wesen des Schicksals belehrt: „Geschicke sind nicht böse, man selbst ist es. Gute Menschen haben gute Geschicke. Gutsein ist das beste Schicksal" (TT, S. 18). Diese eigenartige Bindung des Schicksals an das moralische Verhalten des Einzelnen wird in der *Guten Zeit* als Leitthema wieder aufgenommen. Wenn die Menschen sich selbst erneuern würden, dann würde auch eine neue Welt entstehen. Allerdings besteht diese Möglichkeit nur, wenn alle sich ändern. Solange jedoch nur einzelne dazu bereit sind, solange bleibt diese Möglichkeit Utopie, und das Handeln dieser einzelnen bedeutet Leiden an der Unwandelbarkeit der anderen. Die Handlung des Stückes widerlegt offensichtlich die These Kules. Der Sohn ist gut und zum Guten bereit, aber er erleidet ein böses Schicksal, und auch das Schicksal Kules, der als einer der besten Menschen dargestellt wird, ist trotz seiner Bejahung dieses Schicksals objektiv gesehen kein gutes Schicksal.

Eine wichtige Rolle im TT spielt der Gnom Steißbart.[31] Nicht zufällig beginnt das Drama mit einem dreifachen Ruf nach ihm (TT, S. 11) und endet mit seinem gewichtigen Schlußkommentar. Die Tatsache, daß er den Augen der Mutter und des Publikums unsichtbar ist, deutet auf seine Herkunft aus der Vaterwelt. Er stellt trotz seiner ins Lächerliche und Groteske verzerrten Fähigkeiten das ernstzunehmende Prinzip der Geistigkeit dar. Nicht ohne Grund vermutet der Sohn in ihm „ein verdorbenes Stück Ich" (TT, S. 59). Als geistiger Anteil im Sohn liefert er den eigentlichen Antrieb zu dessen Verlangen nach dem Vater. Bezeichnenderweise scheitert der Sohn gerade in dem Augenblick, als er Steißbart auf Betreiben der Mutter hin freiwillig ausgeschaltet hat. Sowohl die Niederlage im Albkampf als auch die Roßtötung können nur geschehen, weil der Sohn die warnende Stimme seines „guten Geistes" geknebelt hat. Von dem Augenblick an, da Steißbart als Kraft wieder freigesetzt wird, spornt er den Sohn erneut zur Suche nach Erkenntnis an, sei es durch die wiederholten Hinweise auf den Vater oder sei es durch die Einsicht in die Schuld der Mutter, deren Geständnis er schließlich erzwingt.

Besonders durch die ins Groteske und Derbe verzerrte Vorführung des Auffahrens weist er den Sohn auf die Priorität des Geistes über den Leib hin: „Das Leibhaftige machts nicht, am Geist muß es haften" (TT, S. 81), erklärt Steißbart, und auf die Frage, ob der Sohn jemals so aufzufahren lernen könnte, erwidert der Gnom ihm bedeutungsvoll: „Niemals so, aber vielleicht anders" (TT, S. 81). Der Sohn beweist kurz darauf, daß er die Belehrung Steißbarts verstanden hat. Er weist die Tröstungen Kules schroff zurück: „Nein, nein, Steißbart hat es mir schrecklich deutlich gemacht; was hier drängt, habe ich nicht von Mutter—*ruft*: Vater, Vater! (TT, S. 85).

Steißbarts Bedeutung für den Sohn wird auch von der Mutter erkannt, die in ihm ihren eigentlichen Widersacher im Kampf um den Sohn sieht. Sie muß zugeben, daß der Sohn Gedanken hat, die nur Steißbart kennt, und daher fühlt sie sich abhängig von ihm, obgleich sie ihn gerne völlig ausschalten möchte (TT, S. 15). Steißbart bleibt auch die einzige Figur des Stückes, die sich nicht von der Mutter manipulieren läßt. Er überlebt ebenfalls die Mißhandlungen des Alben und beweist dadurch nach den Worten des Alben seine Echtheit, während der Sohn als „Unechter" (TT, S. 43) bezeichnet wird.

Sieht man in Steißbart das Prinzip der Geistigkeit repräsentiert, dann ist durchaus verständlich, daß Barlach gerade ihm den bedeutenden Schlußkommentar anvertraut, und eine Abwertung dieser letzten Botschaft, nur weil sie aus seinem Munde kommt, scheint nicht gerechtfertigt. Dennoch darf man die abwertenden Attribute nicht übersehen, mit denen Steißbart von Barlach versehen wird. Dazu gehören nicht nur sein Name und seine grotesk-derben Darbietungen, sondern auch seine offensichtliche Dienerstellung im Hause der Mutter. Es scheint daher, daß er das Kennzeichen, ein „verdorbenes Stück" des Sohnes zu sein, zu recht verdient hat. Der Sohn selbst beschreibt, wie auch er zum Steißbart schrumpfen würde, wenn er den Rest seines Lebens im engen Dunkel des Mutterbereiches verbringen müßte: „Soll ich noch als Sohn gelten? Und kann wie ein Knecht, wie ein erbärmlicher Gnom froh sein, hier im Dunkel—hier in der Enge klein und kleiner zu werden?...Mutter, das wird mich noch zum Steißbart machen, es wird dir keine Ehre machen, wenn dein Sohn zum Gnomen zusammenschrumpft" (TT, S. 59).

Steißbart muß mit negativen Attributen behaftet sein, damit er nicht als Ziel des menschlichen Strebens mißverstanden wird. Es geht Barlach nicht um die Vergeistigung des Menschen. Vielleicht bezeichnet das von Barlach an anderer Stelle gebrauchte Wort „Gehirnbewußtsein" (B II, S. 20) die Haltung, für die Steißbart steht, besser als das Wort Geistigkeit. Kritik und Parodie an übertriebenem Intellektualismus scheint in der Figur des Steißbart mitzuschwingen.[32] Geistigkeit ist ein zu enges Konzept für das, was der Sohn unter dem Weg zum Vater versteht. Daher kann er trotz seiner Belehrung durch den Gnomen abwertend kommentieren: „Steißbart gibt sich zufrieden mit einem Vater ohne eine Mutter, für mich gibt es keine Mutter ohne einen Vater" (TT, S. 85). Aus dieser Sicht wird gerade das, was den Sohn zerstört, nämlich die Herkunft und Abhängigkeit von den ungleichen Eltern als Vorzug und Überlegenheit gewertet. Der Anteil von Mutter- und Vaterwelt und das damit verbundene Leiden verschaffen dem Menschen seine Würde und Bedeutung. Damit wäre nochmals die Absurdität der von Barlach dargestellten Welt bekräftigt. Durch Bindung an die Mutterwelt oder das Materielle und an die Vaterwelt oder das Geistige ist der Sohn als Vertreter des Menschen zum Scheitern verurteilt, da eine Harmonisierung dieses Dualismus nicht möglich scheint.

Die Welt erscheint dem Menschen daher als Hölle oder als Zuchthaus, in das er zum Leiden verdammt ist. Barlach selbst hat diesen Vergleich mehrfach gebraucht: „...ich für mein Teil komme von der Vorstellung nicht los, daß wir hier in der Hölle sitzen oder im Zuchthaus, einem ganz raffinierten Zuchthaus, mit sehr verschiedenen Strafgraden, in dem aber jeder mehr oder weniger zur Rebellion neigt, da uns der Zustand aasig verschleiert wird, so daß uns der Trost: ist die Strafe aus, so gehen wir halt nach Haus—auch nicht gegönnt ist" (B II, S. 21). Allerdings fährt Barlach dann einschränkend und versöhnend, wenn auch konjunktivisch, fort: „Hätten wir das Bewußtsein von Vor- und Nachexistenz, ich meine die Sicherheit, so nähme kein Mensch des Lebens Nöte ernst" (B II, S. 21). Gerade dieses Bewußtsein hat Barlach schon bei der Abfassung des TT besessen, und daher endet das Stück nicht mit dem sinnlosen Untergang des Sohnes, sondern mit der Botschaft Steißbarts, die er im Dialog mit Kule verkündet:

Steißbart: Halt! Ich bin so gut wie ein Stab, ich weiß den Weg.

Kule: Wohin kann ich noch kommen sollen?

Steißbart: Ein Weg braucht kein Wohin, es genügt ein Woher.

Kule: Du und ich! Welcher Weg wäre uns beiden der rechte?

Steißbart: Botengängerweg, daß die Welt weiß, was wir wissen.

Kule: Und was wissen wir?

Steißbart: Woher das Blut kommt, bedenken sollen sie. Alle haben ihr bestes Blut von einem unsichtbaren Vater.

Kule: Dein Geschrei klingt sonderbar.

Steißbart: Aber wie Blutgeschrei richtig. Sonderbar ist nur, daß der Mensch nicht lernen will, daß sein Vater Gott ist (TT, S. 94 f.).

Steißbart gibt dem dramatischen Geschehen, das die beiden Hauptpersonen in die Verzweiflung führt und konsequent mit einem Doppelselbstmord endet, eine völlig überraschende Deutung: Nicht das Ziel, nämlich die Erlösung der Menschheit vom Leiden und die Vereinigung mit dem Vater, ist wichtig, sondern die Suche; der Weg selbst wird zum Ziel. Da der Mensch sein Ziel nicht erkennen und erreichen kann, wird der Weg selbst zum Ziel erklärt. Diese Lösung erklärt auch das Scheitern des Sohnes und der Mutter. Der Sohn wird schuldig, da er ein festes Ziel, da er die Ankunft beim Vater anstrebt. Die Mutter ist schuldig, da sie sich mit dem Sohn bereits im Besitz des Zieles glaubt und überhaupt nicht aufbricht. Das Verlangen nach der Gewißheit einer Ankunft wird ebenso abgelehnt wie der Stillstand, und ein ununterbrochenes Offensein, Suchen und Streben wird verlangt.

Streben und Suchen als Dauerzustand und ohne erkennbares Ziel kann jedoch leicht zu einer Bewegung um ihrer selbst willen ausarten. Stillstand ist unfruchtbar, aber Werden, das niemals ans Ziel gelangt, kann ebenso unfruchtbar sein. Barlach hat um diese Problematik gewußt und daher die Botschaft von der Existenz eines unsichtbaren Gottes hinzugefügt. Im Vertrauen auf diesen Gott, der der Vater der Menschen ist, soll der Mensch seinen Weg gehen, der zwar kein Ziel, aber doch eine Richtung hat: Er führt auf den metaphysischen Kern des Menschen zu.

Daß Barlach keinen spezifisch christlichen Gott im Sinn hat, ist offensichtlich. Während der Christ die Gewißheit der Ankunft besitzen darf—sei es im Himmel oder in der Hölle—, verkündet Steißbart einen Werdeprozeß ohne Ziel und Ende. Wenn diese Wegsuche auch nicht als dogmatisch christlich gelten kann, so läßt sich doch eine religiöse Grundhaltung auch im TT nicht übersehen.[33] Bezeichnenderweise wird im gesamten Stück die Existenz eines Gottes nicht geleugnet. In diesem Sinne besitzen alle Charaktere des Dramas ein fast instinktives Vertrauen darauf, daß es einen Gott und damit einen Sinn in dieser Welt gibt. Kule spricht dieses Grundgefühl unter dem Beifall des Sohnes und Steißbarts aus: „Ja, wenn man das Falsche falsch heißen kann, muß doch das Rechte in einem stecken. Irgendeine Wahrheit muß es ja geben" (TT, S. 30). Nur auf der Grundlage eines solchen Vertrauens, das Barlach mit seinen Figuren teilt, darf die Verkündigung Steißbarts verstanden werden. Als Moral oder Lehre, die aus der Handlung oder aus der Problematik des Stückes gewonnen werden, kann dieser Kommentar jedoch nicht verstanden werden, denn weder das Verhalten der einzelnen Charaktere noch der Untergang der Hauptpersonen berechtigen zu den von Steißbart verkündeten Konsequenzen. Während im Stück der Gott verborgen bleibt und dem Anruf des Menschen nicht antwortet und während der Mensch in einer undurchschaubaren, tragischen Situation zwischen Himmel und Erde zum Scheitern verurteilt ist, verspricht Steißbart eine Lösung für den

Menschen und die Gewißheit, daß ein Gott existiert. Steißbart wird eindeutig zum Sprachrohr des Dichters, der das Geschehen auf eine Weise verstanden wissen will, die sich nicht aus dem Stück selber entnehmen läßt. Barlach beschreibt die Absicht des Dramenschlusses folgendermaßen: „Mit dem Schluß des Dramas, Steißbarts und Kules Apostelreise, wollte ich nur unterstreichen—ja was? Etwa folgendes: Der zukünftige Zustand des Menschen,[34] seine Bestimmung, deren Ahnung in ihm glimmt, ist sein Wesens'orden'. Vergangenheit und Gegenwart, die ihn ketten, werden abgetan, das bedeutet ein Stück Selbstopferung" (B I, S. 481). Die Hoffnung auf den zukünftigen Zustand des Menschen wird jedoch durch die Handlung im TT exemplarisch zerstört, und daher steht die Verkündigung Steißbarts im Gegensatz zum Stück selber. Auf diesen Gegensatz zwischen Schlußkommentar und dramatischer Handlung des Stückes hat zuerst Horst Wagner aufmerksam gemacht. In seiner Interpretation der *Sündflut* weist er nach, daß fast alle Stücke solche von den eigentlichen dramatischen Bühnenvorgängen losgelöste Kommentare aufzeigen.[35] Die durch die Kommentierung des Geschehens bedingte formale Eigentümlichkeit der TT ergibt sich mit logischer Notwendigkeit aus dem Anliegen des Stückes. Es geht Barlach im TT nicht in erster Linie um die Darstellung eines expressionistischen Generationskonfliktes mit allen seinen dramatischen Möglichkeiten, sondern er versucht, die Seins-Position des Menschen im Spannungsfeld von Geist und Materie zu klären. Barlach gibt sich dabei weder mit soziologischen noch mit psychologischen Bestimmungen zufrieden, mit dem Ergebnis, daß solche Spannungen, die für das konventionelle Drama unerläßlich sind, in seinem Stück fehlen. Die Konzentration auf die innere existenzielle Problematik macht eine äußerliche Darstellung des Geschehens als Handlung fast unmöglich. Die Handlung wird belanglos und erfaßt das Eigentliche nicht mehr. An die Stelle der Handlung tritt die Sprache, die nicht die Handlung, sondern das nicht darstellbare Hintergrundgeschehen kommentiert.[36] Weder die Handlung noch die Dialoge dringen zum Kern des Stückes vor. Das geschieht meist mit Erklärungen, Kommentaren und Spekulationen über die zu Grunde liegende Seinsproblematik. Sie verkünden die eigentliche Botschaft Barlachs.

Im TT steht der abschließende Kommentar allerdings im krassen Gegensatz zum Stück selbst. Im Stück steht der Mensch von Anfang an in einer ausweglosen Situation; er ist zum Scheitern verurteilt; sein Tag ist tot. Im Gespräch mit Schult

hat Barlach diese Lage des Menschen treffend zusammengefaßt: „Man kann den
Menschen recht gut als einen Versuch der Natur betrachten, der fehlgeschlagen ist,
wie es eine Reihe von Formen gibt, die sie wieder fallen ließ. Das Tragische ist
nur, daß noch der Weg empfunden wird, das Ziel, nach dem sich Tausende
bewegen, wie der Magnet vom Pole angezogen wird. Und alle, die darum wissen,
die haben an dem Unglück zu tragen.“[37] Ohne diese Grundvorstellung vom
Menschen wesentlich zu ändern, gelingt es Barlach jedoch durch den Kommentar
Steißbarts, diese an sich hoffnungslose und tragische Lage des Menschen auf
dialektische Weise umzudeuten. Da sich das Ziel nicht erreichen läßt, wird der
Weg programmatisch zum Ziel erklärt. Durch diese Akzentverschiebung vom
Streben nach einem unerreichbaren Ziel, zum Streben als Ziel rückt das Werden
in den Mittelpunkt des Barlachschen Dramenschaffens. Da sich das Erlangen des
angestrebten Zieles, nämlich die Schaffung eines neuen gottgleichen Menschen in
einer neuen, leidlosen Welt, als unmöglich erweist und mit der Vernichtung des
Menschen endet, geht Barlach in den folgenden Dramen daran, die Position des
Menschen neu zu definieren. In diesem Sinne bedeutet der Schluß des TT zugleich
auch Ein- und Überleitung zu den nachfolgenden Stücken, in denen Wegsuche und
Werden immer stärker in den Vordergrund treten.

Fußnoten *Der tote Tag*

1. Ernst Barlach, *Das dichterische Werk in drei Bänden, II: Die Prosa I*, hrsg.
von Friedrich Dross (München: R. Piper Verlag, 1958), S. 53. Im folgenden
Text zitiert als P I.

2. Ernst Barlach, *Das dichterische Werk in zwei Bänden, I: Die Dramen*, hrsg.
von Friedrich Droß und Klaus Lazarowicz (München: R. Piper & Co Verlag,
1956) S. 11–95; im folgenden zitiert als TT mit nachfolgender Seitenzahl.

3. Herbert Meier, *Der verborgene Gott. Studien zu den Dramen Ernst Barlachs*
(Nürnberg: Glock & Lutz, 1963), S. 161.

4. Ernst Barlach, *Die Briefe I. 1888–1924*, hrsg. von Friedrich Droß (München: R. Piper & Co Verlag, 1968), S. 346; im Text zitiert als B I.

5. Thomas Mann, „German Letter", *Dial*, 77 (Nov. 1924), S. 414.

6. *Barlach im Gespräch*, aufgezeichnet von Friedrich Schult (Passau: Insel Verlag, 1948), S. 17.

7. Karl Graucob, *Ernst Barlachs Dramen* (Kiel: Walter G. Mühlau Verlag, 1969), S. 22.

8. Barlach bezieht hier eine interessante Gegenposition zu Goethe, mit dessen Faustdichtung er sich intensiv beschäftigt hat; vgl. B I, S. 65 und B I, S. 194 sowie die Holzschnittreihe *Goethe. Walpurgisnacht mit 20 Holzschnitten von Ernst Barlach* (Berlin: Paul Cassirer Verlag, 1923). Während die Mütter bei Goethe die zeitlosen „Urbilder des Lebens" bewahren, deren Schau den Menschen zum Streben anspornen, ist die Welt der Mutter bei Barlach als das Beharrende, Erstarrte und Selbstgenügsame ein Hindernis für die Höherentwicklung. Vgl. *Goethes Faust. Der Tragödie erster und zweiter Teil. Urfaust*, kommentiert von Erich Trunz (Hamburg, Christian Wegner Verlag, 1963) S. 544.

9. Glenn E. Welliver hat die Raumdarstellungen im TT eingehend untersucht und ihre Bezüge zum Mutterschoß festgestellt. Er weist auf den Zusammenhang von Geburt aus dem Mutterschoß und Tod und Beerdigung im Schoß der Erde hin. Auch in dieser Deutung wird die Verbindung der Mutter mit dem Irdischen betont; „Internal Evidence of the Interrelation of Ernst Barlach's Dramas" (Diss. Northwestern, 1964).

10. Der Dualismus von Nacht- und Sonnen-Welt wird im Stück auch durch die häufige Verwendung dieser beiden Wörter deutlich. „Nacht" wird 36mal und „Sonne" 46mal im Dialog erwähnt.

11. Das fehlende „t" ist offensichtlich ein Druckfehler und wurde daher interpoliert.

12. H. Kaiser, *Der Dramatiker Ernst Barlach*, S. 130.

13. Auch hier haben wir wieder die Verbindung der Mutter mit dem Essen, die

der Sohn ebenfalls erkannt hat, wenn er der Mutter mit bitter-ironischen Worten ihr für ihn geplantes Lebensziel vor Augen hält: „...das wäre Erfüllung, das wäre Leben! Und gutes Essen dazu, dann kämen wir alle zu einem guten Ende, feist und blind!" (TT, S. 67).

14. Z.B. Dietrich Fleischhauer, „Barlach auf der Bühne" (Diss. Köln, 1956), S. 23; H. Kaiser, *Der Dramatiker Ernst Barlach*, S. 133, Anm. 11; H. Meier, *Der verborgene Gott*, S. 16; Ilhi Synn, „The Ironic Rebel in the Early Dramatic Works of Ernst Barlach," (Diss. Princeton, 1966), S. 38–43. Keiner dieser Autoren macht sich jedoch die Mühe, diesen Begriff näher zu definieren; dabei kann Immanenz unter anderem auch als Gegenwart des Absoluten im Endlichen verstanden werden. Das würde aber genau das Gegenteil von dem bedeuten, was die Autoren über die Mutter aussagen.

15. Z.B. Fleischhauer, S. 23; H. Kaiser, S. 133, Anm. 11; Meier, S. 17.

16. H. Kaiser, S. 133, Anm. 11.

17. Graucob, *Ernst Barlachs Dramen*, S. 15.

18. Diese Thematik erinnert an Friedrich Nietzsches Idee vom Übermenschen, und in der Tat muß Barlach Nietzsches Werke und besonders *Also sprach Zarathustra* recht gut gekannt haben, denn er zitiert an zwei Stellen aus diesem Werk: B I, S. 548 und P II, S. 321. Seinen kurzen Aufsatz „Lob der Bodenständigkeit" beendet er mit zwei weiteren Nietzschezitaten: P II, S. 426f. In einem Brief vom 20. Dezember 1936 zitiert Barlach sogar aus einem von Hans Eggert Schroeder herausgegebenen Sekundärwerk über Nietzsche, *Die psychologischen Errungenschaften Nietzsches* (Marbach, 1926). Ob Barlach sich allerdings zum Zeitpunkt der Entstehung des TT schon mit Nietzsche beschäftigt hatte, läßt sich nicht mit Sicherheit feststellen, da die frühesten Belege aus dem Jahre 1919 stammen.

19. Vgl. H. Meier, *Der verborgene Gott*, S. 32.

20. Z.B. H. Meier, *Der verborgene Gott*, S. 28 und S. 32; Fritz Deppert, „Schuld und Überwindung der Schuld in den Dramen Ernst Barlachs" (Diss. Frankfurt, 1966) S. 57 und S. 61; Helmut Dohle, *Das Problem Barlach* (Köln: Christoph

Czwiklitzer, 1957), S. 31; Willi Flemming, *Ernst Barlach. Wesen und Werk*, Sammlung Dalp, 88 (Bern: Francke Verlag, 1958), S. 186.

21. *Der Dramatiker Ernst Barlach*, S. 143.

22. Ibid.

23. Ibid., S. 151. Die Hervorhebung stammt von H. Kaiser.

24. Ibid. S. 158.

25. H. Kaiser interpretiert ähnlich: „Die Notwendigkeit der furchtbaren 'Folge' des Mordes ergibt sich aber nicht aus diesem selbst, sondern kann nur als schlechthinnige Notwendigkeit des Scheiterns einleuchten. Es handelt sich also nicht um eine regelrechte kausale Verknüpfung zwischen Albkampf und Roßmord, sondern um das Verhältnis von Schicksal und Zeichen. Die Handlungselemente sind nicht horizontal durch ein 'weil' verkettet, sondern entspringen beide quasi vertikal aus demselben Urgrund...“ *Der Dramatiker Ernst Barlach*, S. 144.

26. Graucob, *Ernst Barlachs Dramen*, S. 30. Da Graucob diesen angeblichen Mangel jedoch nicht wahrhaben will, verringert er die Bedeutung der Albkampfszene und versucht, den Höhepunkt des Dramas im fünften Akt nachzuweisen.

27. Die Vogelmetaphorik ist eindeutig an den Bereich des Vaters gebunden: Die Mutter vergleicht Steißbarts Blick mit Rabenschnäbeln, die nach ihr hacken (TT, S. 15); von dem Vater berichtet sie, daß er munter sei „wie ein entwischter Vogel“ (TT, S. 17) und Herzhorns Rossewiehern klingt wie „Flügelschlag reisender Zugvögel“ (TT, S. 19).

28. Z.B. Naomi Jackson, „Ernst Barlach: The Development of a Versatile Genius“ (Diss. Radcliffe, 1950), S. 127.

29. Kule selbst weist den Sohn auf diesen Sachverhalt hin: „*Kule*: Weißt du, wie ich die Kraft verlor zu sehen? *Sohn*: Warum soll ich das wissen, ich sehe ja! *Kule*: Aber vielleicht bist du in manchen Dingen blinder als ich“ (TT, S. 23).

30. *Der Dramatiker Ernst Barlach*, S. 135.

31. Im Vergleich zu Steißbart ist die Rolle Besenbeins eher eine Statistenrolle. Wie seine zu Besen umgeformten Beine deutlich machen, stellt er ein dienstbares Wesen dar, das zum Mutterbereich gehört. Barlach selber begründete die Flucht Besenbeins, die ihm einen gewissen Status zu verleihen scheint, aus der Rückschau: „Ob ich mir etwas für den Bau des Ganzen Wichtiges gedacht, als ich den Besenbein mit den Hufen entspringen ließ, weiß ich heute nicht zu sagen, vielleicht wollte ich das Verhängnis, das durch den Tod Herzhorns über den Sohn hereinbrach, unterstreichen: Dem Knecht gelang, was dem Sohn versagt blieb- oder dergleichen- ich weiß es nicht mehr" (B II, S. 363). Die Kontrastfunktion ist einleuchtend; es scheint jedoch unwahrscheinlich und nicht im Sinne des Stückes zu liegen, daß Besenbein tatsächlich das vom Sohn erstrebte Ziel erreicht. Gerade darin, daß niemand dieses Ziel erreicht oder erreichen kann, liegt eine der Zentralaussagen des Stückes.

32. In diesem Zusammenhang ist es interessant, daß keine der Barlachschen Hauptpersonen ein Intellektueller ist, während in der gleichzeitigen expressionistischen Dramatik, wie Sokel nachweist, der intellektuelle Held die Regel war. Walter H. Sokel, *The Writer in Extremis. Expressionism in Twentieth Century German Literature*, (Stanford: Stanford University Press, 1959).

33. Barlach selbst hat sich an mehreren Stellen über seine Gläubigkeit geäußert. Wichtige Dokumente sind u.a. die Briefe an Wolf-Dieter Zimmermann (B II, S. 325-328), Johannes Schwartzkopff (B II, S. 335-338) und der kurze Aufsatz „Dichterglaube" (P II, S. 401–409).

34. Barlach setzte an dieser Stelle einen Stern und fügte am unteren Rand der Briefseite hinzu: „Ob im Jenseits des einzelnen oder im Jenseits einer Entwicklung der Art, ist einerlei" (B I, S. 481).

35. Horst Wagner, „Barlach. 'Die Sündflut'," in *Das deutsche Drama vom Barock bis zur Gegenwart. Interpretationen*, Bd. II, hrsg. von Benno v. Wiese (Düsseldorf: August Bagel Verlag, 1968), S. 351 ff.

36. Barlach hat diesen Vorgang im TT erkannt. Er schreibt darüber: „Ich gestehe, daß mir wohl der dramatische Dialog bei der Arbeit zu sehr genügt hat, daß ich die Handlung vernachlässigt..." (B II, S. 356).

37. *Barlach im Gespräch*, S. 22.

Der arme Vetter

Am 17. September 1911, also noch vor der Drucklegung des TT, berichtet Barlach seinem Freund Reinhard Piper zum ersten Mal von der Arbeit an einem neuen Drama (B I, S. 382). Es handelt sich um ein „Osterdrama" (B I, S. 389), ein „Monstrum, das vielleicht nie fertig wird" (B I, S. 391). Doch bereits ein Jahr später meldet Barlach an Moeller van den Bruck: „Ich habe eine neue dramatische Arbeit ziemlich fertig, nun mag sie den Winter über ruhen, und im nächsten Sommer wird sich entscheiden, ob sie etwas ist, das man ans Tageslicht schafft" (B I, S. 405). Der Künstler hat das Drama offenbar termingerecht im Sommer 1914 beendet, denn gelegentlich einer Bestandsaufnahme seines eigenen Werkes verzeichnet er im „Güstrower Tagebuch" am 31. August 1914 unter anderem: *„Der Arme Vetter*, Drama (liegt in der Schublade)" (P II, S. 36). Bedingt durch eine für Barlach charakteristische Indifferenz gegenüber seinen abgeschlossenen Werken und durch die Kriegswirren erschien das Drama erst 1918 im Druck.

Ähnlich wie beim TT wird dieses Stück unter einem vorläufigen Arbeitstitel, „Die Osterleute," begonnen und erhält dann seinen endgültigen Titel, ohne daß sich Gründe für diesen Wechsel nachweisen lassen. Ähnlich wie im TT läßt sich auch für den AV eine Vielzahl von biographischen Parallelen nachweisen. Ganz offensichtlich hat Barlach den Stoff und die Anregungen zu diesem Drama aus seiner Wedeler Zeit von 1901 bis 1904 geschöpft. Paul Schurek hat in der Einleitung zu seiner Auswahl von frühen und späten Briefen Barlachs die einzelnen biographischen Motive, Personen und Erlebnisse aufgezeigt, die Barlach in den AV aufgenommen hat: die Frau Venus-Szene, die Elb- und Heidelandschaft mit der niederdeutschen Atmosphäre, das Gasthaus von Jan Wiggers in Wittenbergen, Kapitän Pickenpack, den schönen Emil und mögliche Vorbilder für Siebenmark und Fräulein Isenbarn.[1] Schurek weist auch auf eine Taschenbuchnotiz aus dem

Jahre 1907 hin, die das Drama gleichsam *in nuce* enthält: „Ich ging nach
Wittenbergen, strömte durch die Heide und saß zu Kaffee und Grog bei den Leuten
drin, den Wiggersleuten. Dachte an den Ostertag, den dunkelkühl-windigen, den
brausenden Wind—Ostern der Wedeler Zeit mit der singenden Maid, die ich
vorbeiließ und nachher in den Büschen vergeblich suchte. Die Osterfeuer, vom
Wind-Abend umgraut, am Elbstrand. Da können dramatische Dinge geschehen.“[2]

Eine weitere Verstärkung erfährt das biographische Element des Stückes
durch einige Parallelen und Ähnlichkeiten mit dem kaum verhüllt
autobiographischen Romanfragment *Seespeck*, das auch die Wedeler Zeit
einschließt und dessen Entstehungszeit zum Teil mit derjenigen des AV
zusammenfällt. Besonders im ersten und vierten Kapitel des Romans lassen sich
Parallelen erkennen: das Zusammentreffen des Photographen Germann mit dem
Bäcker entspricht der Frau Venus-Szene, die Schilderung von Seespecks innerem
Zustand, die Landschafts- und Personenbeschreibungen und gewisse Übereinstimmungen zwischen dem jungen Pessim und Hans Iver.

Fügt man dieser Fülle von biographischen Elementen noch die Verzweiflung,
Unzufriedenheit und Ungewißheit hinzu, die den über 30 Jahre alten Barlach in
seiner Wedeler Zeit quälen, da er immer noch nicht zu sich selbst und zu seiner
künstlerischen Bestimmung gefunden hat, dann scheint ein Vergleich mit dem
Werther, wie Graucob ihn anstellt, nicht verfehlt.[3] Wie Goethe sich im *Werther*
von seinem Weltschmerz befreien mußte, so versucht Barlach, die Verzweiflung
über seine unwürdige und unentschiedene Lage aus sich herauszuschreiben.
Barlach selbst deutet im Briefwechsel mit seinem Vetter Karl auf den
Zusammenhang zwischen seinen Erfahrungen und dem Drama hin: „Du hast recht:
ich habe das alles tödlich und schwer erlitten und habe mich durch die Arbeit
befreit, man braucht nicht zum Revolver zu greifen, sondern kann Vertrauen haben
und hoffen“ (B I, S. 539). Eine Gleichsetzung Iver-Barlach nach dem Vorbild
Werther-Goethe ist in Anbetracht der Fülle des biographischen Materials und der
Identifizierung des Autors mit seinem Werk scheinbar naheliegend und die
Versuchung zu psychologischen Spekulationen groß. Doch widersetzt sich das
Drama einer solchen Interpretation. Wenn im TT die biographischen Elemente
betont wurden, um vor übertriebenen philosophischen Spekulationen zu warnen,
so muß jetzt auf die geistige Struktur hingewiesen werden, um zu verhindern, daß

der AV als eine Art persönliche Konfession Barlachs mißverstanden wird. Die biographischen Elemente und die Verankerung des Geschehens im realen geographischen und atmosphärischen Raum dienen gleichsam nur als Fassade. Der vordergründige Realismus wird immer wieder durchbrochen, um auf tiefere Bedeutungsschichten zu verweisen; und das Ungewöhnliche, Ungeheure, Surreale dringt immer wieder mit natürlicher, fast beiläufiger Selbstverständlichkeit an die Oberfläche. Von einem Realismus im eigentlichen Sinn des Wortes kann daher bei Barlach nicht die Rede sein, und eine Einteilung der Dramen in „mythisch-mystische" und „alltäglich-wirkliche", wie etwa Hans Franck sie vornimmt, ist irreführend.[4]

Allen Dramen Barlachs liegt eine Struktur zu Grunde, die sich auf ein innerliches Geschehen jenseits der Handlungsebene konzentriert. Obwohl im Vergleich zum TT ein Erstarken des realistischen Vordergrundsgeschehens im AV nicht geleugnet werden kann, sind Begriffe wie Realismus und Alltag nicht geeignet, das Drama angemessen zu beschreiben. Barlachs Bemühungen richten sich immer auf eine Ebene hinter dem Alltagsgeschehen. Gerade darin liegt der besondere Reiz und die eigenartige Struktur des AV und der meisten Dramen Barlachs, daß sie ständig über das Vordergründige hinauszielen und eine andere Wirklichkeit einzufangen suchen, die sich der Sprache und der Handlung immer wieder entzieht. Im TT versucht Barlach, das Geschehen von der Realität entkleidet durchgehend auf einer tieferen Bedeutungsebene anzusiedeln. Auf diese Weise gleitet er ins Märchenhaft-Mythische. Was dem Autor als echte geistige Realität erscheint, kann vom Leser oder Zuschauer leicht als Mythos oder Märchen abgetan werden. Im AV wird dagegen durch die stärkere Bindung des Geschehens an das Reale eine Doppelbödigkeit erreicht, die Distanzierung erschwert. Unermüdlich arbeitet Barlach an dieser Doppelbödigkeit. Immer wieder werden das alltägliche Oberflächengeschehen und der häufig banal scheinende Dialog ins Wesenhafte, Existenzielle vertieft. Das Suchen, Fragen und Streben der Charaktere zielt fast immer über das Gegenwärtige hinaus auf Sinn und Ziel des menschlichen Seins. Ein scheinbar banales Wirtshausgespräch zwischen Iver und Fräulein Isenbarn weitet sich auf diese Weise zum Versuch aus, ihre Daseinspositionen zu bestimmen.

Iver:	*der Fräulein Isenbarn gegenüber gestanden hat:* Wie kommen Sie hierher?...
Frl. Isenbarn:	Wie ich herkomme? Ich habe keine Gründe, ich bin da.
Iver:	Passen Sie denn hierher?
Frl. Isenbarn:	Sie wohl?
Iver:	Gott, wenn ich bedenke, wo ich schon manchmal getanzt habe, es können nicht immer feine Lokale gewesen sein. Trotzdem—es soll anders werden, ich will fort—gehen Sie mit?...Der Spaß dabei ist, daß ich schon weg bin. Verstehen Sie Anspielungen?
Frl. Isenbarn:	Nein, nicht im geringsten.
Iver:	Schade, ich hätte sonst gesagt: der Spaß ist, daß Sie auch nicht mehr da sind—oder habe ich unrecht?
Frl. Isenbarn:	Ich verstehe Sie nicht—ganz.
Iver:	Aber ich kann nicht deutlicher werden wegen der Leute—nämlich, ich möchte wissen, wohin Sie eigentlich zu Hause gehören.
Frl. Isenbarn:	Ich verstehe, Sie meinen...
Iver:	Richtig, das meine ich, grade das—wir sind in derselben Gegend zu Hause, man hörts am Dialekt. Sonderbar, daß man sich so in der Fremde begegnen muß—wie?
Frl. Isenbarn:	Sonderbar.
Iver:	Aber: pst! Es soll niemand wissen, die Gegend ist bei manchen Leuten schlecht angeschrieben; man könnte Witze machen. Ich gehe direkt heim, kommen Sie mit? Aber entschuldigen Sie, Sie brauchen kein Wort zu sagen, ich weiß alles.
Frl. Isenbarn:	Es genügt.
Iver:	Vollkommen—also bleiben Sie ruhig einstweilen da—Sie müssen wohl noch einmal rumtanzen—Adieu, viel Vergnügen! (AV, S. 150 f)

Ivers einleitende Frage bezieht sich offensichtlich auf das Wirtshaus: Wie kommen Sie in dieses Wirtshaus? Fräulein Isenbarn versteht jedoch die Frage als Frage nach dem Grund für ihr Dasein: Wie kommen Sie in diese Welt? Das

Wirtshaus wird auf diese Weise zum symbolischen Ort für die Welt, und der gesamte nachfolgende Dialog basiert auf diesem Bedeutungswandel oder -zuwachs. Der Wirtshauswelt des Hier und Jetzt wird das eigentliche Zu-Hause gegenübergestellt, aus dem Iver und Fräulein Isenbarn stammen. Beide wissen um dieses Zu-Hause und empfinden sich als Fremde, Verlorene in diesem Wirtshaus-Dasein. Es wird außerdem klar, daß die bessere Gegend, in der die beiden zu Hause sind, hier in dieser Gegend negativ beurteilt wird. Iver hat sich daher entschlossen, nach Hause zurückzukehren, während Fräulein Isenbarn einstweilen noch in dieser fremden, feindlichen Welt bleiben wird. Die Wirtshausmetapher wird während des gesamten Dialogs durchgehalten und durch Ivers Erwähnung der unfeinen Lokale, in denen er schon getanzt hat, verstärkt und an das Tanzmotiv gebunden. Der Tanz seinerseits wird in Anklang an das barocke Motiv zum Lebenstanz vertieft. Iver hat genug getanzt, während Fräulein Isenbarn „wohl noch einmal rumtanzen muß" (AV, S. 151). Die Tanzmetapher dient zugleich als Stichwort, das den Dialog wieder in die reale Oberflächenhandlung zurückholt: „*Stimmen*: Sie sprechen von tanzen" (AV, S. 151).[5]

Es kann kein Zweifel daran bestehen, daß Barlach dieses In- und Nebeneinander der Bedeutungsebenen bewußt konzipiert hat. Schon in der ersten Szene des Stückes gibt er dem Zuschauer oder Leser einen deutlichen Hinweis auf die Beschaffenheit seiner Dialoge. Nachdem Voss sich als Ätznatron-laugenfabrikant vorgestellt hat, entwickelt sich der folgende Dialog:

Iver:	Und Ihre Ätznatron...
Voss:	laugenfabrikation?
Iver:	Ist ein Symbol, was?
Voss:	Nicht wahr? Man beizt alles ab damit. Firnis, Farbe, Schein und alles. Man kennt sich aus, man weiß Bescheid (AV, S. 104 f).

Als Iver ein wenig später über seine Position als Verwandter eines vornehmen Hauses spricht, fragt Voss seinerseits: „Ja so—Sie meinens wohl auch als Symbol?" und Iver erwidert: „Zu dienen, gehöre zu denen, die ihre Weste zuknöpfen, damit man ihnen nicht so mir nicht dir nicht zwischen die Rippen tippen kann" (AV, S. 105). Barlach weist eindeutig darauf hin, daß der hier geführte Dialog symbolisch zu verstehen ist. Da dieser Hinweis bereits in der ersten Szene gegeben wird, hat er offensichtlich programmatische Bedeutung und kann auf die übrigen Dialoge übertragen werden.

Ob es sich in der Tat um Symbole handelt, ist umstritten und hängt von der Definition des Begriffes ab. Wenn man unter Symbol ein sinnlich gegebenes und faßbares, bildkräftiges Zeichen versteht, das über sich selbst hinaus als Offenbarung veranschaulichend und verdeutlichend auf einen höheren abstrakten Bereich weist, dann lassen sich durchaus echte Symbole in Barlachs Dramen nachweisen. Die meisten der von Barlach verwendeten Zeichen sind jedoch, wie Horst Wagner einleuchtend nachgewiesen hat, nicht eigentlich Symbole, da sie jeweils mit einem erklärenden Kommentar versehen werden.[6] Die Chiffre „Ätznatronlaugenfabrikant" z.B. deutet auf die kritische hinter den Schein dringende und scharf urteilende Art von Voss hin. Damit jedoch eine mögliche realistische Gleichsetzung vermieden wird, erklärt Barlach die beabsichtigte Symbolik im folgenden Satz: „Man beizt alles ab damit. Firnis, Farbe, Schein und alles" (AV, S. 104 F.). Während „Firnis" und „Farbe" sich noch auf Materialien beziehen könnten, weist das Wort „Schein" eindeutig auf die beabsichtigte geistige Ebene. Der Begriff „Ätznatronlaugenfabrikant" für sich allein hat keine Symbolqualität, denn weder deutet er über sich hinaus, noch ist sein Verweisungscharakter ohne den dazugehörigen Kommentar verständlich. Aus diesem Grunde spricht Wagner zu Recht von Barlachs „Surrogat-Symbolik".[7] Während Goethes Symbole ohne Erklärung das eigentlich Gemeinte anschaulich machen, bietet Barlach zwar Anschaulichkeit, doch bedürfen die Bezüge zum eigentlich Gemeinten fast immer einer zusätzlichen Klärung. Barlach traut den gewählten Zeichen offenbar nicht zu, daß sie die wesenhaften Vorgänge aus sich heraus deutlich machen. In diesem Sinne läßt sich die besondere Beschaffenheit der Barlachschen Symbolik als Folge seines Sprachmißtrauens deuten. Sein Mißtrauen in die Aussagekraft der sprachlichen Zeichen verführt den Künstler zu immer neuen Erklärungen, und es entsteht, da auch diese auf die Sprache angewiesen sind, paradoxerweise Sprachüberfluß aus Sprachnot.[8]

Alles sprachliche Bemühen Barlachs dient dem Ziel, mit den Mitteln der Sprache über das Sagbare hinauszugelangen. Aus diesem Bestreben heraus entsteht der eigentümliche Dialogstil Barlachs, in dem das Vordergründig-Realistische unauflöslich mit dem Hintergründig-Philosophischen und Religiösen verflochten ist. Beide Bedeutungsebenen laufen, einander gegenseitig bedingend, durch alle Dramen Barlachs. Diesem Konzept der Gleichzeitigkeit von Banalem und Wesenhaftem in den Dialogen entspricht das Bild, das Barlach sich vom Menschen geformt hat. Er sieht den Menschen als ein Zwischenwesen, das Anteil hat an zwei Welten: einer realen, erdgebundenen und einer geistigen, überirdischen. Im August 1911 beschreibt der Künstler in einem Brief an Wilhelm Radenberg sein Menschenbild und die damit verbundenen Darstellungsprobleme für die Plastik:

Ich sah im Menschen das Verdammte, gleichsam Verhexte, aber auch das Ur-Wesenhafte, wie sollte ich das mit dem landläufigen Naturalismus darstellen! Ich fühlte etwas wie Maske in der Erscheinung und bin versucht, hinter die Maske zu sehen, wie sollte ich mich an die Details der Maske halten? Aber natürlich weiß ich, daß die Maske organisch auf dem Wesentlichen gewachsen ist, und so bin ich doch auf sie verwiesen. Ich mußte also ein Mittel suchen darzustellen, was ich fühlte und ahnte, statt dessen, was ich sah, und doch, was ich sah, als Mittel benutzen" (B I, S. 376).

Die Lösung dieses Dilemmas findet Barlach auf seiner Rußlandreise im Jahre 1906, und er beschreibt sie mit einer zusammenfassenden Formel: „...das Sichtbare wurde mir zur Vision" (B I, S. 376). Von der bereits analysierten Textstelle aus dem AV wird deutlich, daß Barlach für seine Dramen eine ähnliche Lösung fand. Er benutzt die Realität, versucht aber, sie in jedem Augenblick zum Eigentlichen hin transparent zu machen, zum geistig Ursprünglichen zu vertiefen. Das realistische Element büßt bei einer solchen Auffassung an Wichtigkeit ein und erhält eine dienende Funktion.

In engem Zusammenhang mit dieser Wirklichkeitsauffassung steht auch die untergeordnete Rolle der Handlung. Die Dramen Barlachs sind so stark auf das nicht darstellbare Hintergrundgeschehen hin konzipiert, daß die äußere Handlung häufig belanglos erscheint und das Eigentliche nicht mehr erfaßt. An die Stelle der Handlung treten Kommentare, die wiederum nicht die Handlung, sondern das nicht darstellbare Hintergrundgeschehen erläutern. Häufig versagt die Sprache völlig, wie z.B. beim Verstummen des Fräulein Isenbarn: „Ich verstehe, Sie meinen..." und bei der Antwort Ivers: „Richtig, das meine ich, gerade das—..." (AV, S. 150), und weiter unten bestätigt Iver noch einmal: „Sie brauchen kein Wort zu sagen, ich weiß alles," worauf Fräulein Isenbarn zustimmend erwidert: „Es genügt" (AV, S. 151). Hier liegt ein geheimnisvolles Einverständnis vor, das sich der Handlung und sogar der Sprache entzieht.[9]

Oberflächenhandlung und Dialog sind daher nur von untergeordneter Bedeutung in Ernst Barlachs Dramen. Auch der AV bildet in dieser Hinsicht keine Ausnahme. Zu Anfang des Stückes versucht Hans Iver, sich selbst zu erschießen. Die Wunde, die er sich zufügt, ist jedoch zunächst nicht tödlich. Er wird in ein Wirtshaus geschafft, wo die übrigen Figuren des Stückes gezwungen werden, zu seiner Person und Tat Stellung zu nehmen. Die Mehrheit verhält sich gleichgültig oder ablehnend; einzig Fräulein Isenbarn entscheidet sich für Iver, während ihr Verlobter Siebenmark nach heftigem innerem Kampf sich ebenfalls in die Gruppe der Gleichgültig-Unverständigen einreiht, und dadurch die Verlobung zerbricht. Hans Iver stirbt an der Wunde, die er sich selbst zugefügt hat.

Das Drama mutet wie die eigenwillige Variante eines Kriminalstückes an. Ein Schuß fällt in der zweiten Szene, und der Rest des Dramas dient dazu, das Warum dieser Tat aufzuklären. Die Aufklärung wird zum größten Teil vom Opfer selbst geleitet, und die für ein Kriminalstück notwendige Irreführung und Verwirrung liefert Hans Iver ebenfalls selber. Sogar eine Art Gerichtsszene findet statt, in der eine betrunkene Schar unter dem Vorsitz eines als Frau Venus verkleideten Tierarztes die Tat Ivers verurteilt. Nach dieser Szene—der sechsten von zwölf—wird allerdings die Kriminalstück-Struktur vernachlässigt, und das Geschehen verlagert sich auf die Auseinandersetzung zwischen den Verlobten Siebenmark und Fräulein Isenbarn, deren Verhältnis sich durch den Tod Ivers grundlegend ändert.

Die Struktur des Stückes drängt dramatische Spannung nach dem konventionellen Muster geradezu auf. Die Frage nach dem Motiv des Selbstmordes könnte zu allen möglichen dramatischen Enthüllungen benutzt werden, und die Zuschauer könnten durch verschiedene Versuche, den tödlich Verletzten zu retten, in dauernder Spannung gehalten werden. Der sehnlichst erwartete, aber sich immer mehr verspätende Dampfer z. B. wäre ein ideales Mittel, um die dramatische Spannung zu steigern. Barlach benutzt jedoch keine dieser naheliegenden Möglichkeiten. Die Rettung Ivers wird kaum erwogen, und seine Verletzung spielt während des Stückes eine nahezu aufreizend nebensächliche Rolle. Dennoch hat der Leser oder Zuschauer keinen Grund, an Ivers bevorstehendem Tod zu zweifeln, da dieser selbst weder die Tat bereut noch an irgendeiner Stelle einen Willen zum Weiterleben zeigt. Auch die Erwartung von psychologischen Motivierungen wird systematisch zerstört, da Iver zwar psychologische Begründungen für seine Tat liefert, diese jedoch als Lügen wieder zurücknimmt. Der Zuschauer soll durch die erfundenen Geschichten auf die Oberflächlichkeit seiner Erwartungen hingewiesen und zu tieferem Nachdenken gezwungen werden.

Die Frage erhebt sich jedoch, warum Barlach das Sterben Ivers so lange verzögert.

Die Frist ist notwendig, um den Tod Ivers zu rechtfertigen. Der TT endete mit dem verzweifelten Selbstmord des Sohnes; der AV beginnt scheinbar an der Stelle, wo der TT endete,—mit der Wiederholung der Verzweiflungstat des Sohnes durch Iver. Um jedoch zu zeigen, daß es sich nicht um die gleiche Tat handelt, verzögert Barlach das Sterben Ivers. Auf diese Weise erhält er die Möglichkeit zu erklären, warum Iver versucht hat sich zu töten, und gleichzeitig wird der Aspekt der Freiwilligkeit seiner Tat verstärkt. Iver führt seine Tat konsequent durch und steht ebenso konsequent zu ihr, obwohl er die Möglichkeit hat, sie zurückzunehmen, indem er sich schleunigst unter medizinische Obhut begibt. Er bringt, wie Barlach selber schreibt, den Beweis, daß es ihm „wirklich bitter ernst ist, daß er nicht nur redet" (B I, S. 540).

Der Versuch Ivers, seine geistige Position zu klären und die Gründe für seinen Selbstmord verständlich zu machen, bildet den eigentlichen Kern des Dramas. Aus diesem Anliegen ergibt sich auch die Handlungsarmut des Stückes. Es geht Barlach weder um Handlung noch um psychologische Motivierung von Handlung, sondern um die Kommentierung und Erklärung einer festgelegten Seinsposition. Der wichtigste Zeuge in dieser kritischen Überprüfung ist Hans Iver selbst. Seine Selbstanalysen und -kommentierungen stehen im Zentrum und werden durch die Stellungnahmen, Zweifel und Widersprüche der übrigen Personen ergänzt.

In der ersten Szene, noch vor der eigentlichen Tat, kommt es zu einem der bereits charakterisierten doppelbödigen Gespräche zwischen Iver und Voss. Iver bezeichnet sich als verbummeltes und verlumptes Mitglied eines sehr guten Hauses. Während „Papa...einer von den Allerersten" ist (AV, S. 105), empfindet Iver sich als Bastard. Er ist für „irgendeine Dummheit...hier ins Loch gebracht" (AV, S. 105) worden, und das liegt ihm auf den Gewissen. Er hat außerdem Angst davor, daß er sich langsam an den Zustand der menschlichen Halbheit und Schwäche gewöhnen könnte.

In dieser ersten Selbstanalyse sind alle Elemente der Iverschen Seinsproblematik enthalten: das Wissen um die Verwandtschaft mit einer besseren Familie, das dem Drama den Titel gegeben hat, ein Gefühl der Verlorenheit und Verdammung, das Gefühl, verantwortlich zu sein für den miserablen Zustand der Welt, verbunden mit der Angst, sich mit diesem Zustand abzufinden und schließlich ein Gefühl der Verachtung für die menschliche Halbheit. Da der Dichter gerade an dieser Stelle ausdrücklich dazu auffordert, Ivers Situation symbolisch aufzufassen, ist eine Verallgemeinerung zulässig: Wie Iver seine Situation analysiert, so sieht Barlach das menschliche Sein schlechthin. Es besteht für den Künstler kein Zweifel daran, daß dem Menschen ein göttlicher Kern eingeboren ist. Das Göttliche droht jedoch, durch Inkarnation ins Fleischlich-Materielle zu ersticken. Die Einverleibung des Geistes wird zur Quelle des Leidens und von Iver mit dem Hinweis auf die Erbsünde (AV, S. 106) als ein unabwendbarer und undurchschaubarer Fluch beschrieben. Der Mensch nimmt also eine eigenartige Zwitterstellung zwischen Gott und Tier ein. Er kann den Göttern nicht gleichen, aber die Erinnerung an die göttliche Abstammung ist stark genug, um seine Menschlichkeit und Diesseitigkeit verächtlich erscheinen zu lassen.[10] Der Mensch ist daher zum dauernden Streben und Scheitern verurteilt. In einem Holzrelief mit dem Titel „Die gemarterte Menschheit" aus dem Jahre 1919 hat Barlach einen überzeugenden plastischen Ausdruck für diese Situation gefunden. Eine Gestalt mit schmerzhaft erschöpftem Gesichtsausdruck hängt an einem um die Hände geschlungenen Seil. An den Füßen ist ein schweres Gewicht angebracht, das die Gestalt nach unten zieht. Das Seil, das von oben in das Relief hineinreicht, stellt offenbar die Bindung an die göttliche Sphäre dar, während das Bleigewicht an den Füßen die Schwere der Erdhaftigkeit versinnbildlicht. Beide Kräfte wirken in entgegengesetzte Richtungen und drohen, den Menschen zu zerreißen. Im TT hat Barlach an den beiden extremen Enden dieses Sinnbildes experimentiert. Während die Mutter beim Versuch, ausschließlich die irdischen Anforderungen zu verwirklichen, scheitert, verzweifelt der Sohn bei dem Versuch, sich mitsamt seinen irdischen Gewichten zum Göttlichen zu erheben. Iver teilt mit dem Sohn nicht nur die Sehnsucht zum Göttlichen und ein gewisses Maß an Welterlösungsstreben, sondern auch die bis zum Ekel reichende Abwertung des irdischen Lebens und den damit verbundenen Selbstmord. Dennoch muß Ivers Tod anders verstanden werden als derjenige des Sohnes. Während der Sohn enttäuscht und verzweifelt stirbt, weil er den Weg zum göttlichen Vater nicht gefunden hat, weiß Iver von Anbeginn, daß er als Mensch nie zum Göttlichen gelangen kann. Die Erkenntnis der menschlichen Unvollkommenheit und irdischen Beschränktheit ist beim Sohn das verzweifelte Endergebnis seiner Bemühungen, bei Iver jedoch nur ein Ausgangspunkt, der überwunden werden kann und muß. Das Leben ist Iver „so zur Krankheit" (AV, S. 122) geworden, daß er das mögliche Nichts des Todes einem Einverständnis mit dem wertlosen Dasein vorzieht. „Lieber ordentlich nichts als zweimal halb" (AV, S. 106) ist das Fazit seiner Selbstanalyse mit Voss. Allerdings fühlt sich Iver auf Grund seiner göttlichen Abstammung vor dem Nichts gesichert. Das wird aus den Andeutungen über seine Verwandtschaft deutlich und vor allem durch den Abschiedsbrief bestätigt. Dort berichtet Iver in merkwürdig verschachtelten und abgebrochenen Satzkonstruktionen von einem Traum seiner toten Mutter:

...—und sprach: nun bin ich froh, nun bin ich glücklich, daß mein Kind vom Licht bedacht und gerührt ist. Nun ist es für immer heil und kann nie, auch in tiefster Not nicht, verzweifeln, nie wird es in ihm ganz finster—Als ich das bedachte, schien es mir, es müßte ein Traum sein, den meine Mutter, obgleich sie tot ist, über mich hatte, und zugleich wurde mir im tiefsten Gefühl sicher, daß es so war—und so weiß sie, und ich weiß es, als wüßte ichs von ihr selbst, daß ich

von einem göttlichen Funken gebrannt bin und gehe ohne
Trostlosigkeit an meine Tat. Wer mich findet, darf sich nicht um
mich betrüben—(AV, S. 148).

Das unaussprechliche, unbegründbare, intuitiv erfahrene Vertrauen, das aus diesen
Sätzen aufleuchtet, macht etwaige Reuegefühle Ivers unmöglich.[11] Er empfindet
sich als Fremder in diesem Leben und „geht direkt heim" (AV, S. 151). Tod
bedeutet Heimkehr und Erlösung von einem unwürdigen Dasein.

Zur Beschreibung dieses Daseins verwendet Barlach häufig
Speisemetaphern. Das Fleischliche bekommt einen negativen Akzent und wird
einer asketischen Haltung gegenübergestellt. „...lieber hungern—als so satt
werden..." (AV, S. 106), faßt Iver seine symbolische Beschreibung des Lebens
zusammen. Später vergleicht er das ausschließlich auf irdischen Genuß angelegte
Leben der Frau Keferstein, deren sprechender Name sie deutlich an die Erde
bindet, mit dem Leben einer Ratte. „Na,—so ein Rattenleben ist als Musik keinen
Ton schlechter als Ihres: sucht ihren Fraß und ihr Vergnügen—." Und auf den
Einwurf von Frau Keferstein: „Ich meine, daß Sie ja wohl auch Ihren Fraß und das
andere suchen," erwidert er: „Ja, ja, das schon! Aber gerade darum, weil ich zu
denen gehöre, die sich davor ekeln—" (AV, S. 134). Auch bei seinen Angriffen
auf die Gesellschaft der Frau Venus (AV, S. 152) und auf Siebenmark (AV, S.
167) gebraucht Iver Speisemetaphern, um ihre Verhaftung im Fleischlich-
Materiellen zu brandmarken. Ebenso sind die Namen „Buttermann" und
„Zwieback" nicht ohne Überlegung aus dem Essensbereich gewählt. Während Iver
jedoch mit Recht von sich behaupten kann, daß sein „Buttermann", d.h. seine im
Irdischen verhaftete Seite, tot ist (AV, S. 127), bleibt Siebenmark bis zum Ende
des Stückes Herr Zwieback, d.h. er kommt nicht aus seiner nur am Irdischen und
Zweckhaften orientierten, egoistischen Welt hinaus (AV, S. 165). Hungern und
Enthaltsamkeit stehen in diesem Zusammenhang gleichbedeutend mit Vergeistigung
und Überwindung des verachteten Fleischlichen, wohingegen Essen und Genuß auf
Materialismus und Verhaftung im Diesseits hindeuten. Dieser Dualismus von
asketischer und genießender Haltung zur Welt, der im TT als Gegensatz von
Immanenz und Transzendenz charakterisiert wurde, ist von der Barlachforschung

mit Bezug auf die Eßvorgänge treffend als Inkarnation und Exkarnation bezeichnet worden.[12]

Eine asketische Grundhaltung wird von Barlach offensichtlich als notwendiger Schritt zu einem neuen Menschentum angesehen und läßt sich ohne Schwierigkeiten im gesamten Werk nachweisen. Allerdings ist Askese allein, wie z.b. an Hilarion im Drama *Der Graf von Ratzeburg* (GR) deutlich wird, nicht genug. Askese ist nur eine der Voraussetzungen zum neuen Menschen. Obwohl die Verneinung des Irdischen nicht automatisch den Gewinn einer neuen Welt bedeutet, erscheint Ivers Selbstmord doch als echte Konsequenz seiner asketischen Grundhaltung. Tod wird von ihm als endgültige Befreiung des göttlichen Kerns von allem Fleischlichen angesehen und bedeutet daher Selbsterlösung und Beginn einer neuen, wesenhaften Existenz, während Leben immer die Gefahr der Ermordung des Geistig-Göttlichen birgt.

In diesem Leben gleicht der Mensch, wie Iver es in seinem großen Monolog am Elbstrand recht drastisch ausdrückt, einem Wind, der den Ewigen entfahren ist, und dieser Wind bläht sich so auf, daß er sich selbst für einen Teil Gottes hält. Den Grund für diese Verblendung erklärt Iver ebenfalls mit Hilfe eines Gleichnisses. Indem er eine Tranlampe gegen den sternenbedeckten Himmel hält, erkennt er: „Es läßt sich nicht leugnen, vor meinen Augen ist die Latüchte heller als Sirius, eine Tranlampe überscheint ihn. Es muß eben jeder selbst sehen, wie ers macht, daß diese selbstige Funzel nicht alle himmlischen Lichter auslöscht" (AV, S. 173). Durch Verkörperung und Individuation wird der Mensch begrenzt und läuft Gefahr, seine göttliche Abstammung zu vergessen. Er sieht dann, wie etwa Siebenmark, die Welt nur noch vom eigenen irdischen Ich her—er schafft sich eine „siebenmärkische Welt" (AV, S. 168) und versündigt sich dadurch an seiner eigentlichen Bestimmung, denn jeder Mensch, auch Siebenmark, hat seine Entsprechung im Ewigen, und im Vergleich mit diesem Ewigen wird das irdische Dasein völlig belanglos. „Ja, ja, du mein blinkender Doppelgänger da oben," monologisiert Iver am Strand, „und du kluger Siebenmark, wie blank bist du—und dein Wackeln am Firmament ist nur ein Frostschauern der Ewigkeit, und Siebenmarks ganzes Leben ist nur ein schneller Frostschauer seines Ewigen, nichts weiter" (AV, S. 173). Die Konsequenz aus dieser Erkenntnis zieht Iver vor

seinem endgültigen Hinüberwechseln in die ersehnte andere Welt: „Es gibt bloß
noch hinauf, hinüber, trotz sich—über sich (AV, S. 174).

Diese absichtlich allgemein gehaltene Feststellung Ivers hat Gültigkeit für
alle. Ivers Tod ist lediglich ein besonders markanter Schritt auf dem Weg über
sich hinaus. Alle anderen Personen des Stückes, ob sie wollen oder nicht, haben
ebenfalls Anteil an diesem Prozeß. Nur in diesem Zusammenhang ist Ivers Rede
an den Chor der Rache zu verstehen. Bewußt beschreibt Iver die Menschen als
Kannibalen, bleibt aber dennoch nicht ohne Hoffnung. „Und große noble Herren
—trotzdem! Was wollen Sie,—wir haben Zeit, sehen Sie, in der Hauptsache, da
pfuschen wir nicht, da lassen wirs langsam in uns kochen" (AV, S. 152). Obwohl
er die Menschen um sich herum ohne Illusion als schlecht und oberflächlich sieht,
weiß Iver doch um den göttlichen Kern in ihnen. Es mag ein unendlich langsamer
Werdeprozeß notwendig sein, aber einmal wird der Mensch doch zu seinem
göttlichen Ursprung zurückkehren. So heißt es von einem der Männer aus dem
Gefolge der Frau Venus, dem Iver Kannibalismus vorgeworfen hat: „Bitte Sie, da
hinten ist einer—glauben Sie es doch, er wird jede Minute ein Minimalchen
anständiger—er kocht langsam, ganz leise, unspürbar, in x-Millionen Jahren ist er
da, wo das Wort 'nobel' wie ein Veilchen riecht, fast geruchlos noch—aber er
zertrampelt es wenigstens nicht—er hat Zeit" (AV, S. 152). Dieser Glaube an das
Besser-Werden des Menschen ist neu in Barlachs Werk; und bleibt im AV noch
verdeckt durch die Haltung Ivers, dessen Stärke Siebenmark nicht zu Unrecht
„einzig im Verneinen" (AV, S. 178) sieht. Doch tritt dieser Glaube an eine
mögliche Besserung des Menschen und seiner Welt in den folgenden Dramen
immer stärker in den Vordergrund.

Für Iver führt einzig der Tod, die Entgrenzung und Aufhebung des Selbst,
zum echten Leben, während das irdische Dasein wegen seiner Gefangenschaft im
Fleischlichen, Begrenzten und Individuellen nur Ekel und Leiden hervorruft und
als verlorene Zeit dem Tode gleichgesetzt wird. Dennoch predigt Iver keinen
untätigen Fatalismus. Er fordert vielmehr, daß der Mensch über das bloß
Materielle und Selbstische hinausstrebt, daß er sich selbst überwindet.
Selbstzufriedenheit, Glück, Besitz und Sicherheit hindern an solchem Streben und
werden daher als negativ abgelehnt, während Unglück, Armut, Leiden und sogar
Sünde als positive Werte beurteilt werden.[13] Im AV gebraucht Barlach zwei seiner

eigentümlich skurrilen Chiffren für diesen Sachverhalt. Er vergleicht den Strohkopf des schönen Emil mit einem leeren Klingelbeutel. Während Siebenmark sich zum Strohkopf bekennt: „...besser ein voller Strohkopf als ein leerer Klingelbeutel," bezieht Iver Stellung für den Klingelbeutel: „Klingelbeutel? Das wäre also mein Fall—kann sein—ja—leer, ganz leer, unpositiv, negativ—aber doch voll Gier und Hoffnung. Aber was kann ein Strohkopf noch hoffen, er hat ja seine Füllung!" (AV, S. 128).

Auch an diesem Vergleich erweist sich wieder Ivers von der Norm abweichende Haltung. Er stellt alles Diesseitige, Gegenwärtige—sogar das Leben selbst—radikal in Frage und provoziert auf diese Weise seine Mitmenschen, die versuchen, sich im Dasein mehr oder weniger wohnlich einzurichten. Während Iver auf die Zukunft hinweist und -stirbt, leben die anderen den Augenblick; während er sich als Fremdling empfindet, fühlen sie sich zu Hause in dieser Welt und haben ihren göttlich-geistigen Ursprung vergessen; und während er am Dasein und seiner Begrenztheit leidet, genießen sie es und zweifeln nicht an ihrer eigenen Bedeutung. Iver wird daher zum unbequemen Mahner und Prüfstein für seine selbstischen Mitmenschen. Durch seine Versuche, sie von der Wertlosigkeit ihres Lebens zu überzeugen und sie auf ein wesentliches Sein hinzuweisen, überwindet Iver auf paradoxe Weise seine negative Haltung zur Welt. Seine heftigen Angriffe müssen als letzte verzweifelte Bekehrungsversuche angesehen und sein Selbstmord als Opfer für die so tief gesunkene Menschheit verstanden werden.

Wie schon der Sohn im TT bereit ist, das Leiden der Welt stellvertretend auf sich zu nehmen, so erscheint auch Iver im AV als eine Art Jesusfigur, die stellvertretend für andere leidet. Das Drama ist voll von Anspielungen in dieser Richtung. Schon der Originaltitel des Stückes, „Die Osterleute," deutet auf die Thematik von Opfer und Auferstehung. Voss, der im Stück mehrfach als Sprachrohr des Autors funktioniert, weist Engholm auf die Erlöserrolle Ivers hin. Auf Engholms Frage: „...würden Sie sich opfern, wenn Sie die Welt dadurch bessern könnten—erlösen; würden Sie sich kreuzigen lassen?" erwidert er mit Bezug auf Iver: „Der oben—wenn Sie mal auf Opfer versessen sind, vielleicht ist er eins!" (AV, S. 116). Kurze Zeit darauf bezeichnet er Iver als „Osterlamm" (AV, S. 117). Engholm wehrt sich zwar wütend gegen Ivers Ansprüche: „...die ganze Erlöserei ist ein himmelschreiender Mumpitz" (AV, S. 128), beweist aber durch sein schuldbewußtes Verhalten, daß er eher an das Gegenteil glaubt. Auch der als Frau Venus verkleidete Tierarzt Bönhaase, dem Barlach trotz seines abstoßenden Auftritts entscheidende Einsichten in Ivers Problematik erlaubt, nennt ihn einen Heiligen oder Scheinheiligen (AV, S. 145). Später fragt er mit deutlicher Anspielung an Ivers angemaßte Erlöserrolle: „Wollte er die Welt mit seinem heiligen Blut düngen—war sie ihm nicht gut genug?" (AV, S. 151), ohne jedoch eine Antwort zu bekommen. Sogar Iver selbst beansprucht in seiner Rede an den Chor der Rache die Rolle des stellvertretend leidenden Erlösers. Nachdem er die Rotte als Kannibalen gekennzeichnet hat, die sein Fleisch fressen und sein Blut saufen, vermutet er: „...—vielleicht bin ich ihnen doch ein Tropfen gutes Gift" (AV, S. 152). Schließlich verhöhnt Siebenmark mit deutlichen biblischen Anklängen den toten Iver, indem er von ihm seine Auferstehung fordert (AV, S. 177). Daß diese Auferstehung, wenn auch nicht im biblischen Sinne einer Himmelfahrt, tatsächlich stattfindet, muß Siebenmark wider Erwarten selbst feststellen: „Sie [Lena Isenbarn] läßt sich in Siebenmark begraben, um in Iver aufzustehen" (AV, S. 182). Dadurch, daß Fräulein Isenbarn Ivers Nachfolge antritt, erhält sein Opfer einen Sinn.[14]

Zum Erlöser und Retter der Menschheit nach dem Vorbilde Jesu ist Iver zu schwach, doch gleicht er zweifellos dem „Prediger in der Wüste", den Frau Venus in ihm sieht, „der laut schreit: herbei, herbei—und löffelt ihnen allen Scheidewasser ein, daß sie wenigstens aufhören, zu sein, was sie sind, weil sie nicht werden können, was sie sein müßten" (AV, S. 151). Frau Venus zeigt mit dieser Erkenntnis ein erstaunliches Verständnis für das Anliegen Ivers, lehnt aber seine Haltung voller Hohn ab, denn für ihn und seinesgleichen ist die Welt, wie er stellvertretend formuliert, schön. „Warum sollte sie besser sein—sind wir nicht alle seelenvergnügt?" (AV, S. 151). Daher verordnet er seinen „Tigern" (AV, S. 144) und „Wölfen" (AV, S. 153) —nicht ohne Grund ist er von Barlach als Tierarzt eingeführt worden—alkoholgetränkte Fröhlichkeit und anzügliche Genußsucht. Für die Anhänger des Tierarztes ist die Welt in Ordnung, und es besteht keinerlei Anlaß zur Änderung. Die einzige Erklärung für Ivers sonderbares Verhalten ist, daß er sich eines Vergehens schuldig gemacht haben muß. Daher kommt es auch immer wieder zu Vermutungen über eine kriminelle Tat Ivers. Da ein schlechtes Gewissen für diese Leute nur denkbar ist, wenn eine Tat begangen worden ist, die äußere, geschriebene Gesetze verletzt, müssen sie in Iver einen Verbrecher vermuten. Sein Tun wird aus der normalen Perspektive als Vergehen beurteilt und auf diese Weise in die Ordnung zurückgeholt. Selbst ein so analytisch angelegter Charakter wie Voss vermutet—wie auch Engholm und Siebenmark nach ihm—„einen Haken nach diesseitigen Begriffen" (AV, S. 106) in Ivers Gewissen, d.h. er glaubt an eine reale Tat oder ein Motiv für Ivers „schlechtes" Gewissen und beweist damit sein Unverständnis für Ivers Problematik.

Mit Ausnahme von Fräulein Isenbarn sind alle Personen des Dramas von einem so undurchdringlichen Egoismus umgeben, daß Ivers Anders-Sein nur zum Gegenstand ihres gefühllosen, rohen Witzes werden kann. „Ich bin es auch selbst —Sie auch, wir alle sind wir selbst" (AV, S. 148), erwidert Frau Venus auf einen Einwand von Engholm und—wie immer—zielt auch dieses banale Wortspiel auf eine tiefere Bedeutung. Nur aus diesem als selbstverständlich akzeptierten Egoismus heraus, der die eigentliche Quelle von Ivers Leiden darstellt, läßt sich die unbeschreibliche Rohheit erklären, mit der Frau Venus und der Chor der Rache den schwerverletzten Iver behandeln. Iver selbst faßt ihr Verhalten bezeichnenderweise mit Hilfe der Speisemetaphorik zusammen: „...und dabei komme ich mir vor wie unter Kannibalen, sehen Sie nur, wie er mich mit den Augen anbeißt, sie fressen alle ein Stück von mir, saufen mein Blut—..." (AV, S. 152).

In diese Gruppe der Kannibalen gehören neben dem Chor der Rache und seinem Anführer, dem Tierarzt Bönhaase, auch der Schiffer Bolz und Frau Keferstein. Als Paar kontrastieren sie die Gefühle, die Iver und Fräulein Isenbarn für einander empfinden. Beide Paare treffen sich nur für eine kurze Zeitspanne, aber während Schiffer Bolz und Frau Keferstein ihr kurzes Zusammensein ohne große Umschweife zum Geschlechtsverkehr ausnutzen und nach Befriedigung ihrer tierischen Begierden ebenso fremd auseinandergehen, wie sie sich vorher getroffen haben, kommt es zwischen Hans Iver und Fräulein Isenbarn auf geistiger Ebene zu einer echten Begegnung, die beide selbst über den Tod hinaus verbindet.

Bolz' primitiv-materialistische Gleichsetzung von Geschäft und Gott (AV, S. 112), seine Widerlegung der Allmacht Gottes, weil dieser nicht „Nord-Süd steuern" (AV, S. 112) kann, und seine Instinkthaftigkeit gekoppelt mit einem

gesunden Geschäftssinn (AV, S. 110) weisen ihn als typischen „alten Menschen"
aus. Frau Keferstein, ihr Name bindet sie eindeutig an das Irdisch-Tierische, steht
ihrem Liebhaber in nichts nach. Sie führt, wie Iver es kennzeichnet, ein
„Rattenleben…; sucht ihren Fraß und ihr Vergnügen—" (AV, S. 134) und findet
in ihrem Egoismus nichts dabei, daß sie den schwerverletzten Iver aus seinem Bett
und Zimmer drängt. Während Iver für die Ausmerzung der Rattenplage plädiert,
erklärt Frau Keferstein ihm ungekränkt: „…selbst Rattenleben lohnt sich" (AV, S.
135). Für Ivers Argumente hat sie keinerlei Verständnis, und in ihrer
oberflächlichen Ich-Bezogenheit kennt sie kein schlechtes Gewissen. „Madam
kommt mir vor, wie ein Hunderttalerpferd: bum, bum—bum—aber unterm Bauch
als Gewissen eine zahnlose Laus" (AV, S. 133), lautet Ivers eigenwillige, aber
zutreffende Beschreibung der Frau Keferstein. Solange der äußere Ruf in Ordnung
ist, solange besteht für sie kein Anlaß zur Beunruhigung.

Während der als Venus verkleidete Tierarzt mit seiner Rotte, der Schiffer
Bolz und Frau Keferstein in ihrer Selbstherrlichkeit Ivers Aufforderung zur
Besserung entweder überhaupt nicht verstehen oder aber höhnisch ablehnen, fühlen
sich andere Personen stärker betroffen. Ivers standhafte Weigerung gegen jegliche
Klassifizierung, der Wechsel seiner Geschichten und die Zurückweisung der
mehrfach angebotenen Aussöhnung mit dem irdischen Dasein stören wenigstens
einige der Beteiligten für kurze Zeit aus ihrer alten Ordnung auf. Am
schwierigsten ist Voss in dieser Hinsicht zu fassen. Er besitzt etwas von dem
Wissen des blinden Kule aus dem TT, wird wie dieser häufig zum Sprachrohr des
Autors und bleibt ebenfalls in einer theoretisch-passiven Haltung stecken. Auch
er leidet an der Welt, aber im Gegensatz zu Kule hat er sich zum Zyniker
entwickelt, dessen Devise lautet: „abwarten, bis die Welt von selbst besser wird"
(AV, S. 117). Selber nicht zum Opfer bereit und fähig und von Iver zu den
Halben gezählt, zeigt er durch seine Kommentare doch eine tiefere Einsicht in
Ivers Lage. Er bringt ihn in Verbindung mit der „Geschichte von dem Mann, der
die ganze Welt totschlagen wollte, weil sie nicht gut genug war" (Av, S. 115).
Die Parallelen sind offensichtlich, zumal da der Mann in der Geschichte ebenfalls
mit sich selbst anfängt, „sozusagen am andern Ende" (AV, S. 115). Voss'
Erklärung für Ivers Verhalten erinnert an Nietzsches Zarathustra-Lehre. Bevor
eine neue Welt, ein neuer Mensch entstehen kann, muß die alte Welt, der alte oder

„letzte" Mensch, wie Nietzsche ihn nennt, untergehen. Der Untergang des Alten schafft den notwendigen Platz für das Neue, Zukünftige, Bessere. Diese Interpretation dringt zum Kern von Ivers Handeln vor.

Trotz seiner Einsicht in Ivers Problematik zeigt Voss ein eigenartig zynisches Verhalten und trägt wesentlich zu dessen Demütigung bei, indem er den Abschiedsbrief absichtlich der Frau Venus zuspielt. Erst nach diesem widerlichen Intermezzo wird Voss versöhnlich, wenn er Iver rät, im Gasthaus zu bleiben, da seine „Weltreise" (AV, S. 155) zu Ende sei. Im Epilog wird er von Barlach nochmals eingesetzt, um den abschließenden Kommentar über Fräulein Isenbarn zu sprechen. Im Ganzen gesehen läßt die eigenartige Verquickung von handelndem Eingreifen in das Geschehen und kommentierender Auslegung der Vorgänge und Personen Voss in einem verschwommenen und unbefriedigenden Licht erscheinen. Trotz der Bedeutung seiner Kommentare bleibt er eine der schwächsten Gestalten des Stückes.

Im Gegensatz zum zynischen Voss zeigt Engholm echtes Mitgefühl, doch kann er sich, wie sein Name bereits nahelegt, nicht aus seinen engen Verhältnissen befreien. Er ist bereit, sich für seinen Sohn zu opfern, aber die Familiengrenze bedeutet zugleich auch die Grenze seiner Hilfsbereitschaft. Als Voss ihn auffordert, nach Iver zu sehen, wehrt er sofort ab: „Was denken Sie denn? Ich muß doch sehen, selbst zurecht zu kommen—sonst gern—wirklich" (AV, S. 117). Im Grunde genommen handelt es sich bei Engholm um den gleichen Egoismus wie bei Bolz und Frau Keferstein. Es ist typisch, daß ihm der kranke Sohn dauernd als Ausrede dient. Dennoch kann er sich dem Einfluß Ivers nicht völlig entziehen. Er ist bemüht, die Schmerzen Ivers zu lindern, versucht, ihn gegen die demütigenden Angriffe der Frau Venus zu beschützen und bezahlt ihm schließlich noch die Zeche. Trotz dieser Versuche, den eigenen Egoismus zu durchbrechen, bleibt Engholm in seiner engen Selbstigkeit gefangen. Charakteristisch dafür ist sein Abgang bei der Abfahrt des Dampfers. Zwar zieht er nicht mit gröhlendem Triumphgeschrei ab wie Frau Venus und sein Chor der Rache oder verschwindet wie Frau Keferstein ohne Abschied, doch macht er sich mit schlechtem Gewissen eilig davon. Engholms Begrenztheit zeigt sich vor allem in seiner Unfähigkeit, Ivers Problematik zu verstehen. Trotz der zahlreichen Erklärungsversuche kann er als Motive für Ivers Tat nur an Liebeskummer, dumme Streiche oder schlimmstenfalls an Betrug denken. Als Iver die Negendahl-Geschichte erzählt, pflichtet Engholm selbstverständlich Siebenmarks Absolution bei. Gemeinsam erklären die beiden Iver zum Ehrenmann und ordnen sich dadurch in die Reihe der „alten Menschen" ein. Diesen Menschen ist der gesellschaftliche Schein wichtiger als ein wesenhaftes Sein. Solange der Schein nicht verletzt ist, solange ist auch die Ehre intakt. Persönliche Verantwortung und Schuld, die nicht an gesellschaftlichen Normen gemessen werden, sind ihnen fremd, und daher müssen sie auch Ivers Geschichte mißverstehen. Wo es Iver um existentielle Schuld geht, handelt es sich für Engholm und Siebenmark um bürgerliche Konventionen.

Während jedoch Engholm nie die Grenzen seines bürgerlichen Daseins überschreitet, erfährt Siebenmark—wenn auch nur für kurze Zeit—eine existentielle Erschütterung von Iverschen Ausmaßen. Entscheidend für dieses Erlebnis wird das Verhältnis zu seiner Verlobten Fräulein Isenbarn. Bereits in der ersten Szene wird ein völliges Mißverhältnis zwischen den beiden deutlich. Während Fräulein Isenbarn durch die Büsche saust, folgt ihr Verlobter brav den vorgeschriebenen „spottbilligen Wegen" (AV, S. 100); während sie sich und die Zeit vergessen will, geht er selbst-bewußt und „mit der Uhr in der Hand" (AV, S. 100) durch den Ostertag; und während sie teilhat an einem unbeschreibbaren österlichen Werdeprozeß, sieht er lediglich den Erneuerungsprozeß in der Natur. Siebenmark ist völlig blind für diese Unterschiede, da er nicht über sein eigenes Ich hinaussehen kann. Nur so läßt es sich erklären, daß er Fräulein Isenbarns Bemerkung, sie sei ihrer selbst müde, als eine Art Liebesgeständnis auf sich selber bezieht: „Du wärest müde, du selbst zu sein; damit fingst du mich. Wer Fräulein Isenbarn soviel bedeutet, daß sie in ihn verwandelt werden möchte…" (AV, S. 99). Fräulein Isenbarns Sehnsucht nach einer besseren Existenz wird von ihrem Verlobten kraß mißdeutet als Verlangen nach einer Verbindung mit ihm.

Dieser in der ersten Szene nur angedeutete Unterschied wird in der zweiten Szene wieder aufgenommen und durch die beiden Gleichnisse von Siebenmark und Fräulein Isenbarn breit ausgeführt und kommentiert. Siebenmark erscheint das „Wasserrauschen hinter der Schiffswand…wie das Getöse der grundlosen, ewig widerhaarigen Unvernunft, in der wir uns mühsam Weg und Steg suchen müssen" (AV, S. 108). Seine Braut dagegen empfindet das Wasser hinter der Schiffswand „wie das Ziehen und Sausen des Bluts in den Adern des größeren Lebens um uns, in dem wir treiben" (AV, S. 108). Während Siebenmark die Welt als Chaos versteht, dem er seine vernunftbestimmte Ordnung aufdrücken muß, spürt Fräulein Isenbarn eine höhere Ordnung, an der sie irgendwie teilhaben kann. Wieder wird Siebenmarks völlige Verkennung seiner Braut deutlich, wenn er behauptet, daß ausgerechnet sie dazu beiträgt, die Unheimlichkeit und das Chaos zu verdrängen. Es wird deutlich, daß Siebenmark sich ein Bildnis von seiner Braut entworfen hat, dem sie in keiner Weise entspricht. Fräulein Isenbarn ist sich dessen durchaus bewußt. Sie fragt ihren Bräutigam halb ungläubig, halb ärgerlich: „Und für dich habe ich gar nichts Unheimliches, da ist gar nichts Fremdes mehr—wie?" (AV, S. 108) und weist ihn zugleich auf die Enge und Begrenztheit seines Lebenskonzeptes hin: „Müßte man sich nicht schämen, ein so elendes Leben zu führen" (AV, S. 180)? Aber Siebenmark schneidet unter Berufung auf Geschäftssorgen abrupt weitere Überlegungen ab.

In dem gleichen Maße, in dem das Mißverhältnis zwischen Siebenmark und Fräulein Isenbarn sich enthüllt, werden auch die Gemeinsamkeiten zwischen Iver und ihr deutlich; doch bleiben sie von Siebenmark unbemerkt. Obwohl ihm einmal der Verdacht kommt, als spräche sie „mit einem Dritten, der aus Luft ist" (AV, S. 100), fühlt er sich sicher im Besitz seiner Braut und benutzt bedenkenlos das Possessivadjektiv: „meine Braut" (AV, S. 99), „meine Verlobte" (AV, S. 100), „mein Schatz" (AV, S. 101). Diese Verwendung des Possessivadjektivs in Verbindung mit einer lebenden Person drückt bei Barlach häufig einen negativen Sachverhalt aus: lebende Personen werden auf diese Weise zum toten, unwandelbaren Besitz degradiert. Siebenmark muß einen langen, schmerzvollen Prozeß durchmachen, bevor er wenigstens ahnen kann, worum es seiner Braut geht.

Doch bevor er zu dieser letzten Erkenntnis getrieben wird, verfolgt er planmäßig nur das eine Ziel: Fräulein Isenbarn in seinen endgültigen Besitz zu bringen, und das heißt für ihn vor allem, in seinen körperlichen Besitz zu bringen. Siebenmarks gesamtes Handeln dient nur diesem einen Ziel, und erst als Iver ihn darauf hinweist, fängt er an, unsicher zu werden. Bis zu diesem entscheidenden Zusammenstoß in der zehnten Szene wird Siebenmark mit den Charakteristika des „alten Menschen" versehen. Er ist vernünftig (AV, S. 108 u. 121) und um Pünktlichkeit bemüht (AV, S. 101). Er ist kein „Zukunftsfex" (AV, S. 107 u.

162) und offenbar ein tüchtiger Geschäftsmann (AV, S. 108). Im Zusammenhang
mit dem Selbstmordversuch von Iver zeigt sich sein äußerster Egoismus. Als
Fräulein Isenbarn sich nach Iver erkundigt, erwidert er: „Ich bitte dich, wir
können uns doch mit solchen Sachen nicht aufhalten" (AV, S. 118). Als aber
seine Braut darauf besteht, daß er sich um Iver kümmert, versucht er, sich aus der
Verantwortung herauszukaufen. Er verspricht dem Wirt, für alle Unkosten, die
Iver bereitet, aufzukommen. Wie Barlach bereits durch den sprechenden Namen
andeutet, glaubt Siebenmark an die Macht des Geldes und setzt es immer wieder
ein, um sich aus menschlichen Verpflichtungen freizukaufen. Als Iver in der
Strandszene sein Geld verweigert, bricht seine Welt zusammen. Egoismus, Geld
und Vernunft sind die Hauptpfeiler der siebenmärkischen Welt. Mitleid und
Verständnis für andere sind ihm fremd. Nur so kann seine zynische Beurteilung
von Ivers Lage verstanden werden: „Sage mir—ist der Mensch da oben nicht
eigentlich tot? Es war doch wohl sein Wille?...—ist dieser Rest noch ein Mensch?
Was hat ein Lebender mit ihm zu schaffen; sein Leben kann ihm doch selbst nichts
wert sein!" (AV, S. 121). Wieder zeigt sich das Mißverstehen zwischen den
Verlobten. Während Siebenmarks Bemerkungen als zynisch rationalisierte
Entschuldigung gemeint sind, sich nicht weiter mit dem Halb-Leichnam Iver zu
befassen, bringen sie Fräulein Isenbarn die Erkenntnis, daß es Menschen gibt, die
am Leben leiden wie an einer Krankheit. Diese Erkenntnis ist für sie von
ungeheurer Bedeutung und führt sie zum Verständnis von Ivers Lage.

Für Siebenmark ist das Leben ein fragloser Wert. Daher kann er Ivers Tat
nur als Dummheit oder Fehler mißverstehen, und da er auf ein enges
rationalistisches Konzept festgelegt ist, kann er Iver voller Vertrauen anbieten:
„Wenn Sie nur ein wenig Vertrauen haben wollten, könnte ich Ihnen das ganze
Totsein in einer Viertelstunde ausreden" (AV, S. 127). Ein Mensch mit einer
solchen oberflächlichen Auffassung muß blind sein für Ivers Problematik; daher
gleitet Ivers Gleichnis vom armen Vetter und dem hohen Herrn wirkungslos an ihm
ab. Auch in Ivers Bericht über Negendahl kann Siebenmark keine Parallelen zu
seinem eigenen Leben erkennen, denn sein Recht, an der Krippe des Lebens zu
stehen, ist seiner Meinung nach gut, und es fällt ihm nicht schwer, Iver als
Ehrenmann zu akzeptieren, obwohl dieser vielleicht nicht ganz klug gehandelt hat,
„nicht ganz weitsichtig, nicht zweckmäßig..." (AV, S. 141).

Seinerseits versucht Siebenmark klug und zielbewußt, Fräulein Isenbarn zu verführen. Für dieses Ziel ist er sogar bereit, wichtige Geschäfte aufzugeben. „…wenn Sie wüßten, was es mir bedeuten kann, morgen früh—hier—abzuwarten" (AV, S. 122), bemerkt er mit lächelnder Zweideutigkeit zu Engholm und trifft hinter dem Rücken seiner Braut Vorbereitungen zu einer Liebesnacht, die allerdings durch die tölpelhaften Anspielungen des Wirtes Jan offenbar werden. Doch Siebenmark läßt sich nicht entmutigen und verfolgt zäh sein Ziel, bis Fräulein Isenbarn ihm endlich, allerdings unter für ihn unannehmbaren Bedingungen, die Erfüllung seines Wunsches gewährt. Sein gesamtes Handeln, selbst seine Versuche, Iver zu helfen, entspringen letzten Endes dem Wunsch, Fräulein Isenbarn zu besitzen. Im Grunde unterscheidet sich Siebenmarks Verhalten in keiner Weise von der rein triebhaft bedingten Begegnung zwischen Bolz und Frau Keferstein. Barlach versteht es, diese Verbindung auf subtile Weise zu verdeutlichen. Die Regieanweisungen in der Venusszene gruppieren bewußt Siebenmark mit Frau Keferstein einerseits und Iver mit Fräulein Isenbarn andererseits.

Ein anderes Mittel, das Barlach erfolgreich einsetzt, um Siebenmarks eindeutiges Streben auf ironische Weise zu demaskieren, ist die Sprache. Während Siebenmark sich normalerweise einer funktionalen, sachlichen Diktion bedient, häufen sich in seinen Überredungsversuchen mit Fräulein Isenbarn plötzlich gewählte Worte und Metaphern, und die Sätze komplizieren und verwickeln sich: „…ich fühle mich selbst als Grammophon. Meine Platten sind deine Worte von heut nachmittag, eine Gummiplatte kann nicht genauer sein—freilich, die Musik ist unhörbar leise in mir" (AV, S. 156); oder weiter unten: „Ich fühlte Brennen und Stechen vor Sehnsucht, deinen Schmerz zu teilen, das zu fühlen, was du …*Leiser*: Es war, wie wenn solch ein Schmerz, der aus dir aufblühte, größeres Entzücken gäbe, als alles, was man sonst…" (AV, S. 156 f). Dreimal gebraucht Siebenmark das ihm sonst so fremde Wort „fühlen" und versucht, damit eine gefühlvolle Atmosphäre zu schaffen, doch der Vergleich mit dem Grammophon im ersten Zitat klingt unecht und gesucht, und die abgebrochenen Sätze des zweiten Zitats klingen trotz der gebrauchten Reizwörter merkwürdig abstrakt und leer. Die kurzen Einwürfe und Fragen von Fräulein Isenbarn wirken als zusätzliche Abkühlungen und bringen Siebenmark von seinem geplanten *tête à tête* immer wieder zurück in die grausame Wirklichkeit des sterbenden Iver. Doch geht Siebenmark sogar so weit, Ivers Not mit der seinen zu vergleichen und versucht, seine Braut auf diese Weise zur Entscheidung zu zwingen.

Nicht aus irgendwelchen altruistischen Motiven unternimmt er nach zwei demütigenden Mißerfolgen noch einen dritten Versuch, Iver seine Hilfe anzubieten. Dieser letzte Versuch führt zu seiner Krise. Trotz der Erklärungen von Fräulein Isenbarn hat er Ivers Problematik nicht begriffen. Er bietet daher erfolglos sein Geld an. Iver seinerseits greift Siebenmarks Verhalten gegenüber Fräulein Isenbarn an und weist ihn auf seinen Egoismus hin. „Wollen Sie bestreiten, daß Sie in Ihrer Braut nur sich selbst erkennen, nur verkappt, in anderer Gestalt, mit Lock- und Reizmitteln besetzt" (AV, S. 165)? Siebenmarks Reaktion, seine Schläge und der Versuch, Iver zu erschießen, beweisen, daß Siebenmark auf das Tiefste betroffen ist. In immer neuen Umschreibungen drängt Iver Siebenmark zur Erkenntnis seines Tuns. „In Gedanken haben Sie ein Selbstporträt gemacht aus Ihrer Braut, noch dazu ein gemeines, geschmeicheltes. Das muß nett aussehen: Frau Siebenmark als Zwieback! Donnerwetter, was für Unzucht haben Sie mit sich selbst getrieben: Haben sich in Ihre Braut verkleidet und verkörpert, und nun denken Sie an Ihre Phantasien!" (AV, S. 165). Als Iver Siebenmark sein Scheitern voraussagt, wird dieser von der plötzlichen Erkenntnis seiner Begrenztheit überwältigt.

Iver zeigt Siebenmark, daß er zur echten Liebe unfähig ist, da er immer nur sich selber liebt. Solche Eigenliebe, mit der auch Iver selbst sich behaftet weiß, raubt dem anderen die Freiheit und zwingt ihn in eine Schablone, ein Bildnis, das vom eigenen Ich her bestimmt ist.[15] Siebenmark selbst erkennt diesen Sachverhalt, als er tobend und schäumend am Strande herumirrt. „Wauwau, die ganze Welt ist hündisch geworden. —Ihr Name ist Siebenmark, verstehen Sie? Darum ist eben alles siebenmärkisch: Ihre Braut und die Vorstellungen Ihrer Braut von ihrer Brautschaft und alles, alles! Wer schafft die siebenmärkische Welt aus der Welt" (AV, S. 167 f.). Diese Erkenntnis überfällt Siebenmark mit solcher Macht, daß es bei ihm zu einer Art Persönlichkeitsspaltung kommt. „Siebenmark *pfeift*: Willst du ran, willst du kuschen! *Schlägt mit einem Knüppel in den Sand.* Stillgehalten, Bestie! Wie heißt du noch? Siebenmark? Da hast du dein Teil Fußtritte, nochmal, nochmal; so, das tut gut, du Bestie, ich Köter" (AV, S. 170). Ähnlich wie die Identität des Sohnes im TT bei seinen Nebelgängen in zwei Hälften zerbricht, so zerfällt Siebenmark in ein erkennendes besseres Ich und bleibt doch zugleich der alte Siebenmark. Während der alte Siebenmark von Iver ermahnt werden muß, sein Geld zu behalten und die Welt nicht siebenmärkisch zu machen (AV, S. 169), erteilt der neue Siebenmark dem Zollwächter Sieg eine Lektion über die Identität des Menschen:

> *Siebenmark*: Können Sie sich nicht vorstellen, daß ich jemand anders wäre als Siebenmark?
> *Sieg*: Ja, das könnt ich woll.
> *Siebenmark*: Das können Sie eben nicht! Das kann kein Mensch, keiner macht sich die Umstände. Und dabei bin ich wirklich nicht Siebenmark, ich bin Sieg, alle sind Siegs - —vor Ihnen nämlich. Davon kann man verrückt werden (AV, S. 171).

Siebenmark zieht auch die Konsequenz aus diesem Dilemma: „Man behandelt die Menschen, als ob sie man selbst wären, und wenn man sie niederträchtig behandelt, denn weiß man ja, was man selbst verdient" (AV, S. 171). Mit dieser Erkenntnis lädt Siebenmark dem Menschen die Verantwortung für den desperaten Zustand der Welt auf. Der Mensch wird zum Maßstab für die Welt und entscheidet über den Zustand dieser Welt. Wenn der Mensch sich bessert, dann bessert er auch die Welt um sich herum, beharrt er jedoch in seinem egozentrischen Zustand, dann besteht keine Hoffnung. Diese Erkenntnis wird in den folgenden Dramen von Barlach weiter untersucht. Im AV bleibt sie jedoch ohne echte Wirkung. Iver, in dem Siebenmark ebenso wie in Fräulein Isenbarn einen neuen Menschen erkennt, wählt resignierend den Heimweg in eine andere Welt, und der Weg, der durch Fräulein Isenbarn angedeutet werden soll, bleibt in einer merkwürdig verschwommenen Sphäre.

Der neue Siebenmark kehrt nach ein paar Stunden des—im wahren Sinne des Wortes—Außer-Sich-Seins in sein altes Ich zurück. Bezeichnenderweise empfindet er diesen kurzen Ausflug in sein besseres Sein als Schlaf, aus dem er nicht geweckt werden möchte. „Und ich schlafe wie ein Dachs—," beschreibt er

seinen Zustand, „nur nicht munter werden, nur nicht reden," (AV, S. 174).[16]
Doch als er zusammen mit dem Zollwächter Sieg Ivers Leiche findet, wacht er
endgültig auf und schlüpft wieder in sein altes Ich. Daß aber seine alte
Existenzform durch die Krise verändert worden ist, erweist sich in der letzten
Szene. Dort bewilligt ihm Fräulein Isenbarn an der Leiche Ivers endlich, wonach
er so lange gestrebt hat: die körperliche Vereinigung mit ihr. Siebenmark soll
seinen geforderten Teil erhalten; doch kann Siebenmark sich nach seinen
nächtlichen Erfahrungen am Strande nicht mehr mit einem Angebot zufrieden
geben, das sich nur auf Körperlich-Materialistisches bezieht. Er läßt seiner Braut
die Wahl zwischen sich und dem toten Iver, und ohne Zögern entscheidet sie sich
für die Nachfolge des Toten. Sie läßt einen tief betroffenen Siebenmark zurück.

Durch diese letzte Entscheidung erhält Siebenmark fast tragische
Dimensionen, und Edson Chicks Interpretation, daß er die eigentliche Hauptfigur
des Dramas sei, erscheint bis zu einem gewissen Grade gerechtfertigt.[17] Im
Grunde ist Siebenmark die einzige in der materialistischen Sphäre verhaftete
Person, die sich nach dem Geistigen sehnt und eine Wandlung durchmacht. Seine
Sehnsucht nach dem Geistigen äußert sich vor allem in seiner paradoxen Liebe für
Fräulein Isenbarn, deren häufig unverständliches Verhalten ihn anzieht, aber
zugleich auch zur Vermaterialisierung drängt. Auf ähnliche Weise muß auch der
Schluß verstanden werden. Siebenmark gibt sich nicht mit dem rein körperlichen
Anteil zufrieden, den Fräulein Isenbarn ihm zugesteht, er zwingt sie zur Wahl und
verliert. Bis zu einem gewissen Grade unternimmt auch er Anstrengungen, über
sich selbst hinauszugelangen. Daher hat Barlach ihn in das Arme-Vetter-Motiv
mit einbezogen. Zunächst fühlt er sich als hoher Herr und arrangiert, daß Iver
wie sein Vetter gehalten werden soll, obwohl er Wert darauf legt, festzustellen,
daß keine echte Verwandtschaft zwischen ihnen besteht (AV, S. 120).
Bezeichnenderweise wendet Iver sich später mit seinem Gleichnis vom verarmten
Vetter eines hohen Herrn an Siebenmark (AV, S. 128), doch der auf das Diesseits
orientierte Siebenmark versteht ihn nicht und verhöhnt ihn im Anschluß an die
Demütigung durch die Venus-Gesellschaft als ohnmächtigen hohen Herrn (AV, S.
153 u. 162). Nach dem Tode Ivers bekommen Siebenmarks Schmähungen
allerdings einen bitteren, ernsten, neidischen Unterton, und er scheint sich in der
Tat trotz seines Hohnes als armer Vetter zu verstehen, der die arrogante

„Großherrlichkeit" (AV, S. 177) Ivers ablehnt. Die abschließende Geste Siebenmarks, die Bewegung mit dem Zeigefinger auf die eigene Brust, „als wollte er sagen: 'getroffen'" (AV, S. 182), zeigt, daß er das Ausmaß seiner Niederlage verstanden hat. Es geht daher nicht an, Siebenmark „im Sinne des Geistes" als toten Mann zu bezeichnen.[18] Seine Wirklichkeit ist komplexer als diejenige der übrigen Vertreter des alten Menschentums. Obwohl er im Materiellen und Egozentrischen verhaftet bleibt, ahnt er doch etwas von den Vorgängen um Iver und Fräulein Isenbarn. Die Möglichkeit, über sich hinauszuwachsen, bleibt ihm allerdings trotz dieser Ahnungen versperrt.

Was Siebenmark versagt bleibt, erfüllt sich an seiner Braut Lena Isenbarn. Sie ist die positive Gestalt in diesem Drama, die Antwort auf den Verzweiflungstod des Sohnes im TT und die lebensbejahende Alternative zu Iver. Sie verwirklicht Barlachs Idee vom neuen geistigen Menschen.

In dem gleichen Maße wie Barlach sich bemüht hat, das Mißverhältnis zwischen Fräulein Isenbarn und ihrem Verlobten Siebenmark aufzuzeigen, ist es ihm auch gelungen, Übereinstimmungen zwischen Iver und Fräulein Isenbarn anzudeuten. Für beide haben die Kategorien des Raumes und der Zeit—wie Chick und Kaiser überzeugend nachgewiesen haben—eine andere Bedeutung als für die übrigen Personen.[19] Beide gebrauchen das sprachliche Bild der Vermengung von rechts und links (AV, S. 173 u. 181),[20] und beiden sind die vorgeschriebenen Wege gleichgültig. Während Fräulein Isenbarn durch das Gebüsch saust (AV, S. 100), erklärt Iver: „Alle Wege sind recht, man muß nur zugehen" (AV, S. 101). Die Sprengung des von Siebenmark geschilderten engen Schiffsraumes zugunsten „des größeren Lebens" (AV, S. 108) findet seine Entsprechung in Ivers Monolog am Strand, in dem er die Ewigkeit dem Augenblicks-Sein gegenüberstellt (AV, S. 173). Während alle anderen Personen im Drama mit dem Augenblicksgeschehen beschäftigt sind und in ihrem Denken die verspätete Ankunft des Dampfers die Hauptrolle spielt, sind Iver und Fräulein Isenbarn fast ausschließlich auf die Zukunft hin ausgerichtet. Für Iver birgt diese Zukunft das Eingehen in etwas Höheres, Größeres und wird daher inbrünstig herbeigesehnt; für Fräulein Isenbarn enthält die Zukunft zunächst die Drohung einer Bindung an die siebenmärkische Welt und wird daher gefürchtet und gehaßt. Erst als sie Ivers Handlung völlig versteht, nimmt auch für sie die Zukunft eine positive Bedeutung an; sie erlebt eine Art geistige Wiedergeburt.

Die Übereinstimmung zwischen Iver und Fräulein Isenbarn äußert sich auch in beider Gleichgültigkeit gegenüber Besitz und Geld. Während Siebenmark im Geld eine Art Allheilmittel sieht, ist seine Braut bereit, ihm ihr Geld bedingungslos zu übergeben (AV, S. 109), und Iver weist Siebenmarks Bestechungsgelder ohne Zögern zurück (AV, S. 161). Ivers Zahlengleichnis vom Menschen „2 x 2 sind 4, nicht wahr? Nein, ihr Lumpenpack. 4 ist 4 und nichts anderes. Zwei von euch sind niemals zusammen was Ordentliches; ihr bleibt ewig ein doppeltes Halbes" (AV, S. 106), findet seine Entsprechung bei Fräulein Isenbarn: „Heute fühle ich die Möglichkeit von dem Andern, dem Besseren—und von morgen an bis ans Ende soll ich ein Halbes, ein Drittel, ein Viertel davon..." (AV, S. 108). Ähnlich muß auch die fast arrogant anmutende Verwahrung Fräulein Isenbarns gegen eine Gleichsetzung mit den anderen Gästen des Wirtshauses gewertet werden, die die beleidigenden Angriffe Ivers auf Voss, Engholm, Frau Keferstein und Siebenmark vorausnehmen: „Die?—Du zu denen rechnen—wir uns doch nicht!" (AV, S. 119). Kurz nachdem Fräulein Isenbarn davon gesprochen hat, daß sie sich an diesem Ostertag als Teil der Auferstehung empfindet (AV, S. 100), verbindet ihr Verlobter Iver in Form eines Witzes ebenfalls mit der Auferstehung. „Der hats eiliger als wir—'mein Gott,' sagte er auch; vielleicht will er noch eilig auferstehen—" (AV, S. 101). Solche scheinbar zufälligen Vorausdeutungen und Übereinstimmungen werden bewußt zu Anfang des Stückes gehäuft. In der fünften Szene wird der Leser oder Zuschauer noch deutlicher auf das Verhältnis von Fräulein Isenbarn zu Iver hingewiesen. Nach dem Verhör Ivers durch Siebenmark gesteht Fräulein Isenbarn, daß sie sich in Ivers Platz gesehen habe, und ihr Verlobter bestätigt: „Ja, eigentlich...schien mir die ganze Zeit, als spräche ich mit dir, statt mit ihm" (AV, S. 142). Am Ende der gleichen Szene setzt Barlach auch Regieanweisungen ein: „*Fräulein Isenbarn steht zwischen Siebenmark und Iver, doch noch näher zu Siebenmark*" AV, S. 143).[21] In der nächsten Szene wird Siebenmark der Frau Keferstein zugeordnet, während Iver und Fräulein Isenbarn sich zu ihrem kurzen Dialog zusammenfinden (AV, S. 150). Am Schluß des Dramas steht Fräulein Isenbarn wieder zwischen Siebenmark und Iver: „*sie scheint aber, ohne zu schreiten, langsam auf Iver entrückt zu werden*" (AV, S. 182). Schon vorher ist sie die einzige, die Iver wirklich versteht und, ebenso ergebnislos wie Iver selbst, versucht, seine Motive und seine geistige Herkunft zu erklären. Dieses Verständnis (AV, S. 158) und das Gefühl, in „derselben Gegend zu Hause" zu sein (AV, S. 150), führt schließlich zur völligen Identifikation.

Der Wechsel des Fräulein Isenbarn von Siebenmark zu Iver wird von Barlach mit Hilfe der leitmotivisch verwendeten Sprachformel „wir uns" wirkungsvoll beschrieben. Besonders in der dritten Szene (AV, S. 119–122) wird diese Formel mit wechselndem Personenkreis spielerisch mehrfach abgewandelt, schließt aber immer Siebenmark und seine Braut zusammen. Nach Ivers Tod wandelt sich diese Formel in der zwölften Szene zum „ihr euch," das Siebenmark ausschließt und Iver mit Fräulein Isenbarn verbindet. Diese Verbindung wird durch den Kuß, den Fräulein Isenbarn dem toten Iver gibt, besiegelt. Sie ist in der Tat zur Seelenbraut des Toten geworden, und selbst Siebenmark spürt etwas von der geheimnisvollen Vereinigung der beiden.

Trotz des geheimnisvollen Einverständnisses von Iver und Fräulein Isenbarn, das selbst über den Tod hinausreicht, und trotz aller Gemeinsamkeiten im Denken und Fühlen darf man doch die Unterschiede zwischen den beiden nicht übersehen. Iver bleibt bei allem Streben über sich hinaus doch ein Verwandter des Sohnes aus dem TT, und Siebenmarks Analyse, daß seine „Stärke doch einzig im Verneinen" (AV, S. 177 f.) liege, besteht nicht zu Unrecht, denn er sieht nur im Tode, in der Verneinung alles Diesseitig-Materiellen einen gangbaren Weg. Fräulein Isenbarn glaubt an die Möglichkeit der Selbstverwirklichung im Diesseits. Sie leidet nicht wie Iver am Diesseits, sondern vielmehr an der Vergänglichkeit des Diesseits: „Man denkt: Himmel, wo soll das hinaus, wo ist das Leben und die Erde, die solches Übermaß verbrauchen kann! Es ist zum Weinen, denken zu müssen, daß das alles wieder fort muß, daß das alles zuviel ist und in die Gosse kommt" (AV, S. 107). Als sie Einblick bekommt in Ivers Problematik, fragt sie sich selber ungläubig: „Kann das Leben so zur Krankheit werden, daß man dagegen wütet? Wie? Und macht es nur schlimmer damit?" (AV, S. 122) Doch ihre entschlossene Antwort bleibt: „Nein! Nein!...Nein, es kann nicht, es darf nicht - —..." (AV, S. 122). Zwar liegt auch in dieser Antwort noch Zweifel versteckt, doch beweist der Epilog, daß Fräulein Isenbarn trotz ihrer Entscheidung für Iver einen eigenen Weg wählt.

Voss, dem Barlach im Epilog eine ähnlich kommentierende Funktion zugeteilt hat wie Steißbart im TT, berichtet von einem Lebenszeichen des Fräulein Isenbarn und deutet den empfangenen Zettel anschließend für Engholm. „Der hohe Herr [Fräulein Isenbarn hat mit ihrem Namen und der Apposition "Magd eines hohen Herrn" gezeichnet] war ihr eigener hoher Sinn—und dem dient sie als Nonne—ja, ihr Kloster ist die Welt, ihr Leben—als Gleichnis" (AV, S. 183). Fräulein Isenbarn reiht sich in den Orden der Geistigen, Über-Sich-Hinaus-Strebenden ein, ohne wie Iver das Diesseitige zu verleugnen. Sie weiß, wie Iver, um das Höhere, Geistige, doch empfindet sie das Leben im Diesseitigen nicht als Gefängnis und Verdammung, vielmehr als Dienst und Gleichnis. Mit dieser Auffassung bekräftigt Barlach den Schlußkommentar und die Wegsymbolik des TT. Das Leben wird auch in diesem zweiten Stück von Barlach als Weg, als Streben dargestellt, doch wird es eindeutig als Streben über sich selbst hinaus, als Weg nach einer höheren Form des Mensch-Seins verstanden. Die Lösung des Fräulein Isenbarn beweist, daß dieser Weg auch im Diesseits gangbar ist.

Die positive Lösung, die der Schlußkommentar des TT trotz des sinnlosen Untergangs des Sohnes verspricht, wird in der Gestalt des Fräulein Isenbarn zur Wirklichkeit. Sie wächst nicht nur über die enge materialistisch-egoistische Welt Siebenmarks hinaus, sondern überwindet auch den Iverschen Lebensekel, indem sie der Welt und damit auch ihrem eigenen Leben einen positiven Sinn und Wert gibt. Durch diesen Akt geht sie einen Schritt über Iver hinaus. Iver gibt auf, da er im Diesseits keinen Sinn und Wert finden kann; Fräulein Isenbarn setzt ihren Sinn und ihre Werte gegen das Absurde und Unsinnige. Dadurch schafft sie einen Neubeginn und wird selber zu einem jener neuen Menschen, von denen Voss zu Anfang des Dramas spricht (AV, S. 115). Sie ist sich dieses Vorganges durchaus bewußt und versucht, ihn Siebenmark verständlich zu machen:

> Muß man ins Grab, um fort zu sein? Nein, es gibt Anfang und Ende gemischt, verklammert. Über das Ende kannst du spotten, das siehst du, und es gefällt dir nicht, du hast ja den Anteil daran, aber den Anfang, den laß ungeschoren, das ist mein Eigentum allein, den Anfang, den man zugleich wacht und schläft, wie ein Kind am ersten Tag. Man weiß nicht rechts und links, aber man ist mitten drin.

Man ist ganz ins Selbstverständliche getaucht in dem Neuen, aber nun
muß man sehen lernen, kriechen, gehen und danach all das andere.
Gott, was wird das alles werden! (AV, S. 181)

Dieses Bewußtsein des Neuanfangs erklärt auch ihren paradoxen Zettel, den Voss
im Epilog erwähnt: „...ich bin es nicht mehr, mit vollem Namen unterzeichnet"
(AV, S. 183). Fräulein Isenbarn ist trotz ihrer alten Namensidentität ein neuer
Mensch geworden.

Mit der Gestalt des Fräulein Isenbarn verliert Barlachs Welt ihre tragischen
Dimensionen. Während der Sohn aus Verzweiflung über die unüberbrückbare
Kluft zwischen Mensch und Gott in den Tod geht, findet Iver Trost und Hoffnung
in seinem Tode, da für ihn gerade dieser Tod die Rückkehr zum Göttlichen und
das Ende der Unvollkommenheit garantiert. Fräulein Isenbarn beweist jedoch, daß
der Mensch nicht erst im Tode und durch den Tod zu seiner eigentlichen
Bestimmung findet: der Mensch kann sich selbst erlösen und erneuern. Dieses
zutiefst humane Konzept, dem ein optimistisches Vertrauen auf die Fähigkeiten des
Menschen zu Grunde liegt, verbindet Barlachs Werk mit der expressionistischen
Welterneuerungsthematik bei Dichtern wie Kaiser, Werfel und Sorge und rückt in
den folgenden Dramen immer mehr in den Mittelpunkt.

Im AV liegt das Hauptgewicht noch auf der Negierung des Diesseitigen zu
Gunsten eines besseren Jenseits, doch läßt sich Barlachs Wendung zu einer
positiveren Sicht des Menschen nicht übersehen. Fräulein Isenbarn übernimmt
Ivers Botschaft vom geistig-göttlichen Ursprung des Menschen und versucht, sie
im Diesseits zu verwirklichen. Das österliche Wunder der Auferstehung
wiederholt sich im AV. Ivers Geist erfährt, wie Siebenmark richtig erkennt (AV,
S. 182), seine Auferstehung in Fräulein Isenbarn. Damit endet jedoch das
Geschehen. Der angehängte, bewußt im zeitmäßig Ungewissen gehaltene Epilog
zwischen Voss und Engholm weist zwar auf die Möglichkeit eines geistbestimmten
irdischen Daseins hin; über das Wie gibt er allerdings keine Auskunft. Mit der
Geburt des neuen Menschen endet das Drama. Wie sich dieser Mensch im
unverändert absurden Diesseits einrichten kann, wie er überleben kann und ob sich
die Welt ändern läßt, darüber denkt Barlach in seinen folgenden Dramen nach.

Fußnoten *Der arme Vetter*

1. Ernst Barlach, *Frühe und späte Briefe*, hrsg. von Paul Schurek und Hugo Sieker (Hamburg: Claassen Verlag, 1962), S. 7–13.

2. Ibid., S. 9.

3. *Ernst Barlachs Dramen*, S. 39.

4. Hans Franck, *Ernst Barlach. Leben und Werk* (Stuttgart: Kreuz Verlag, 1961), S. 240; eine ähnliche Einteilung gibt auch Klaus Günther Just, „Ernst Barlach," in *Deutsche Dichter der Moderne. Ihr Leben und Werk*, hrsg. von Benno v. Wiese, 2. erw. Auflage (Berlin: Erich Schmidt Verlag, 1969), S. 433.

5. Diese Methode der ständigen Vertauschung von Bedeutungsebenen artet bei Barlach stellenweise in Wortspielerei aus, die den Leser oder Zuschauer leicht verwirren kann. So reißt z.B. Siebenmark nach der Einwilligung Fräulein Isenbarns, mit ihm zu schlafen, seine Braut mit einem leidenschaftlichen „Endlich!" an sich. Fräulein Isenbarn erwidert ebenfalls mit einem „Endlich!" (AV, S. 180). Doch während Siebenmarks „Endlich" sich auf das vermeintlich erreichte Ziel nach langer Wartezeit bezieht, hat ihr „Endlich" die Bedeutung von „begrenzt", „beschränkt" im Gegensatz zu „ewig" und weist den Liebhaber in seine Schranken zurück.

6. „Barlach. Die Sündflut."

7. Ibid., S. 353.

8. Vielleicht kann man aus dieser Perspektive auch Barlachs Drang von der Bildhauerei zur Zeichnung und zum Wort erhellen. Eine Äußerung Barlachs in einem Brief an Friedrich Düsel aus dem Jahre 1889 deutet in die gleiche Richtung: „Nun kann mir aber die Plastik nicht ganz genügen, deshalb zeichne ich, und weil mir das nicht ganz genügt, schreibe ich" (B I, S. 57). Ungenügen an der Aussagekraft der einen Kunstart treibt Barlach in eine andere, genauso wie das Ungenügen am Wort zu immer neuen wortreichen Versuchen führt, das Unsagbare doch noch auszusagen.

9. Als der schweigende Beter im Findling (FI) zum Reden gezwungen wird, erwidert er: „Armer Freund, mußt du mich auch arm machen? Ich war drauf und dran, im Wohl zu ertrinken und nun rettest du mich in die gemeine Gewöhnlichkeit? Ich fing da an, womit das Ende abschließt, ich merkte was davon, worauf es bei allem hinausläuft—und nun...," und er fügt kurz darauf hinzu: „...—es geht nicht mit Worten zu...—es fängt mit Stillschweigen an. Die Zunge ist dabei das allerüberflüssigste, und was am letzten gilt—es läßt sich nicht sagen, hinter der Zunge und hinter den Worten fängt es an. *Heult*. Es ist vorbei, und ich muß reden, weil ich nichts weiß!" (FI, S. 314 f).

10. In einem Brief an seinen Vetter Karl bringt Barlach Iver mit einem Nietzschezitat aus dem *Zarathustra* in Verbindung: „Es gibt unter gewissen Umständen keinen Trost, man lehnt ihn mit Empörung ab und spuckt auf versöhnende Geschenke des Daseins. 'Wenn es einen Gott gäbe, wer könnte es ertragen, keiner zu sein!' so ähnlich spricht Nietzsche. Da ist viel Wahres drin" (B I, S. 540).

11. An keiner Stelle im Drama zweifelt Iver an der Existenz einer göttlichen Macht. Sein Leiden entspringt gerade dem Gefühl der Ferne von diesem Göttlichen. „Aber denken Sie mal an die, die sich vor uns [Menschen] ekeln, wie Sie sich vor den Ratten—" (AV, S. 135), gibt er z.B. Frau Keferstein zu bedenken.

12. Z.B. Meier, S. 52; Bradley Johnson Snyder, „ Symbol, Allegory and Myth in Ernst Barlachs Dramas" (Diss. University of Colorado, 1968), S. 82 und Kaiser, S. 47.

13. Vgl. dazu auch die Briefe des jungen Pessim an seinen Vater im *Seespeck*, z.B.: „Lieber Gott, mach mich nicht frömmer, als ich bin, ich fürchte nicht wenig, es ist schon zuviel des Guten in mir. Warum? Die Frommen müssen ja faul werden, ihnen geht's ja gut, sie sind ja in ewiger Sicherheit, was kann ihnen passieren! Aber wir andern, wir Sünder, wir merken, was es heißt: auf der Welt sein, an uns hängen Gewichte und zerren und überdehnen uns—sehnen, sehnen tun wir uns, wir sind gespannt bis zum Reißen. Habe ich nicht schon oft gesagt: wie glücklich bin ich, so unglücklich zu sein? Die Frommen merken gar nicht, was in der Welt eigentlich die Welt ausmacht, die armen Frommen!" (PI, S. 413).

14. Edson Chick interpretiert das Ende des AV als groteske Parodie auf das österliche Mysterium. Er übersieht jedoch, daß Fräulein Isenbarn die legitime Nachfolgerin Ivers wird und daß es auf diese Weise zu einer Art Auferstehung kommt. *Ernst Barlach*, S. 41.

15. Diese Thematik hat zentrale Bedeutung im Werk des Schweizers Max Frisch. Bei Frisch ist das Bildnis ein sicheres Zeichen für die Abwesenheit von Liebe, denn nur Liebende können ohne Bildnisse auskommen.

16. Ähnlich äußert sich Siebenmark auch schon vorher: „...ich will weiter schlafen" (AV, S. 173).

17. *Ernst Barlach*, S. 42 f.

18. H. Kaiser, *Der Dramatiker Ernst Barlach*, S. 45.

19. H. Kaiser, S. 20–26 und E. Chick, *Ernst Barlach*, S. 38–43.

20. *Iver*: Rechtslinks, linksrechts—links ist für mich gerade so richtig wie rechts, und rechts ist nicht besser als links (AV, S. 173).

   Frl. Isenbarn: Man weiß nicht rechts und links, aber man ist mitten drin (AV, S. 181)

21. Die Hervorhebung des „noch" stammt vom Verfasser.

Die echten Sedemunds

Das 1919 abgeschlossene dritte Drama Ernst Barlachs, *Die echten Sedemunds* (ES), hat eine ähnliche Struktur wie der AV. Aus diesem Grunde sollen hier nur solche Aspekte des Stückes gestreift werden, die für die Thematik vom neuen Menschen von Bedeutung sind.

In einer kleinen niederdeutschen Stadt[1] entwickelt sich in rascher Folge eine mit schwarzem Humor und grotesken Elementen durchflochtene Tragikomödie, in deren Mittelpunkt die Familie Sedemund und Grude, der Freund des jungen Sedemund, stehen. Grude versetzt mit Hilfe des Gerüchtes, daß ein Löwe losgebrochen sei, für kurze Zeit die Kleinstadtgesellschaft in Aufruhr, und sein Freund, der junge Sedemund, benutzt die Gelegenheit, von seinem Vater das Geständnis zu erzwingen, daß dieser am Tode seiner Frau schuldig sei. Am Schluß des Stückes, das mit einem Sarg beginnt, mit vorgetäuschten und echten Beerdigungen angefüllt ist, zum großen Teil auf einem Friedhof stattfindet und endlich mit einem Tanz über die Gräber endet, kehrt die alte Ordnung wieder ein.

In diesem „Knorpelwerk eines niederdeutschen Eulenspiegel-Barock,"[2] wie Paul Fechter das Stück charakterisiert hat, geht es Barlach nicht um vordergründige Gesellschaftskritik, sondern wiederum um die Ausleuchtung der menschlichen Existenz allgemein. Daher wird wie im AV die Oberflächenrealität, die mit überwältigendem Reichtum ausgebreitet ist, stetig zugunsten einer tieferen Bedeutung durchlöchert. Wie im AV stehen auch einige ausgewählte Vertreter des Geistes einer breiten Menge gegenüber, die äußerst anschaulich als verlogene, in schmutzige Geschäfte verstrickte Kleinstadtgesellschaft dargestellt und entlarvt wird; und wie im AV versuchen die Vertreter des neuen Menschentums, der junge Sedemund und vor allem Grude, die alten Menschen mit unterschiedlichem Erfolg aus ihrer Trägheit und Selbstzufriedenheit aufzustören. Endlich wird auch wie im AV die Ankunft einer neuen Zeit und die Geburt eines neuen Menschen versprochen, doch bleibt dieses Versprechen—wie im AV—so wenig überzeugend, daß es sogar als Ironie abgewertet wurde.[3] Es kann jedoch kein Zweifel daran bestehen, daß Grude im Sinne seines Schöpfers spricht, wenn er am Schluß des Dramas triumphierend verkündet: „Die Alten haben ihre Zeit gehabt und sind in Grund und Boden getreten, jetzt kommen wir und nach uns unsere Kinder, alles wird gründlich anders, es lebe die neue Zeit und die echten Grudes!" (ES, S. 265), denn in seinem nächsten Drama *Der Findling* löst Barlach dieses Versprechen in der Tat ein.

In diesem Zusammenhang dürfen auch die Bekehrungen einiger völlig im Diesseits verankerten Personen nicht übersehen werden. Zu den Gewandelten gehören der zweite und der dritte Schütze, Gierhahn, Mankmoos und in einem gewissen Sinne auch Grude. Während die beiden Schützen durch die Furcht vor dem Löwen, der „als künstlich mobilisiertes Ersatzgewissen"[4] fungiert, zur Ehrlichkeit gegen sich selber gezwungen werden, erleben Mankmoos und Gierhahn eine tiefere Erschütterung, die sie zu einer moralischen Neubesinnung führt. Grude, der die allegorische Löwenjagd erfunden und inszeniert hat, wird schließlich selbst zum Löwen, d.h. er nimmt ähnlich wie Fräulein Isenbarn im AV seine geistige Existenz im Diesseits an und versucht nicht länger, ihr durch Flucht in das Irrenhaus zu entgehen.

Die Anzahl der Konversionen deutet darauf hin, daß die starren Fronten zwischen alten und neuen Menschen aufweichen. Die im AV von Anfang an festgelegten Welten geraten in Bewegung, ins Werden, und der optimistische Glaube an eine mögliche Besserung des Menschen wächst, obwohl die Welt und die Menschen in den ES weiterhin in ihrer Gemeinheit, Verderbtheit und Sinnlosigkeit dargestellt werden. Der Iversche Lebensekel hat seine Kraft eingebüßt, und die Haltung zum Leben ist, obwohl auch in diesem Stück der Tod nicht ausgespart wird, positiver und weniger tragisch geworden. Das manifestiert sich vor allem in der Darstellung von Mutter und Sohn Sedemund, die als geistige Erben Ivers angesehen werden können. Beide leiden wie Iver an der Unvollkommenheit der irdischen Existenz und vertreten wie Iver die Rolle der geistigen Welt. Frau Sedemund ist daran gestorben, daß sie sich „eines Bösen" (ES, S. 250) bezichtigt hat, das sie nicht begangen hat.[5] Ihr Leiden an der „Lebensgemeinheit" (ES, S. 257) führt sie in einen Tod, der dem Tode Ivers gleicht. Zwar benutzt sie keine Waffe; doch ist auch ihr Tod nach dem Bericht des jungen Sedemund ein bewußt herbeigeführtes, gewolltes Ende und zugleich ein Neuanfang (ES, S. 212). Der junge Sedemund ist mit dem gleichen Weltverbesserungseifer ausgerüstet wie Iver und bekennt sich voller Stolz zum Adamismus (ES, S. 193 ff.). Doch wird diese an sich positive Einstellung zur Welt im Laufe des Stückes desillusioniert, und der junge Sedemund zieht sich schließlich mit der Erkenntnis, daß ins „Bestehende...so leicht keine Bresche gebrochen" (ES, S. 265) wird, in die Irrenanstalt zurück. Er stirbt auf diese Weise wenigstens vorübergehend eine Art geistigen Tod.

Beide scheinen also Ivers Lebensekel zu bestätigen; doch darf nicht übersehen werden, daß gerade Mutter und Sohn Sedemund äußerst kritisch dargestellt werden. Der alte Sedemund wirft beiden eine theoretische Haltung zum Leben vor, denn beide haben die Welt nicht geliebt und sich einseitig auf das Gute festgelegt. Da die Welt jedoch gut und böse, Gott und Teufel umfaßt, verstehen sie die Welt nicht. Nur eine liebende Einstellung, die auch die Sünde und das Verständnis für die Sündhaftigkeit des Menschen einschließt, kann der Welt gerecht werden. Wer nicht die Fähigkeit zur Sünde hat, sollte sich kein Richteramt über andere anmaßen (ES, S. 244). Dem jungen Sedemund und seiner Mutter fehlt jedoch das liebende Verhältnis zur Welt. In ihrer Einseitigkeit wirken sie überheblich und selbstgerecht. Sie werfen sich zu Richtern über ihre Mitmenschen auf und vergehen sich auf diese Weise ebenso wie die von ihnen angegriffenen, am Diesseits orientierten Personen. „...hast du nicht schon schlecht und recht schlecht an mir gehandelt?" (ES, S. 258), fragt der alte Sedemund nach seiner öffentlichen Demütigung zu Recht seinen Sohn, und dieser bestätigt seine Schuld durch den freiwilligen Rückzug in die Irrenanstalt.

Eng verbunden mit der Problematik der Guten aber Selbstgerechten ist die Faszination durch die „Siebenmark-Charaktere". Während Siebenmark im AV noch recht eindeutig zu den alten Menschen zu zählen ist und seine Erschütterung am Strand als ein kurzes Intermezzo aufzufassen ist, erscheinen der alte Sedemund und die an den Rollstuhl gefesselte Sabine komplexer und lassen sich nicht mehr so schematisch zuteilen. Der alte Sedemund ist zweifellos ein Sünder und scheut nicht vor äußerst fragwürdigen Methoden zurück, wenn es ihm darum geht, auf seine „Fasson selig zu werden" (ES, S. 194). Doch gelingt es Barlach, ihn so zu vertiefen, daß er zur eigentlichen Hauptfigur des Stückes wird, und den tragischen Eindruck, der bereits bei Siebenmark spürbar war, weiter zu verstärken. Die Bereitschaft, die Schuld am Tode seiner Frau auf sich zu nehmen, sein Sündenbewußtsein, sein trotziges Liebesbekenntnis zum Diesseits und selbst seine blasphemischen Reden über den Schöpfungsakt Gottes (ES, S. 257) weisen ihn als einen Vorläufer Calans aus *Der Sündflut* (SÜ) aus und verhindern seine eindeutige Einordnung als alten Menschen. Kaiser spricht in Bezug auf den alten Sedemund von „intellektueller Selbstbefriedigung"[6] und Graucob von „Sophistik".[7] Beide nehmen als selbstverständlich an, daß er in die alte Ordnung zurückkehrt; doch lassen sein Verständnis für Sabine und sein durchaus ambivalenter Abgang von der Bühne auch andere Schlüsse zu. „Immer an einen anderen Ort, es gibt viele Halteplätze zwischen Himmel und Hölle" (ES, S. 260) sind seine letzten Worte, bevor er Sabine von der Bühne rollt. Damit deutet er auf die Zwischenstellung des Menschen ganz allgemein. Er weiß um seinen göttlich-geistigen Kern, wie er in seiner großen Rede in der Kapelle beweist. „Ich möchte mir aber ausbitten, daß diese meine gegenwärtige famose Form nicht Herrn Sedemunds einzige ist! Da ist noch eine andere, großmächtig wie ein Punkt. Dieser Punkt Namenlos ist mit Herrn Sedemund eins, so eins, daß es sein Eigentliches ist, und so kommt es heraus, daß Herr Sedemund eigentlich gar nicht Herr Sedemund ist, sondern der Punkt, den keine Faust fassen kann; daß Herr Sedemund nur der Kofferträger seines Selbst ist, das wie ein Punkt ohne Ohr, ohne Odem, ohne Qual, rein wie das Nichts, sündlos wie die Sonne—ganz gemütlich drin sitzt" (ES, S. 245). Er weiß aber auch um seine irdische Gebundenheit und Sündhaftigkeit und akzeptiert diese ebenfalls. Daher bleibt er in einer Mittelstellung zwischen Himmel und Hölle: „Wohin Herr Kofferträger Sedemund den Punkt abzuliefern hat, das weiß er nicht, der sogenannte Herr Sedemund" (ES, S. 245).

Die ambivalente Haltung des alten Sedemund wird durch seine Bindung an Sabine noch verstärkt. Sabine wird als Teufelin und Heilige zugleich gekennzeichnet (ES, S. 207 und S. 246). Sie sehnt sich nach dem Sexuellen und damit Irdisch-Diesseitigem, wird aber durch ihre Lähmung zum Entsagen, zum Geistigen gezwungen. Auf diese Weise wird sie leidend zwischen den beiden Polen hin- und hergerissen.

Diese eigenartige Vermischung von Teuflischem und Heiligem, die der alte Sedemund mit seiner Feststellung „gut gleich böse, böse gut" (ES, S. 251) programmatisch zuspitzt, bereitet Verständnisschwierigkeiten. Ein um 1914 entstandener Dramenplan mit der Überschrift „Der Jüngste Tag," der neben den Tagebucheintragungen (P II, S. 297 f. und S. 358 f.) und dem letzten Seespeckkapitel als Vorstudie zu den ES angesehen werden kann, läßt sich zur Klärung heranziehen. In diesem Plan diskutiert Barlach die Rolle des Neuen, Guten und Glücklichen, das er in dem Dichter Däubler personifiziert sieht, im Gegensatz zum Alten, Unglücklichen und Bösen, das bezeichnenderweise durch Barlach selbst vertreten wird. Däubler wird zum Verkünder einer neuen Welt, in der die „Menschen neu begnadigt und geläutert" sind (P II, S. 319). Doch entsteht ihm und seiner neuen Welt ein Widersacher:

> Nur einer ist da, der kein Teil hat, in ihm konzentriert sich der einstweilen besiegte Widerspruch; auch er ist erweckt, aber unverändert. Nicht böse, aber unglücklich; er leidet weiter am menschlichen Erbe an Zwiespalt. Er macht sich auf zur Verfolgung Däublers, denn er glaubt nicht an das Glück der Andern. Das ist *Ich*. Barlach! Das tiefe Leid, die Tiefe des Schmerzes und die Schmerzlust der Freude, die ist nicht mehr da, und das Glück ist ein volles Unglück in meinem Sinne. Die Läuterung ist nur eine Verdünnung und Verflüchtigung, der Jubel ein Schwall, der Friede eine Öde. *Der Zukunftsstaat ist allright!* Aber *Ich* sagt: *nieder mit dem Zukunftsstaat* (P II, S. 379).

Das Ergebnis dieser Auseinandersetzung zwischen Däubler und dem Ich ist ein immerwährender Dualismus, den Barlach mit den folgenden Worten beschreibt:

> Der Teufel wird zum Gott: denn er macht den Menschen zum Kristall von Widerspruch, der Entzündung und Kreuzung eines Bewußtseins von zweierlei, vom Kampf um des Kampfes willen, von der Erfüllung, die schon dadurch keine mehr ist, daß sie ist. *Teufel und Gott sind eins....Ziel und Weg sind Zwei?* Glück ist kein Ziel, Ruhe ist kein Ziel, aber der Kampf muß wogen um Glück, um Ruhe. Glück und

Ruhe muß Not und Unruhe sein. Gott hat sich zum Teufel gemacht, d. h. Urheber des Bösen, weil er sonst nicht leben könnte. Oder anders: die Zwie- und Tausendspaltigkeit ist das Ziel, das die große Einheit schafft....Glück ist nicht ohne Not, Erlösung nicht ohne Sünde. Die ewige Harmonie braucht ewige Dissonanz (P II, S. 380).

„Gott und Teufel dürfen sich nicht versöhnen," faßt Barlach seine Überlegungen zusammen, „Also: *Däubler und Ich*" (P II, S. 380). Es fällt an diesem Text auf, daß die Begriffe Glück, Gott und das Gute unterschiedslos als Synonyme gebraucht werden, ebenso wie sich Unglück, Teufel, Sünde und das Böse bedeutungsmäßig decken. Offensichtlich vermengt Barlach die moralischen Kategorien gut/böse mit religiösen Gott/Teufel/Sünde und wertfreien Glück/Unglück und verwirrt dadurch seine Interpreten. Worum es Barlach jedoch geht, ist, wie schon im TT, der Begriff des Leidens.

Barlachs neue Welt bleibt eine dualistische Welt, in der das Negative: Leiden, Unglück, Sünde und das Böse, seinen bedeutungsvollen Platz hat. Darum wird die Welt in dieser „Komödie" auch so schwarz gemalt, und darum müssen alle Weltverbesserer, deren erklärtes Ziel die Abschaffung des Leidens und die Schöpfung einer glücklichen Welt ist, notwendigerweise ebenso scheitern, wie der Sohn im TT beim Versuch scheitert, den Alb und damit das Leiden aus der Welt zu schaffen. Da das Leiden zur Hervorbringung des Guten unerläßlich ist, erhält es eine positive Bedeutung, und Barlachs Teufel ähnelt dem Goetheschen Mephistopheles. Nur in diesem Sinne läßt sich die Frage des alten Sedemund deuten: „Kann es nicht so herauskommen, daß man einmal belohnt wird dafür, böse gewesen zu sein, als Entschädigung—nämlich, und daß der Gute für sein enormes Glück büßen muß?" (ES, S. 258).

Es kann kein Zweifel daran bestehen, daß sich die Sympathie Barlachs auf der Seite der Bösen und Leidenden befindet. In diese Richtung deutet die Übernahme der negativen Rolle im „Jüngsten Tag." Im gleichen Licht muß auch das Scheitern des jungen Sedemund und die Darstellung der Selbstgerechtigkeit seiner Mutter gesehen werden. Wieder liefert der Dramenentwurf wertvolle Hinweise. Unter Bezug auf den losgebrochenen allegorischen Gewissens-Löwen heißt es: „Gut und Schlecht hören auf, denn die Bürgerordnung hört auf. Mittel:

der Gerechte, der Dauergerechte wird zur lächerlichen Natur. Die andern alle werden bald so, bald so: befreit vom Bürgerlebenszwang, wird der Schuster ein Großheld, der Ehrliche ein Dieb, der Tapfere feig,—bloß der Gerechte wankt nicht, wird komisch" (P II, S. 384). Der junge Sedemund, der mit seinen adamistischen Ideen die Welt verbessern und seinen Vater belehren will, muß zum Schluß seine Selbstgerechtigkeit erkennen und nimmt daher seine Angriffe auf den Vater zurück, indem er sich freiwillig in die Irrenanstalt begibt.

Im Gegensatz zum jungen Sedemund wirft Grude sich nicht zum Richter auf und akzeptiert auch die dunklen Seiten der Existenz. Sein Weg in die neue Zeit führt ihn programmatisch „über Gräber hin, mitten zwischen dem Grauen durch" (ES, S. 265). Er verbindet das Wissen um die böse Welt mit dem Streben nach einer besseren Welt in sich. Daß eine solche paradoxe Verbindung möglich ist, beweist Barlach durch seine Löwen-Allegorik. Da der Löwe das Gewissen allegorisiert, erscheint es wünschenswert, daß der Mensch sich vom Löwen fressen läßt, anstatt vor ihm davonzulaufen. Durch das Gefressenwerden erfährt der Mensch eine Vergeistigung, und die sonst negativ verwendete Speisemetaphorik drückt in diesem Zusammenhang etwas Positives aus. Das wahre Leben wird in diesem Sinne für Grude zum Freßprozeß, zum Verwandlungs- und Verdauungswunder (ES, S. 222). Grude selbst wird zum Gewissenslöwen.[8]

Wie bereits die ersten Dramen Barlachs enden auch die ES hoffnungsvoll mit der Verheißung einer neuen Zeit. Allerdings erscheint diese neue Zeit in einem problematischen Licht, da sie offenbar nicht auf Leiden, Unglück und das Böse verzichten kann. Barlachs neue Zeit ist kein Zustand des allgemeinen Glücks ohne Elend; sie bedeutet vielmehr dauerndes Streben auf den göttlichen Wesenskern des Menschen zu. Leiden, Schmerz, Unglück und ein stetes Horchen auf diesen göttlichen Kern, der in den ES als Gewissen bezeichnet wird, sind unerläßliche Voraussetzungen für diesen Weg, den offenbar nur wenige gehen können.

Wenn aber immer nur wenige diesem Weg folgen können, wie kann dann die versprochene und ersehnte neue Zeit jemals Wirklichkeit werden? Dieser Frage geht Barlach in seinem nächsten Stück *Der Findling* nach.

Fußnoten *Die echten Sedemunds*

1. Offensichtlich hat Barlach die mecklenburgische Stadt Güstrow, in der er von 1910 bis zu seinem Tode lebte, zum Vorbild genommen.

2. *Ernst Barlach*, S. 85.

3. Paul Fechter, *Ernst Barlach* (Gütersloh: C. Bertelsmann Verlag, 1951), S. 83f. und H. Kaiser, *Der Dramatiker Ernst Barlach*, S. 102.

4. H. Kaiser, *Der Dramatiker Ernst Barlach*, S. 82.

5. Die Parallelen zu Iver, der mit der Negendahlgeschichte ebenfalls ein Schuldgeständnis für Taten ablegt, die er nicht begangen hat, lassen sich nicht übersehen.

6. *Der Dramatiker Ernst Barlach*, S. 96.

7. *Ernst Barlachs Dramen*, S. 62.

8. Der Gebrauch der Speisemetaphorik in diesem Zusammenhang beweist, daß man Barlachs Metaphorik nicht schematisieren kann. Der sonst negative Eßprozeß erhält durch einen komplizierten Vorgang positive Bedeutung. Ursprünglich wird die Metaphorik eingesetzt, um geistige, abstrakte Vorgänge zu konkretisieren. Durch häufigen Gebrauch und Überbetonung des abstrakten Geschehens verliert die Metapher jedoch ihre konkreten Qualitäten und wird nur noch abstrakt aufgefaßt. Auf diese Weise wird der ursprünglich materielle Freßprozeß zur Chiffre für einen rein geistigen Vorgang.

Der Findling

In dem von 1920 bis 1922 entstandenen „Spiel in drei Stücken" *Der Findling* (FI) und nicht, wie eigentlich zu erwarten wäre, in den während der Kriegszeit verfaßten ES, setzt Ernst Barlach sich mit den Erlebnissen der Kriegs-und Nachkriegsjahre auseinander. Die Briefe und Tagebuchnotizen aus dieser Zeit reflektieren häufig über die Rolle, die das Leiden für die Erneuerung des Menschen und der Welt spielt. „Leiden-Können" und „Leiden-Mögen" werden als positive Eigenschaften bezeichnet, weil es „die Menschen biegsam und täglich bereit macht, sich von Neuem aufzubauen" (P II, S. 105). In diesem Sinne schreibt Barlach z.B. im August 1914: „Alles in allem bin ich glücklich, diese Zeit nicht verschlafen zu haben. Für mein Empfinden ist es eine Erlösung von den ewigen Ich-Sorgen des Individuums, also eine Weitung und Erhöhung des Volkes" (B I, S. 431). Ein halbes Jahr später bemerkt der Künstler erste Anzeichen der erhofften Erneuerung durch den Krieg. „Es geht ein großes Sichten von Begriffen los..., ein inneres Erschauen und Begreifen des Echten...und Wertvollen, des Wirklichen im Leben" (B I, S. 438). In hymnischer Form, die in ihrer übertriebenen und patriotischen Verherrlichung der Kampfkraft auch vor dem Kitsch nicht zurückscheut, feiert Barlach im Jahre 1915 die deutschen Siege im Polenfeldzug:

Sie haben angegriffen und [sind] zurückgegangen, sie haben wieder angegriffen und in sich ein Beharren geformt wie der Schöpfer eine Welt, haben sich verhunderttausendfacht, mit rätselhafter Kraft, sich selbst ihr bißchen Ich in ein allgemeines Großes mehr eingegeistet als eingeleibt und sich von der rasenden Brunst des Ganzen willig und freudig treiben lassen....Ihr seid mehr, als ihr wißt, aber damit ihr euch bewähren könnt, glaubt es, und zum Glauben gehört der Sturz über Kopf in die Kurage zum Göttlichen. Nur die allerletzte,

allergrößte Gewalt kann dazu spornen. Um aus euch solche Kräfte
hervorzuhaspeln, müßt ihr die Berührung der absoluten Kraft gefühlt
haben. Ihr seid wie Granaten, walzenförmige Körper, die, in ihr
Jenseits geschleudert, ihre körperlose Gewalt erleben, aber der Leib
muß gesprengt, das enge Dasein hergegeben werden. Was werden
das nur für Menschen im Frieden sein, die so übermenschlich aus sich
heraus gestürmt und gewütet haben? Kann man sie belohnen, können
sie wieder eng und friedlich vergnügt sein, zufrieden??! (P II, S. 160
f.).

Offenbar glaubt Barlach, daß das gemeinsame Kriegserlebnis einen neuen,
selbstlosen, wesentlichen Menschentyp hervorgebracht hat, der nicht wieder in die
alte, selbstzufriedene, materialistische Existenzform der Vorkriegszeit zurückfallen
könnte. Doch wird diese hochgespannte Erwartung in den folgenden Jahren
enttäuscht, und ernüchtert muß Barlach erkennen, daß auch der Krieg die
Menschen nicht geändert hat. „Weltüberwindung ist durch Kanonen allein
wertlos, wenn es nicht innerlich zugleich geschieht. Kann es innerlich geschehen,
so sind Kanonen überflüssig" (B I, S. 530 f.). Der Krieg hat letzten Endes zu
einer Verstärkung der egoistischen und materialistischen Tendenzen geführt, und
daher erhofft Barlach sein baldiges Ende, denn „es ist höchste Zeit, daß man
wieder an anderes zu denken hat als an Fraß und Quark" (B I, S. 530). Trotz
dieser Desillusionierung in Bezug auf die erneuernde Kraft des Krieges hält
Barlach an dem Konzept fest, daß nur eine Katastrophe und damit verbundenes
extremes Leiden die Menschen aus ihrer Lethargie aufrütteln kann. Diese Haltung
wird deutlich, wenn er voller Ekel den Zustand der Nachkriegsgesellschaft
beschreibt:

Ich kann mich des Gedankens nicht entschlagen, daß wir noch durch
viel tiefere Bitterkeiten hindurch müssen, als uns bis jetzt zuteil
geworden sind, das Volk ist auf eine Weise verludert und förmlich
getränkt mit Ahnungslosigkeit hinsichtlich des einzig möglichen Sinnes
gegenüber dem Leben, man möchte verzweifeln, daß es überhaupt
befähigt ist, über die bloße Fraß-, Raff- und Habegerechtigkeit seines
Ich hinwegzuschauen, zu empfinden, daß ein Ziel etwas anderes ist als

eine Magenfüllung und Darmzufriedenheit. Da nützt alles Reden nichts, eine innere Bereitschaft muß erst durch seelisches Windelweichwerden geschaffen werden.... Alles Gewesene haftet nicht, hat offenbar gar nicht angesetzt, viel weniger ist es eingedrungen (B I, S. 664).

Die Bitterkeiten und das seelische Windelweichwerden, von denen Barlach spricht, deuten auf eine Katastrophe, die die Ausmaße des Ersten Weltkriegs noch überschreiten soll. Nur so kann die Masse, „die nicht ein veredeltes Ich, sondern ein gefräßiges bestialisches Ich vergöttert und ihm mit allen Körper- und Geistesgaben dient" (B I, S. 675), zur Erneuerung geführt werden. Der Schilderung dieser Katastrophe und ihrer Lösung widmet sich Barlach im FI.

Wie bereits in den früheren Dramen wird auch diese Thematik nicht zum Anlaß realistischer Kritik benützt, sondern ins Existentielle und Beispielhafte vertieft und verallgemeinert. Unter Aufbietung gewaltiger Sprachenergien, die allerdings häufig ins Manieristische ausgleiten, versucht Barlach, Verfall und Untergang der alten Welt zu beschwören. Diese Welt erscheint als öde Steinwüste, über die eine trostlose, vertierte und hungernde Menge hin- und herzieht, getrieben einzig von dem verzweifelten Verlangen, sich den Bauch zu füllen. Gier, Habsucht, Hochmut und Mord werden in einer an mittelalterliche Mysterienspiele erinnernden Form auf der Bühne zur Schau gestellt, und das Geschehen gipfelt in einer grausig-grotesken, kannibalistischen Freßszene, in der das Fleisch des erschlagenen roten Kaisers verschlungen wird. Doch auf diesem absoluten Tiefpunkt des menschlichen Seins schlägt das dunkle Geschehen plötzlich ins Positive um und endet voller Licht und Hoffnung. Das von seinen Eltern ausgesetzte Elendskind, das in seiner Erbärmlichkeit und unaussprechlichen Häßlichkeit die alte Zeit symbolisiert, wird durch die selbstlose Haltung von Thomas und Elise erlöst. Der vom roten Kaiser prophezeite Heiland, der neue Mensch, ist geboren und mit ihm erneuert sich die Welt.

Barlach selber hat den FI sehr hoch geschätzt. Während der Arbeit am Drama nennt er es „die schwerste und leidenschaftlichste Produktion" (B I, S. 655) seines Lebens und bezeichnet es rückblickend als seine „große Hoffnung" (B II, S. 602) und als das liebste seiner Stücke (B II, S. 669).[1] Trotz dieser für Barlach recht ungewöhnlichen Vorliebe für eines seiner Werke, bleibt er nicht blind für die Schwächen des FI. Er weiß, daß das Stück nicht für die Bühne geeignet ist (B I, S. 688), und er hat vor allem starke Bedenken, daß die dunkle, apokalyptische Schilderung der Welt die Erneuerungsszene am Ende in den Hintergrund drängen könnte. „Ich bin voller Mißtrauen, ob nicht die Kraßheit der Sache die Versöhnungs- und Hoffnungsauflösung bei der Darstellung ersäufen wird" (B I, S. 711), schreibt er im Dezember 1923 an seinen Vetter Karl und nimmt damit die Kritik einiger Interpreten vorweg, die in der Darstellung des Negativen die Hauptthematik des Stückes sehen.[2]

Es kann jedoch kein Zweifel darüber bestehen, daß gerade die Erneuerung des Menschen das eigentliche Anliegen des Stückes ist. Allerdings ist dieser Prozeß für Barlach eng mit den Schattenseiten des menschlichen Daseins verbunden. Verlangen nach Wandel und Erneuerung setzen nur dann ein, wenn das alte Dasein als fragwürdig oder unerträglich empfunden wird. Aus diesem Grunde widmet Barlach der Beschreibung des Zustandes vor der Wandlung so viel Sorgfalt und Raum. Nur wenn dieser Zustand den Personen im Drama und damit auch dem Zuschauer bewußt wird, nur dann ist Besserung zu erhoffen. Es ist vor allem dieses Konzept, das den häufig übertriebenen und manchmal abstoßend wirkenden Gebrauch von Grausamkeit, Obszönität und krassen, ekelerregenden Schilderungen in Barlachs Dramen erklärt. Durch die Darstellung einer pervertierten Welt soll das Verlangen nach einer neuen, besseren Welt provoziert werden. Es handelt sich um einen Heilungsprozeß, für den Barlach im AV den zutreffenden Begriff „Ekelkur" (AV, S. 147) geprägt hat.

Diese Ekelkur läßt sich als Motiv in fast allen Stücken Barlachs nachweisen. Im TT setzen der Ekel vor der engen Mutterwelt (TT, S. 83) und die Problematik des menschlichen Leidens das Streben des Sohnes in Bewegung; im AV lassen Ekel und Leiden vor der mit abstoßenden Farben geschilderten menschlichen Situation Iver nach einer höheren Form des Daseins streben; und in den ES ruft eine ähnlich verdorbene Welt wie im AV ähnliche Wandlungen hervor. Im FI endlich erreicht diese Entwicklung ihren Gipfelpunkt. Welt und Dasein werden so geschildert, daß Leiden und Ekel als die einzig möglichen Reaktionen erscheinen. Der Mensch ist auf einem absoluten Tiefpunkt angelangt, von dem es nur noch Wandlung zum Besseren geben kann. Ekel und Leiden führen mit Notwendigkeit zur Umkehr, da eine Existenz, wie Barlach sie mit aller Kraßheit und schonungslosen Anschaulichkeit beschreibt, auf die Dauer nicht denkbar ist. Er zeigt, wie sich die Personen des Stückes so „mit Ekel sättigen," daß sie voll sind „von ekler Erfüllung" (FI, S. 299 f.) und bereit zur Wandlung.

Das entscheidende Motiv, mit dem dieser Vorgang ins Dichterische übersetzt wird, stammt aus dem Essens- und Verdauungsbereich. Barlach hat dieses Motiv bereits in den drei vorhergehenden Dramen an wichtigen Stellen eingesetzt, doch erst im FI erhält es Struktur bestimmende Bedeutung. Das wird besonders deutlich an dem auf die Spitze getriebenen Motiv des Kannibalismus. Im TT bereitet die Mutter aus dem göttlichen Roß ein Essen und tischt es Kule und dem Sohn auf. Doch bevor es zur Mahlzeit kommt, ersticht sie sich, und das Motiv bleibt ohne echte Funktion für das Stück. Im AV fühlt Iver sich unter den Menschen „wie unter Kannibalen..., sie fressen alle ein Stück von mir, saufen mein Blut—vielleicht bin ich ihnen ein Tropfen gutes Gift" (AV, S. 152). Diese Rede bleibt jedoch, wenn man von Fräulein Isenbarn absieht, unverstanden, und die These wird nicht bewiesen. Iver wird nicht von den anderen zerfleischt, sondern er befreit sich selber aus einer für ihn zu engen, irdischen Existenz, um in ein besseres Sein zu gelangen. In den ES ist zwar nicht vom Kannibalismus die Rede, doch spielen Wörter aus dem Speisebereich eine wichtige Rolle. So bezeichnet Grude an einer Schlüsselstelle des Stückes „das wahre Leben" als einen „Freßprozeß, ein Verwandlungs- und Verdauungswunder" (ES, S. 222). Dieses Gleichnis erhält seinen bedeutenden Stellenwert allerdings nur im Zusammenhang mit dem wichtigen Löwenmotiv, das als Zeichen für das schlechte Gewissen des Menschen gebraucht wird. Aus dieser Sicht ist das Gefressen-Werden vom Löwen, das ist vom schlechten Gewissen über ein unwesentliches Sein, der erste Schritt auf dem Wege zur Selbsterneuerung. In der Motivfülle der ES bleibt dieser Vergleich jedoch verhältnismäßig nebensächlich.

Im FI dagegen beherrschen Wörter wie „Fressen," „Hunger," „Magen," „Wanst" und „Kot" den Dialog. Durch ihre unermüdliche Wiederholung und Variation erscheint das Leben ausschließlich als Freß- und Verdauungsprozeß. Besonders auffällig ist die Verwendung des Wortfeldes „Fressen". Das Verbum wird sechsundzwanzigmal gebraucht, während die akzeptablere Form „essen" nur dreizehnmal erscheint. Das Partizip Perfekt „fettgefressen" und die substantivierten Partizipien „die Gefressenen" und „Gefressenes" werden je einmal gebraucht. „Menschenfraß" taucht fünfzehnmal auf, „Fraß" sechsmal und die Diminutivform „Fräßlein" einmal. Dazu gibt es die zusammengesetzten Substantive „Wucherfraß" und „Knochenfraß". „Gefräßigkeit" und „Fressen," der substantivierte Infinitiv, werden je zweimal gebraucht; außerdem erscheinen „Freßbegier" und „Freßgeschirr". Das *nomen agentis* „Menschenfresser" findet sich achtmal und die damit zusammengesetzten Substantive „Menschenfresser-gebein", „Menschenfressermund", „Menschenfresserfratze" und „Mitmenschen-fresser" lassen sich je einmal nachweisen.[3]

Der Mensch wird als Fresser entlarvt, dessen Streben sich ausschließlich auf die Befriedigung seiner körperlichen Bedürfnisse richtet. Da dieses Streben notwendigerweise mit dem Streben anderer kollidiert und jeder versucht, sich Vorteile über den anderen zu verschaffen, wird aus dem Fresser ein Menschenfresser:

> Wir alle werden täglich angeklagt,
> Der Menschenfraß wird allen nachgesagt,
> Wir alle leben von der Menschenjagd.
> Der rote Kaiser gibt dem Land bekannt:
> Schlimm ist, wer rotes Fleisch zu fressen wagt,
> Schlimm ist, wem Menschenblut behagt,
> Doch schlimmer, wer mit Vorbedacht
> An Herz und Sinn der Menschen nagt,
> Mit Liebe quält, mit Haß ihn plagt,
> Ihm Gunst mißgönnt und Heil versagt (FI, S. 272).

Dieser Erkenntnis, daß jeder am anderen Menschen nagt, entspricht die Erkenntnis Ivers, daß niemandes Gewissen „ganz frei von einem kleinen Mord" (AV, S. 129) ist. Sie wird von Barlach „beim Wort genommen" und in anschaulich groteske Realität umgesetzt. Mit Ausnahme von Thomas und Elise beteiligen sich alle Figuren am Verzehr der aus dem roten Kaiser hergestellten „menschlichen Suppe" (FI, S. 285) und weisen sich dadurch als Anhänger der alten Zeit aus. Die gute alte Zeit, die im Mittelstück achtzehnmal heraufbeschworen wird, bedeutet vor allem einen vollen Bauch. Diesen Gott Bauch, den Barlach auch als abstoßende

Figur mit einem gewaltigen nackten Bauch, in dem eine zweite riesige Mundöffnung sichtbar ist, in Holz geschnitten hat, betet der Tenor stellvertretend für alle anderen Anwesenden mit einer pervertierten Form des „Vater Unser" an:

Hoher Heiland, der du bist der Herr meines hohlen Magens
Gehäuft sei das Fett im Magerfleisch,
Dein Wille geschehe, daß ich lustig lebe im Himmel und auf Erden.
Führe uns fleißig zum Versuch guter Getränke
Und sende Erlösung uns von übler Verdauung,
Denn dein ist der Bereich und die Kraft und die Herrlichkeit der ewigen
    Gefräßigkeit.
In Teufels Namen (FI, S. 278 f.).

In dieser einzig auf die Erfüllung leiblich materialistischer Bedürfnisse ausgerichteten Haltung entfernen sich die Menschen immer weiter von ihrer eigentlichen Bestimmung. Sie beschäftigen sich ausschließlich damit, wie der Prophet Pfingsten es grotesk anschaulich formuliert, „Wurst aus Geist" (FI, S. 307) herzustellen, ohne sich zu schämen oder Verlangen nach Änderung zu zeigen. Anstatt nach Vergeistigung und Überwindung des Materiellen zu streben, gilt ihr ganzes Bemühen der Befriedigung des Fleisches und der Sicherung des Bestehenden.

Die eindrucksvollste Verkörperung dieser egoistischen, beutegierigen Personen ist Vater Kummer. Seine Zähne und sein Magen sind, wie er selber stolz berichtet, „allzeit bereit" (FI, S. 303), und es ficht ihn überhaupt nicht an, daß Stiebitz ihn als Menschenfresser kennzeichnet, der seine Familie ins Verderben getrieben hat. Kummer ragt zwar durch die Darstellung seiner Vergangenheit als Individuum aus der Masse der anderen heraus, doch im Grunde sind alle um das Feuer des Steinklopfers versammelten Personen typische Vertreter des alten Menschentums, „lauter Menschenfresser, lauter rotberühmte, blutbewußte, bewährte und überführte Menschenfresser" (FI, S. 312).

Diese Menschenfresser, auf deren Darstellung als verlorene, ekelerregende, tierische Existenzen Barlach seine künstlerische Energie konzentriert, wandeln sich am Ende des Stückes auf wunderbare Weise zu neuen Menschen. Der Grund für diese Wende liegt scheinbar in den Folgen des Kannibalenmahles. Barlach selber interpretiert die Wandlung auf diese Weise: „Er [der rote Kaiser] wird vom Steinklopfer erschlagen, alle werden dadurch wirkliche Menschenfresser, die Schuld aller wird so eklatant, die Hölle etabliert sich so unverkennbar, daß kein Entrinnen in Selbsttäuschung oder sonstige Beschönigung möglich" (B II, S. 363) ist. Durch die unwissentliche Beteiligung am Menschenfraß, von der sie erst nach vollendeter Mahlzeit erfahren, werden die Menschen zur Selbsterkenntnis, d.h. zur Erkenntnis ihrer Unmenschlichkeit gezwungen. Das Entsetzen und der Ekel über diese Entdeckung soll dann die Wandlung motivieren.

Von Wandlung oder Erneuerung kann jedoch, wie der alte Kummer feststellt, selbst nach der Entdeckung der grauenhaften Mahlzeit überhaupt nicht die Rede sein: „Ein Stein, kann ich euch sagen, Freunde, ist mir vom Herzen gefallen—alle verfault und verpfuscht, die ganze Welt mit uns vereint, lauter Menschenfresser. *Umarmt sie*" (FI, S. 314). Wenn Kummer die Haltung seiner „Mitmenschenfresser" (FI, S. 312) auf diese Weise unwidersprochen zusammenfassen darf, dann muß auch Ilhi Synns These als falsch zurückgewiesen werden, daß der Verzehr des roten Kaisers einen symbolischen Akt der Selbstvernichtung der Menschen darstellt. Durch diese Selbstvernichtung soll der Mensch selbstlos werden und bereit zur Wandlung.[4] So bestechend diese These ist, und so offensichtlich sich diese Lösung durch die Kannibalenmahlzeit anbietet, so wenig läßt sie sich am Text nachweisen. Wenn Barlach das Motiv vom Menschenfraß in der Tat in dem von Synn und anderen Interpreten dargestellten Sinn als Vernichtung des Bösen durch Einverleibung und Verdauung aufgefaßt haben wollte, dann ist es ihm nicht gelungen, diesen Sachverhalt künstlerisch überzeugend darzustellen; denn der Erneuerungsprozeß setzt nicht als Folge einer symbolischen Selbstvertilgung des Bösen ein, sondern er ist das Ergebnis eines zusätzlich eingeführten und sorgfältig integrierten Erlösungsmotivs. Dieser zweite auf Thomas, Elise und das Kind konzentrierte Motivstrang erweist sich zum Schluß als der entscheidende und entwertet das viel eindrucksvollere Menschenfressermotiv zum Charakterisierungsmittel der alten Zeit. Hier liegt zweifellos eine Schwäche des Stückes, die Barlach auch selber erkannt hat, wenn er sich Sorgen macht über das Mißverhältnis vom gesamten Stück zur Schlußszene. Da das Motiv vom Menschenfraß eindeutig das Geschehen des FI beherrscht, ihm jedoch die Erlösungsfunktion nicht zugetraut wird, muß die äußerst optimistische Schlußszene vom Negativen des gesamten Spiels überschattet erscheinen. Offenbar blieb Barlach trotz seiner Wendung zum Positiven auch weiterhin skeptisch in Bezug auf eine allgemeine Selbsterneuerung.

Das zwiespältige Verhältnis von Ekelkur und Erlösungsmotiv erschwert auch das Verständnis des roten Kaisers und des Steinklopfers. Während sich die meisten Personen des FI entweder der alten oder der neuen Zeit zuordnen lassen, entziehen sich diese beiden jeder Schematisierung und nehmen eine schillernde Zwischenposition ein. Sie gehören daher in die gleiche Gruppe wie Kule, Voss, Sabine und der alte Sedemund, die zum Teil als Sprachrohr Barlachs das Geschehen kommentieren, zum Teil eingesetzt werden, um die Handlung voranzutreiben und die alle auch mit ausgeprägt negativen Zügen versehen sind. Wie am Beispiel des alten Sedemund bereits erläutert wurde, hat auch das Negative einen positiven Stellenwert in der Weltanschauung Barlachs; daher spielen der rote Kaiser als Vollender der alten Welt und der Steinklopfer als Vollstrecker der grauenvollen Übergangszeit wichtige Rollen. Ihre Rollen werden umso bedeutender, desto stärker das Motiv der Selbstvernichtung der alten Zeit in den Vordergrund des Stückes rückt. Da sowohl der rote Kaiser als auch der Steinklopfer auf die Vernichtung des Alten und damit auf den Beginn der neuen Zeit hinarbeiten, erhalten sie Züge von Propheten und Erlösern einerseits und von Zerstörern und Bösewichtern andererseits. Für ihre extrem ambivalenten Rollen gilt, was über Sabine in den ES gesagt wird: Sie sind Heilige und Teufel zugleich. Kompliziert wird ihre ohnehin komplizierte Stellung vor allem dadurch, daß der von ihnen eingeschlagene Weg zur Erlösung, der Weg der Selbstvertilgung des Bösen, kurz vor dem Ende zugunsten des Erlösungsmotivs aufgegeben wird. Auf diese Weise verliert das Böse ihrer Taten seine positive Grundlage, und sie erscheinen im Rückblick als böse Mächte. Die hieraus folgende Verwirrung in ihrer Beurteilung hat sich auch in der Sekundärliteratur niedergeschlagen.

So wird der rote Kaiser von Graucob als „Verkörperung der usurpatorischen und diktatorischen Macht"[5] verstanden, die er im Zusammenhang mit der russischen Revolution und dem Untergang des Abendlandes sieht, während Herbert Meier in ihm ein Sinnbild Gottes, „eine neue Figuration der dämonischen Indifferenz"[6] erblickt. Für Synn stellt er den schuldigen Gott der Vergangenheit und damit die Quelle alles menschlichen Leidens dar,[7] und Kai Braak sieht den roten Kaiser von einer „schützende[n] Hülle diffuser Bedeutsamkeit"[8] umgeben, ohne jedoch näher zu erläutern, was er damit meint. Diese einander widersprechenden oder ihr Unverständnis eingestehenden Deutungen beweisen, daß die Figur des roten Kaisers zu komplex ist, als daß man sie mit einer kurzen Formel erfassen könnte. Auf der einen Seite ist er durch seine Kriege schuldig geworden an dem Massensterben, an der Zerstörung des Landes und der Verwahrlosung seiner Untertanen, auf der anderen Seite beweist er durch seine Proklamation Verständnis für die verzweifelte Lage der Menschen; einerseits betreibt er den Untergang der Welt, andererseits fordert er Rettung und einen neuen Heiland; auf der einen Seite bezeichnet er sich als den Letzten und das Ende, und auf der anderen Seite verkündet er, daß er der Erste sei und der Anfang; einerseits treibt er die Menschen zu tausenden in den Tod, andererseits verbietet er den Menschenfraß einschließlich seiner subtileren Abarten wie Habsucht, Ausbeutung und Neid.[9] Besonders in diesem Aspekt seiner Proklamation (FI, S. 272 f.) nimmt der rote Kaiser die Botschaft Ivers wieder auf, die dieser durch seine Negendahlparabel vergeblich zu vermitteln suchte. In der Tat muß der rote Kaiser als ein naher Verwandter Ivers angesehen werden. Während Iver jedoch seinen Weltverbesserungseifer gegen sich selber richtet, wendet der rote Kaiser ihn gegen die Welt. Beider Ziel ist das gleiche: Platz zu schaffen für eine neue und bessere Welt. Voss liefert im AV den Schlüssel für diese Deutung. „Kennen Sie nicht die Geschichte von dem Mann, der die ganze Welt totschlagen wollte, weil sie ihm nicht gut genug war?" fragt er Engholm und fährt fort: „Aber wie das machen? Da fiel ihm ein, er wollte mit sich selbst anfangen, sozusagen am andern Ende, aber wer sollte den Rest besorgen?...Was das sollte? Platz für Bessere. Platz, Mensch, Platz! Macht Neue, macht Neue!" (AV, S. 115).

In seiner widersprüchlichen Haltung spiegelt der rote Kaiser auch Barlachs geschilderte zwiespältige Haltung zum Krieg. Einerseits erhofft sich der Künstler durch den Krieg die Aufstörung der Menschen, ihre Abwendung vom Materialismus und eine Hinwendung zum Geistigen. Auf der anderen Seite weiß er jedoch aus den Erfahrungen des Ersten Weltkriegs, wie hoch der Preis für einen solchen Krieg ist, und darüberhinaus hat er den Rückfall seiner Mitbürger in die alte Lethargie bei der Abfassung des Dramas vor Augen. Diese Erfahrungen lassen den roten Kaiser folgerichtig scheitern. Obwohl seine Handlungen einen positiven Effekt haben, nämlich die Aufstörung der Menschen aus der satten Zufriedenheit der alten Zeit, wird er selber Opfer der Gewalt, die er gesät hat. Sein Leichnam wird später in dem gräßlichen Kannibalenfressen verschlungen. Da dieser Vorgang mit der Verwandlung des Findlings endet, drängen sich Vergleiche zum Sakrament des Abendmahls auf.[10] Es handelt sich aber eher um eine groteske Spielerei mit dem Motiv des Abendmahls als um echte Parallelen. Da der rote Kaiser gerade durch seine Ambivalenz charakterisiert ist, kann er weder das absolut Gute noch das absolut Böse versinnbildlichen. Daher kann durch seine Verspeisung weder das Gute in die Menschen eindringen, noch kann das Böse durch diesen Akt verschlungen werden. Es sollte auch nicht übersehen werden, daß der rote Kaiser sich nicht freiwillig opfert, sondern einem Mordanschlag erliegt. Schließlich geschieht die erlösende Tat nicht durch diejenigen, die sich an dem pervertierten Abendmahl beteiligen, sondern durch diejenigen, die sich bewußt davon fernhalten. Wenn überhaupt eine Verbindung besteht, dann die, daß der Ekel vor dem Kannibalismus zur Erlösungstat führt. In diesem Sinne muß auch Barlachs nachträgliche Interpretation verstanden werden. Für ihn beweist der rote Kaiser durch „Tod und Wandern in den Kochtopf das Übel des gegenseitigen Fressens bis zur gräßlichen Eindeutigkeit" (B II, S. 364).

Ließ sich bei den Deutungsversuchen des roten Kaisers noch ein gewisses Maß an Übereinstimmung feststellen, so fallen die Interpretationen des Steinklopfers völlig widersprüchlich aus. Er wird gedeutet als „Sinnbild für das Schicksal,"[11] als Verkörperung der schlimmsten und besten Eigenschaften des Menschen zugleich,[12] als Symbol der Gottes- und Erlösungssehnsucht,[13] als Werkzeug,[14] als „Urtyp des nüchtern-realen utopienfeindlichen Wirklichkeitsmenschen",[15] als „Dämon, der das Unheil der Welt vernichtet und buchstäblich vertilgt"[16] und schließlich als Schöpfer und Geschöpf zugleich.[17] Aus diesen unterschiedlichen Deutungen läßt sich der Schluß ziehen, daß die Rolle des Steinklopfers offenbar nicht einheitlich und psychologisch entwickelt ist, sondern widersprüchliche Elemente und Funktionen umfaßt. Besonders auffallend ist ein Bruch in dem Verhalten des Steinklopfers zwischen Vorspiel und Mittelstück. Während er im Vorspiel als Wirklichkeitsmensch handelt, spielt er im Mittelstück und im Schluß-Spiel eher die Rolle eines Prüfers, Propheten und Richters. Die

Ermordung des roten Kaisers wird im Vorspiel durchaus realistisch beschrieben und motiviert. Der Steinklopfer erschlägt den roten Kaiser nicht, weil er „in diesem den Grund zu allem Menschenelend sieht,"[18] sondern weil der Hunger ihn treibt. Aus eben diesem Grunde hat er vorher bereits versucht, den Vater des Findlings zu töten, und aus dem gleichen Grunde kommentiert er am Schluß des Vorspiels sein eigenes Tun: „Fort mit dem verfluchten Wort vom Menschenfraß, fort mit dem roten Kaiser in den Kochtopf, mein Wurm im Wanst will leben" (FI, S. 279). Während das Vorspiel das Bild eines gewalttätigen, vom Hunger zum Mord getriebenen, realen Menschen vermittelt, erscheint der Steinklopfer im Folgenden als strenger Richter und Prophet, dessen Reden plötzlich eine Tiefe und Bedeutung annehmen, die sich an ihnen vorher nicht beobachten ließen. Er macht sich zum Anwalt des Findlings und des Neubeginns, indem er die Hinzukommenden durch ihre Reaktion auf das Elendskind prüft. Bei seiner Abweisung von Elise und ihrer Mutter deutet er prophetisch auf die Erlösung voraus: „...wenn der Wurm in eurem Wanst vor Ekel fastet, dann darf ein Prinz wie der [Findling] mit seiner Schönheit protzen, dann darf die Welt sich wieder aufwärts wälzen, darf einen neuen Anfang wagen—fort mit euch!" (FI, S. 281). Es bleibt unklar, woher der Steinklopfer plötzlich solche Einsichten hat und warum er mit moralischer Autorität versehen wird, besonders wenn man bedenkt, daß er selber seinen „Wurm im Wanst" mit Menschenfraß befriedigt. Es bleibt ebenfalls dunkel, warum gerade Elise vom Feuer vertrieben wird, während alle anderen Personen zugelassen und bewirtet werden. Dieser Sachverhalt zeigt, daß auch das Wissen des Steinklopfers begrenzt ist.

Es ist möglich, daß der Steinklopfer sich als Alternativlösung zum Findling versteht. Bevor er Elise auf die Probe stellt, fragt er sich selber: „Weiß man, ob an meinem Feuer der rechte Punkt des Anfangs ist *oder* beim Findling, um die Welt wieder rückwärts zu wälzen?" (FI, S. 280).[19] Seine Frage bleibt ohne Antwort, doch deuten seine Handlungen darauf hin, daß er sich für sein Feuer entschieden hat, denn nach der Prüfung Elises wird der Findling nur noch am Rande erwähnt; auf jeden Fall wird die Prüfung nicht wiederholt, und das Stück konzentriert sich auf die Vorgänge um das Feuer.

Der Steinklopfer ist offenbar ein geistiger Verwandter des roten Kaisers, denn auch er versucht, die Welt mit Gewalt zu bessern. Wo der rote Kaiser seine

Macht einsetzt, um die Menschen in die Krise zu stürzen und zur Erneuerung zu zwingen, da verordnet der Steinklopfer—notfalls auch mit Gewalt—seine Ekelkur. Beide müssen jedoch scheitern, da es keine allgemein gültigen Lösungen gibt. Jede Manipulation des Menschen ist ein Vergehen gegen seine geistige Abstammung, von der auch der Steinklopfer weiß. Mit Bezug auf die Kasperpuppen schildert er die Situation des Menschen. „Kein Geschäft kann besser sein als deins," erklärt er Klinkerfuß. „Die Tröpfe da, die dollen Dinger, sind so gut, wie du, Gottlieb, es ihnen vergönnst....Ich wollte wohl—wir hier, wir alle, wir und die ganze Welt wären auch solche dollen Dinger von Puppen, dann möchten uns Finken der Hoffnung pfeifen—daß es dem Herrn, dem Herrn Puppenmeister, dem großen Gottlieb, gnädig in der Zunge zuckt und heiter in den Händen juckt" (FI, S. 292). Wie die irreale Konjunktivform anzeigt, weiß der Steinklopfer, daß er die Verantwortung für den elenden Zustand der Menschen nicht auf einen „großen Gottlieb" schieben kann, sondern daß dieser Zustand die Schuld der Menschen ist, denn sie besitzen die Möglichkeit zur Veränderung. Das Wissen um die geistigen Möglichkeiten des Menschen zusammen mit der Erkenntnis, daß keinerlei Anzeichen für ein Streben zur Erneuerung vorliegen, führen den Steinklopfer dazu, sich selbst die Rolle des großen Gottlieb anzumaßen. Da er aber dadurch die Freiheit der Menschen verletzt und sie wieder zu Puppen degradiert, muß seine Methode erfolglos bleiben. Eine generelle Welterlösung, gleich welcher Art, sei es durch politische Ideologien, durch religiöse Heilslehren oder technische Lösungen, wird von Barlach abgelehnt. Nur das Individuum kann, wie das schon im AV angedeutet wurde, sich selbst erneuern. Die Welt läßt sich nur verbessern, wenn die Menschen sich vorher freiwillig bessern; und die neue Zeit kann nur dann beginnen, wenn der Mensch zu seinem eigenen göttlichen Kern findet. Gewalt und Fressen, mit denen der Steinklopfer die Erlösung herbeizwingen will, sind Mittel der alten Welt, und die uralte Welt mit ihren Zähnen und Mäulern „wirft", wie der Alte feststellt, „nichts als Wölfe und wieder Wölfe" (FI, S. 313).

Liefern die Puppen die entscheidende Metapher für das Menschenbild, das der Steinklopfer als Sprachrohr Barlachs verkündet, so versorgt das Puppenspiel von Thomas den Steinklopfer mit einem weiteren Motiv, das am Ende des Stückes Bedeutung erlangt. Als der Kasper des Puppenspiels zweifelt, ob er dem Teufel seine Seele übergeben oder sie im Himmel lassen soll, greift der Steinklopfer ein und zerschlägt die Kasperpuppe, weil sie zweifelt. Es hat den Anschein, als ob er den Kasper bestrafen will, weil er erwägt, die Seele aus dem Himmel in die Hölle hinabzurufen; aber offenbar kritisiert er den umgekehrten Vorgang. Er will, daß die Seele in die Hölle kommt, denn kurz nach dem Vorfall fordert er die anderen auf: „Helft die hohe helle Seele / Aus dem Himmel in die Hölle beten" (FI, S. 296) und zwingt Klinkerfuß, darum zu beten, daß die „tausend Jahre ruhereichende Seele...vom Himmel zur Hölle" (FI, S. 298) gesendet wird. Zwar hat der Steinklopfer an dieser Stelle die Seele des roten Kaisers im Sinn, doch stellt er selber die Verbindung zwischen Kaiser und Kasper her. „Kasper und Kaiser haben sich brav gehalten, Gottlieb, aber am Ende, am Kreuzweg, wie die Welt sich wälzen wollte, da wußten sie nicht weiter" (FI, S. 297). Nachdem er diese Assoziationen im Mittelstück hergestellt hat, benutzt der Steinklopfer im Schluß-Spiel den doppelten Anruf „Kasperseele, Kasperseele! (FI, S. 309, 310, und 317) dreimal. Der letzte Anruf beendet eigenartigerweise das Drama und bereitet an dieser hervorgehobenen Stelle Verständnisschwierigkeiten. Bei den ersten beiden Anrufen handelt es sich wahrscheinlich um eine Art Beschwörungsformel. Der Steinklopfer wünscht, daß die Seele vom Himmel herabkommt, damit die neue Zeit beginnen kann. Die Hölle wäre dann als die irdische, seelenlose Gegenwart zu verstehen. Diese Gleichsetzung von Dasein und Hölle ist nicht ungewöhnlich für Barlach. Sie findet sich bereits in den ES (ES, S. 246), und sie läßt sich auch in Barlachs Briefen an mehreren Stellen nachweisen.[20] Wenn diese Annahme richtig ist, dann hat die Anrufungsformel auf jeden Fall eine positive Bedeutung. Warum sie jedoch das Drama in Verbindung mit der Geste des Mundzuhaltens abschließt, bleibt unklar. Vielleicht ist eine Aufforderung zu schweigendem, wortlosem Erleben der geheimnisvollen Wandlung gemeint in dem Sinn, wie der Beter seinen Zustand beschreibt: "...es geht nicht mit Worten zu...es fängt mit Stillschweigen an. Die Zunge ist dabei das allerüberflüssigste, und was am letzten gilt—es läßt sich nicht sagen, hinter der Zunge und hinter den Worten fängt es an" (FI, S. 314).

　　Die Rolle des Steinklopfers ist ohne Zweifel die rätselhafteste des Stückes und widersetzt sich einer völligen Entschlüsselung, doch ist ihre dramatische Funktion augenscheinlich. Der Steinklopfer hält das Geschehen zusammen, verleiht ihm Kontinuität und belebt es von Zeit zu Zeit mit neuen Impulsen. Wenn man vom Findling und vom roten Kaiser absieht, die beide eine völlig passive Rolle spielen, ist er die einzige Person, die während des gesamten Geschehens anwesend ist. Um ihn und sein Feuer herum konzentriert sich die Handlung.

Verglichen mit der beherrschenden Bühnengegenwart des Steinklopfers spielen Thomas und Elise eher Nebenrollen, obwohl sie es sind, die schließlich die Welt durch die Annahme des Findlings verwandeln. Sie werden erst im Mittelstück eingeführt, doch lassen sich bereits im Vorspiel Vorausdeutungen auf das mit ihnen verbundene Erlösungsmotiv nachweisen. Die von Pfingsten und Vesper verlesene Prophezeiung des roten Kaisers, daß nach seinem Tode der Heiland geboren werde und sein Gebot, diesen Heiland zur Welt zu schaffen, bereiten den Zuschauer vor, zumal da er den Tod des roten Kaisers auf der Bühne selbst miterlebt. Durch geschickte Variation des Wortfeldes „Heiland" gelingt es Barlach, diese Hoffnung selbst während des grausamen und entmutigenden Hauptteils wachzuhalten. Das Wort „Heiland" taucht sechsundzwanzigmal auf und hält dem Verbum „fressen" die Waage. Selbst wenn das Wort mehrere Male ins Negative umgedeutet oder in ironischer Verzerrung verwendet wird, bereitet es doch ebenso wie die Komposita „Heilandskind" (fünfmal), „Hungerheiland" (dreimal), „Heilandshoffnung," „Heilandshoffen," „Heilandskeim," „Heilandsroß" und „Balg des Heils" (je einmal) das positive Ende vor.

Allerdings erweckt der häufige Gebrauch des Wortes Heiland durch das mit diesem Begriff verbundene Prinzip der Erlösung falsche Erwartungen, denn die Wandlung am Schluß wird nicht durch den als Heiland bezeichneten Findling, sondern durch die selbstlose Entscheidung von Elise und Thomas verursacht. Der Findling in seiner unbeschreiblichen Häßlichkeit allegorisiert zunächst den Zustand der alten Welt. Dieser von Schreck, Angst, Sorge, Not und Sünde gezeugte „Allerweltssohn" (FI, S. 274) wird von Pfingsten eindeutig als mißlungenes Produkt aller Menschen ausgelegt. Er nennt es:

Euer aller Kind und Kindeskind,
Euer aller Schuld, euer aller Schande,

Euer aller aufgedeckter Schaden,
Wenn es nur nicht ihr selber wärt,
In einem Knäul und Greul von Offenbarung (FI, S. 274).

Und mit dieser Auslegung verbindet der Prophet den folgenden Rat:

Erstickt seine Erbärmlichkeit in euch selber,
Biegt den Jammer seiner Krummheit in euch grade,
Gesundet selbst von seinem Gewürm,
Macht gut an euch, was ihr an ihm getan,
Seid so gerecht, daß euch das Kind nicht gleicht,
Dann ist das Versehen von tausend Vätern
Und die Pfuscherei von tausend Müttern vergessen (FI, S. 274).

Dieser Deutung zu Folge soll niemand auf eine stellvertretende Erlösung durch einen Heiland hoffen, sondern nur die Selbsterneuerung jedes einzelnen allein kann die Welt noch retten. Darum fordert Pfingsten alle auf, sich ihren Heiland selber zu schaffen (FI, S. 274), d.h. die Verantwortung für die Erlösung wird dem Menschen selbst aufgebürdet. In dem kurzen Prosastück „Die Zeichnung," das vermutlich um die gleiche Zeit entstanden ist wie der FI, beschreibt Barlach den gleichen Gedanken.

Ich kann mir vorstellen, daß Christus am Kreuz hängt und im Angesicht der Erde fliegt und leiden muß, so lange die Menschen bleiben, wie sie sind. Er wartet in seiner Pein, bis seine lieben Christen sich entschließen, ihn, ihren Erlöser, ihrerseits zu erlösen, indem sie anders werden, als sie sind. Aber sie werden eher meinen, daß er sich endlich davonmachen möge, denn sie feiern bald ihr zweitausendjähriges Jubiläum, und das feiert sich ohne Zweifel bequemer ohne Christus als in seiner Gegenwart (P II, S. 394 f.).

In diesem Sinne ist das Geschehen im FI als eine Humanisierung der christlichen Erlösungslehre zu verstehen. Der Mensch hat nach Barlachs Auffassung, die sich trotz häufiger Verwendung christlich-religiösen Vokabulars nicht mit der Lehre des dogmatischen Christentums deckt, die Fähigkeit, sich selbst zu erlösen.

Der Maßstab, mit dem die Bereitschaft des Menschen zur Selbsterlösung oder -erneuerung gemessen wird, ist der Findling, der das alte Ich des Menschen verkörpert. Nur über die Erkenntnis des eigenen, erbärmlichen Seins kann der Weg zur Erneuerung führen; nur wenn der Mensch im Findling wieder zu sich selbst findet, ist eine Änderung möglich. Vor dieser Selbsterkenntnis scheuen die Menschen jedoch zurück. Vom Steinklopfer dazu gezwungen, wenden sie sich voller Entsetzen und Ekel ab. In diesem Zusammenhang erhält die Kannibalen-mahlzeit ihre Funktion, nicht als symbolischer Akt der Selbstvernichtung, sondern als Mittel des Steinklopfers, die Menschen zur Selbsterkenntnis zu zwingen. Als die Kannibalen erfahren, was sie in ihrer Gier verschlungen haben, können sie der Konfrontation mit sich selber nicht mehr ausweichen, und es entsteht eine vielversprechende Unruhe, die schließlich zur Erkenntnis der eigenen würde- und wertlosen Existenz führt. Diese Erkenntnis erhöht die Bereitschaft des Menschen zur Wandlung.[21] Doch tritt die erhoffte Wandlung nicht automatisch ein, denn dazu fehlt als weiteres Ingredienz der von Liebe und Verständnis bedingt Wille zur Erneuerung. Dieser Wille bildet sich im Verlaufe der Handlung in Thomas und Elise.

Durch ihre Benennung mit Vornamen rein äußerlich von den übrigen Personen des Stückes abgesetzt, wird ihre Außenseiterrolle vor allem dadurch betont, daß sie sich als einzige des Menschenfraßes enthalten. Sie demonstrieren echtes Verantwortungsgefühl und durchschauen die Erbärmlichkeit des menschlichen Daseins. Beide werden als echte Menschen und nicht etwa als allegorische Prinzipien dargestellt. Das wird besonders deutlich an Elise, die bei der ersten Prüfung ihrer Güte und Hilfsbereitschaft versagt. Als sie den Findling in seinem Elend und seiner Häßlichkeit zum ersten Mal erblickt, flieht sie voller Entsetzen und zeigt dadurch, daß sie selber nicht in der Lage ist, zu geben, was sie vom Steinklopfer verlangt: Güte und guten Willen zur Besserung der Welt (FI, S. 280). Auch Thomas beweist in seinem Puppenspiel, daß er nicht frei von Zweifel ist. Zwar läßt er seinen Protagonisten Kasper dessen Seele loben, da sie im Himmel verharrt, während er in der Hölle leiden muß, doch ist Kasper sich seiner Sache nicht völlig sicher und erwartet Hilfe und Rat von den anderen.

Wenn sich das Puppenspiel auch, wie die Regieanweisungen nahelegen, in erster
Linie an Elise wendet, um sie zum positiven Handeln anzustacheln, so zeigt die
gewalttätige Reaktion des Steinklopfers doch, daß er an einen echten Zweifel bei
Thomas glaubt. Thomas' Zweifel und Elises Entsetzen vor dem Findling weisen
daraufhin, daß beide Anteil haben am alten Menschentum. Thomas selber öffnet
Elise, wie die Regieanweisungen vorschreiben, die Ohren (FI, S. 290) und Augen
(FI, S. 299) und weist sie auf die Wichtigkeit ihrer Herkunft aus der alten Welt
hin. „...wir müssen wissen, wessen Kinder wir sind" (FI, S. 299), erklärt er ihr,
denn nur dieses Wissen führt zur Lösung, die Barlach, wie schon im TT, als
Loslösung von der Welt der Eltern darstellt. Während jedoch der Sohn im TT an
seiner Mutterbindung scheitert, gelingt Thomas und Elise die notwendige
Trennung. Thomas weist die teils anklagenden, teils schmeichlerischen Werbungen
seinen Vaters, ihn nicht zu verlassen, mit Bestimmtheit zurück: „Hab selber
Vatersorgen, Vater" (FI, S. 286). Auch Elise gesteht ihrer Mutter, daß sie „schon
lange von allem Kindgehorsam gewichen" (FI, S. 287) ist und daß sie sich schämt,
auf Kosten anderer vom Vater ausgebeuteter Menschen aufgezogen zu sein. Die
leidenschaftliche Zurückweisung der parasitären Lebensweise ihrer Eltern führt
zum Bruch mit der Mutter, dem auch der Bruch mit dem Vater folgt, als dieser ihr
voller Stolz berichtet, daß er fremdes Blut vergossen hat (FI, S. 300).

Sowohl Elises als auch Thomas' Abwendung von den Eltern ist mit einem
Fluch verbunden. Beide Flüche beziehen sich auf den Findling. Klinkerfuß
wünscht seinem Sohn, daß er „mit einem Krüppelkind" gesegnet werde, „dessen
Seele soll vor der Geburt mit Kot besudelt sein" (FI, S. 285), und die Mutter
verstößt Elise mit den Worten: „Küß einst ein Krüppelkind und erfahre die Marter
deiner Mutter" (FI, S. 288). Indem Thomas und Elise jedoch freiwillig auf sich
nehmen, was ihren Eltern, den Vertretern des alten Menschentums, als
unerträgliches, undenkbares Schicksal erscheint, verursachen sie die positive
Wendung. Was als böser Fluch gemeint ist, erweist sich ironischerweise am Ende
als Erlösungstat, die den Beginn der neuen Zeit herbeiführt. Eindeutiger und
eindrucksvoller lassen sich die beiden Wertsysteme nicht gegeneinander stellen:
Was der alten Welt als Fluch erscheint, bedeutet Segen in der neuen, und was das
Hauptanliegen der alten Zeit ist, nämlich die Befriedigung der materiellen
Bedürfnisse, wird in der neuen Zeit zur belanglosen Nebensache.

Der Vorgang, der äußerlich als Bruch mit den Eltern beginnt und schließlich zur erlösenden Annahme des Findlings führt, findet, wie die meisten wichtigen Entwicklungen in Barlachs Stücken, keinen dramatischen Ausdruck auf der Bühne. Thomas und Elise sind bereits vor ihrem ersten Auftreten Gewandelte im Gegensatz zu den übrigen Figuren. Ihr Geschehen ist inneres Geschehen, das vergeblich nach Ausdruck sucht. Die Abkehr von den Eltern ist ein erstes Zeichen ihres Anders-Seins, ein zweites besteht darin, daß sie sich nicht am Kannibalenmahl beteiligen. Schließlich sind sie auch die einzigen, die noch zu echtem menschlichem Gefühl fähig sind und nicht ausschließlich von dem Verlangen nach Erfüllung materieller Bedürfnisse getrieben werden. Ihre Gesten zeugen von Freundlichkeit, Hilfsbereitschaft, Liebe und Vertrauen und kontrastieren eindrucksvoll mit dem gewalttätigen, wilden, tierischen Geschehen um das Feuer des Steinklopfers. Auch ihr Vokabular unterscheidet sich eindeutig von den übrigen Personen. So wird zum Beispiel das Wort „Gnade" einschließlich verschiedener Komposita von den beiden einundzwanzigmal gebraucht, und Begriffe wie „Seele," „Erbarmen," „Hilfe" und „Liebe" spielen eine bedeutende Rolle. Selbst das häufig gebrauchte Verbum „fressen" wird im Dialog zwischen Elise und Thomas zu den Synonymen „essen," „verzehren," „nähren" und „sättigen" abgemildert. Die Speisemetaphorik weitet sich für sie auf ähnliche Weise wie bei Grude in den ES zur Metapher für das echte Leben. „Sie verzehren gegenseitig ihr Leid und nähren einander mit Liebe" (FI, S. 292), beschreibt Elise voller Ekel das Verhalten ihrer Mutter Stiebitz und Diebitz gegenüber; aber Thomas nimmt sie beim Wort und versteht ihre Beschreibung als Formel für das eigene, zu erringende Dasein: „So verzehrt sei unser Leid, / So genährt laß uns leben" (FI, S. 292).

Ein entscheidendes Mittel, die innere Position von Thomas auszudrücken, ist das Puppenspiel. Wie das gesamte Stück, so spiegelt auch dieses Spiel im Spiel den Dualismus zwischen alter und neuer Welt, denn es handelt sich in Wirklichkeit um zwei Darbietungen. Während Klinkerfuß seinen Kasper den Tod in die Flucht schlagen läßt, da weder er noch Gott, sein Herr, ihm Speck versprechen können, widersteht der Kasper von Thomas den Versuchungen und Drohungen des Teufels und fordert seine Seele auf, im Himmel zu bleiben. Der Kasper des Klinkerfuß, der nur auftritt, weil seinem Herrn Fleisch als Belohnung für das Spiel versprochen wird, und der bezeichnenderweise während seiner Darbietung kaut, ist so im eigenen Ich, im Gegenwärtigen verhaftet, daß er außer sich nichts erkennen oder anerkennen kann. Ihm fehlt jegliches Verständnis für die Transzendenz, und daher fürchtet er weder den Tod noch die Strafe Gottes. Anders verhält sich der Kasper, den Thomas vorführt. Ihm ist die Seele, das Organ, das den Menschen mit dem Transzendenten verbindet, wichtiger als die elende Existenz auf dieser Welt. Für diese Seele ist er bereit, die Qualen der Hölle auf sich zu nehmen, und widerlegt damit die diesseitig-materialistische Haltung der Klinkerfußversion. Statt der gut gepflasterten Straße durch die Magenpforte (FI, S. 297), die in der skurrilen Zeichensprache Barlachs in die alte Welt führt, wählt Thomas den schwierigen Pfad durch die „Himmelspforte" (FI, S. 282, S. 290, und S. 294), die durch Liebe, Selbstaufgabe und Opferbereitschaft schließlich zu einem neuen Menschentum in einer neuen Welt führt.

Das Puppenspiel liefert zugleich eine wichtige Metapher für die Wandlung von Thomas und Elise. Als Thomas beschreibt, wie er sich gewandelt hat, und Elise auffordert, sich zu ändern, erwidert diese: „Thomas der Neue ist ein Thomas Redegut, er sollte bersten und ein Thomas Tugut sein—sieh sie sitzen, so stehen wir ratlos dabei—sie sind voll von ekler Erfüllung, wir sind leergelaufene Fässer, unsere Tüchtigkeit ist taub und unser Wert ist wie der von weggeworfenen Puppen" (FI, S. 299). Thomas ergreift daraufhin die schmutzige liegengebliebene Puppe,[22] *schiebt seine Hand hinein, läßt sie sich aufrichten und lebendig scheinen:* „Aber eine Hand wird in uns fahren und eine Stimme wird uns handeln heißen. Wir werden erfüllt werden wie sie, die da sitzen, aber nicht mit gefundenem Fressen, nein, mit geschöpftem Schicksal." (FI, S. 299 f.). Das Konzept der Hand, die von außen in den Menschen hineinfahren wird, deutet auf eine Art Gnadengeschehen, über das der Mensch keine Kontrolle hat. Wie der Mensch eine Puppe manipulieren kann, so wird er selber von einer höheren Macht manipuliert. Diese Auffassung läßt dem Menschen wenig Handlungs- und Entscheidungsfreiheit und widerspricht dem Geschehen des Stückes; denn sowohl Thomas als auch Elise handeln aktiv und ringen innerlich um die ersehnte Erneuerung. Aus diesem Grunde schränkt Elise auch das Puppengleichnis von Thomas ein. „Und doch bin ich nicht wie sie [die Puppe], keine Hand kommt mich zu hindern, daß ich höre, keine Stimme mahnt meine Augen abzuwenden" (FI, S. 300).

Trotz dieser Einschränkung bleibt jedoch das Verhältnis von aktiver Selbsterneuerung zu von außen stammender Gnadenhandlung unklar, denn nach dem Puppengleichnis tritt das Paar bis zur Erlösungsszene am Ende des Stückes in den Hintergrund. Auf diese Weise bleibt das Geschehen unmittelbar vor der Wandlung ausgespart. Erst bei der Annahme des Findlings beteiligen sich die beiden, jetzt als Gewandelte, am Geschehen, und ihr kurzer Dialog zeigt, daß ihre Tat einem freien Entschluß entspricht. Es scheint, als ob Barlach die Freiwilligkeit ihres Entschlusses besonders betonen will, denn bevor sie wirklich handeln, vergewissern sie sich mehrfach ihres gegenseitigen Einverständnisses:

> *Thomas*: Muß es sein?...
>
> *Elise*: Es muß sein, Thomas....Es muß sein, Thomas— Thomas, soll es sein?
>
> *Thomas*: Wenn es unser Sohn sein soll, so lege deine Mutterhände auf ihn und nimm ihn in deine Mutterarme
> (FI, S. 316).

Wie Zarathustra im zweiten Buch in dem Kapitel „Von der Erlösung" das „Es war" in ein „So wollte ich es" umschaffend Erlösung findet, so verändern Thomas und Elise die Welt durch die Annahme des Findlings, der in seiner Häßlichkeit und Erbärmlichkeit die Schuld und Schande der alten Zeit, d.h. der Vergangenheit, allegorisiert. Während jedoch Zarathustras Bejahung des Negativen und Vergangenen als Tat eines Einzelnen und daher auch nur als Erringung individueller Freiheit verstanden werden soll, stellt Barlach die Tat von Thomas und Elise als repräsentative Tat dar, die zur Erlösung der Welt führt. Dieser exaltierte Optimismus ist aus dem Stück heraus jedoch nicht zu rechtfertigen und wirkt forciert, wunderbar und wenig überzeugend. Die Wandlung des Findlings geschieht so plötzlich und unmotiviert, und die Wirkung auf die umstehenden „Kannibalen" ist so überwältigend, daß man sich unwillkürlich an ein Wunder christlicher Prägung erinnert fühlt.[23] Verstärkt wird dieser Eindruck noch durch die Tatsache, daß Barlach bei der Beschreibung des Wandlungsgeschehens christliche Motive und Begriffe verwendet. Wörter wie „Gnade," „Heiland," „Himmel," „Hölle," „Offenbarung" sind so stark mit christlichen Inhalten aufgeladen, daß sich Verbindungen zum Heilsgeschehen im Neuen Testament aufdrängen.

Jedoch widerspricht die Vorstellung eines göttlichen Gnadengeschehens der zentralen Idee des Stückes, daß der Mensch die Fähigkeit besitze, sich selbst zu erlösen. Daher weist Elise die Behauptung von Thomas: „Nun bist du Mutter eines Gottes geworden" mit Recht zurück und erwidert im Sinne Barlachs: „Es ist nur ein glückliches Kind, Thomas, unser Kind, unser Glück" (FI, S. 316). Während die Erlösung im christlichen Sinne als Gnadenakt Gottes zu verstehen ist, übernimmt im FI der Mensch die Rolle Gottes. Entsteht daher der fälschliche Eindruck, daß göttliche Intervention das Stück zum glücklichen Ende führt und nicht menschlicher Wille, dann ist es Barlach mißlungen, seine Idee adäquat zum Ausdruck zu bringen. Zweifellos ist der FI von Barlach geplant worden als eine Darstellung der unbegrenzten Fähigkeiten, die der Mensch besitzt, wenn er sich auf seine göttliche Abstammung besinnt, als eine Verherrlichung echten Menschentums also. Offenbar hat er damit gerechnet, daß die Verherrlichung umso eindrucksvoller wirken würde, desto armseliger, würdeloser und pervertierter er das alte Menschentum darstellte; doch ist ihm diese Darstellung so überzeugend gelungen, daß die Wandlung unglaubhaft und wunderbar wirken muß.

Trotz aller berechtigten Einwände stellt der Schluß des FI eine entscheidende Entwicklungsstufe in Barlachs Dramenwerk dar, denn hier unternimmt er zum ersten und letzten Mal den—wenn auch erfolglosen—Versuch, den in allen Stücken vorhandenen Dualismus völlig aufzuheben. Woran der Sohn tragisch scheiterte, was Iver und der junge Sedemund resignierend aufgeben und was lediglich Fräulein Isenbarn und Grude als individuellen Weg gangbar finden, das will Barlach im FI als allgemein gültige und mögliche Lösung darstellen. Er mußte an dieser Aufgabe scheitern, denn der Dualismus war viel zu tief in seinem Weltbild verankert, als daß er allen Ernstes an die Möglichkeit seiner Überwindung hätte glauben oder sie auch nur wünschen können. Die neue Welt, in der die Menschen ihr Leben auf Selbsterkenntnis und -annahme, Liebe, Hilfs- und Opferbereitschaft gründen und alles materialistisch-egoistische Streben ablegen, diese Welt ist eine großartige Utopie, von der Barlach geträumt haben mag, die er aber gerade wegen ihrer Harmonie als untauglich ablehnen muß. „Der Zukunftsstaat ist allright!" schreibt er im Dramenplan „Der Jüngste Tag," „Aber *Ich* sagt: *nieder* mit dem

Zukunftsstaat" (P II, S. 379), und er fügt apodiktisch hinzu: „Gott und Teufel dürfen sich nicht versöhnen" (P II, S. 380).

Nicht zuletzt um die hier beschriebenen gedanklichen Schwierigkeiten zu überspielen, ist Barlach mit seinem FI ins Formexperiment ausgewichen. Da er gedanklich nicht überzeugen kann, weil ihm selber die Überzeugung fehlt, versucht er zu überreden, und dabei gerät ihm die Sprache stellenweise aus der Kontrolle und macht sich selbständig. Es soll nicht bezweifelt werden, daß Barlach auch im FI mit dem Problem der Unsagbarkeit seiner geistigen Thematik kämpft. Das wird im Stück selber vom Beter mit beredten Worten bewiesen. Zum Reden aufgefordert, erwidert er: „Armer Freund, mußt du mich auch arm machen? Ich war drauf und dran, im Wohl zu ertrinken und nun rettest du mich in die gemeine Gewöhnlichkeit?...es geht nicht mit Worten zu...es fängt mit Stillschweigen an. Die Zunge ist dabei das allerüberflüssigste, und was am letzten gilt—es läßt sich nicht sagen, hinter der Zunge und hinter den Worten fängt es an" (FI, S. 314). Doch neben diesem Wissen um die Unzulänglichkeit der Sprache, das allen Stücken Barlachs eigen ist, wird ein anderes Phänomen deutlich. H. Kaiser hat es treffend und anschaulich als „Wortinflation"[24] bezeichnet. Diese Wortinflation entsteht vor allem durch Häufung von Synonymen und Wucherung von Bildern und Metaphern und drückt nach Kaiser ebenfalls Barlachs Gefühl von der Unzulänglichkeit der Sprache aus. Das mag in einigen Fällen zutreffen, doch übersieht Kaiser das Spielelement in Barlachs Sprache, das besonders im FI bedeutsam wird. Die Analyse einer kurzen Textstelle kann diese Eigenart der Barlachschen Sprache am besten erläutern.

Zu Anfang des FI schlägt der Mann seiner Frau vor, sich des Findlings zu entledigen: „Schab ab von dir deine Schäbigkeit, schmeiß hin den Schwamm deines Schadens, laß liegen das liebe Luder" (FI, S. 269). Die vom Sprachlichen her gesehene banale Aufforderung „Laß das Kind liegen!" wird durch zwei Metaphern aufgeschwellt. Beide Metaphern wirken äußerst gekünstelt und treffen am Kern der Aufforderung vorbei. Weder das Abschaben der Schäbigkeit noch das Wegwerfen eines Schwammes drücken den beabsichtigten Vorgang, nämlich die Trennung vom Findling, angemessen aus. Da die einzelnen Elemente der Beschreibung sich nicht zu einem anschaulichen Ganzen zusammenfügen lassen, muß der eigentliche Sachverhalt in der dritten Aufforderung „laß liegen das liebe

Luder" eindeutig geklärt werden. Wenn jedoch die ersten zwei Bilder den Vorgang nicht veranschaulichen können und eine abschließende Deutung notwendig erscheinen lassen, warum dann dieser Aufwand an Sprache? Ein Gewinn an Bildhaftigkeit oder Präzision könnte die Aufschwellung des banalen Vorgangs rechtfertigen, doch bleiben die Bilder merkwürdig verschwommen. Die für Barlach charakteristische Verbindung von konkreten und abstrakten Elementen führen zu einem eigentümlichen Schwebezustand zwischen Idee und Bild. Das anschauliche „Schaben" verliert durch die Verbindung mit dem wurzelverwandten, abstrakten Substantiv „Schäbigkeit" an bildlicher Aussagekraft, und auf ähnliche Weise verflüchtigt sich die Anschaulichkeit aus der Verbindung „Schwamm des Schadens". Beide Abstrakta, die Schäbigkeit sowohl wie der Schwamm des Schadens, sollen den Findling beschreiben, doch wirken sie so gesucht und unklar, daß erst das klärende „Luder" die Verbindung herstellt. „Schäbigkeit" hat eine gewisse Berechtigung, da es einen semantischen Bezug zu der vorher erwähnten Krätze hat, obwohl bezweifelt werden muß, daß solche Zusammenhänge für den Leser oder gar den Zuschauer durchsichtig sind. Auch „Schwamm des Schadens" ist sprachlich unklar, denn die Frage, warum das Kind Schaden aufsaugt, wie ein Schwamm Wasser aufsaugt, wird im Text nicht beantwortet. Der Schaden bezieht sich offenbar auf die Eltern, doch bedürfte dieser Sachverhalt einer sprachlichen Klärung. Gänzlich mißlungen ist schließlich die Verbindung des Adjektivs „lieb" mit dem Substantiv „Luder," wenn man bedenkt, daß ein Vater dazu auffordert, sein eigenes Kind auf den Misthaufen zu werfen. Die Wahl des Adjektivs „lieb"— wie auch die Wahl der vorher besprochenen Wörter—basiert nicht auf semantischen Prinzipien, sondern auf solchen des Klanges und Reims. Das vorhergehende „liegen" verlangt nach dem alliterierenden, assonanten „lieb", ob es semantisch paßt oder nicht. Das Klangprinzip, das sich hier enthüllt, ist grundlegend nicht nur für das Zitat, sondern auch für den gesamten FI, denn Passagen wie die analysierte beherrschen den Text. Nicht um etwas Unsagbares „wenigstens quantitativ auszudrücken"[25] oder um „ungeheure Bildhaftigkeit" zu erlangen, werden die Worte ausgewählt und zusammengefügt, sondern um Klangprinzipien wie Alliteration, Assonanz, Binnenreim und Wortspiel zu erfüllen. Durch diesen Prozeß wird die semantische Konzentration auf das Geschehen gelockert und die Sprache gewinnt an Selbständigkeit.[26] Sie erhält trotz der

Schwerfälligkeit, die ihr auf Grund des vertrackten Satzbaus und des Überreichtums an Substantiven anhaftet, etwas Verspieltes, teils sogar Manieriertes, das in extremen Fällen zur Wortklingelei oder zum Wortrausch ausartet. Ein typisches Beispiel dafür ist Thomas' Versuch, das neue Menschentum zu beschreiben:

> Geborsten und neugeboren wie die Pracht der Prinzessin werden wir sein,
> Verworfen und neu erkoren,
> Gestorben und neugestaltet,
> Verwest und frisch gewaltet,
> Veraltet, erkaltet und wieder entfaltet werden wir sein,
> Verlöscht und entfacht,
> Vergessen und neu gedacht,
> Gekrümmt und wieder gegradet,
> Verstoßen und begnadet (FI, S. 300).

Der erste Satz liefert die Aussage, und alles Folgende ist eine klingende, reimende, assonierende und alliterierende Variation, in die Barlach aus klanglichen Gründen sogar Wortneuschöpfungen einführt. Während das Partizip Perfekt „gegradet" einen Sinn ahnen läßt, da es von einem fiktiven Verb „graden" (=gerade machen) stammen könnte, bleibt die Form „gewaltet" ohne Bedeutung, da sie semantisch nicht vom Verb „walten" stammen kann. Hier läßt sich in der Tat Helmut Krapps Aphorismus zitieren, daß Barlachs „Sprachgewalt" zugleich auch „Gewalt an der Sprache" sei.[27]

Wie die Klangprinzipien strukturell die Dialogebene beeinflussen, so funktioniert die Leitmotivtechnik für das gesamte Stück. Die eingehende Beschreibung des Findlings z.B. taucht im Stück fünfmal mit fast identischem Wortlaut auf. Die Sätze „Fort mit dem Wort vom Menschenfraß" und „Halt fest das Wort vom Heilandskind" erscheinen in regelmäßigen Abständen durch das gesamte Drama hindurch, und Formeln wie „Wurm im Wanst," Begriffe wie „alte Zeit," „neue Zeit," „Himmelspforte" und „Kasperseele" kehren leitmotivisch an wichtigen Stellen des FI wieder. Es sind eher diese aus dem musikalischen Bereich stammenden Leitmotive, die dem Drama seine eigentliche Struktur geben, als die recht willkürlich vorgenommene Einteilung in Vorspiel, Mittelstück und

Schluß-Spiel. Aus diesem Grunde bezeichnet Paulsen den FI nicht zu Unrecht als ein musikalisches Stück in drei Sätzen.[28]

Man hat Barlachs Stil barock genannt,[29] man hat ihn mit dem Jugendstil in Verbindung gebracht[30] und hat ihn als expressionistisch bezeichnet.[31] Bei allen diesen Zuordnungen hat man jedoch das Gleiche im Sinn gehabt: einen ornamentalen Stil, der, um gewisse Ausdrucksqualitäten und ästhetische Wirkungen zu erzielen, mit der Sprache, vor allem mit dem Wort, experimentiert und sich dabei sogar von semantischen Fixierungen lösen kann. Im FI hat Barlach sich zugunsten sprachlicher Wirkungen stellenweise zu weit vorgewagt und auf diese Weise die Sprache ihres Sinnes entleert. Ob er es getan hat, um sein gedankliches Dilemma sprachlich zu überspielen, läßt sich nicht mit Bestimmtheit sagen, fest steht jedoch, daß der FI im Gedanklichen wie im Sprachlichen eine Wende in Barlachs Dramenschaffen darstellt. Der Versuch, einen allgemein gültigen Ausgleich für eine dualistische Welt zu finden, wird in den nachfolgenden Stücken aufgegeben zugunsten einer Suche nach individuellen Lösungen, und die Sprache wird im Dienst dieser Suche buchstäblich wieder prosaisch, d.h. sie wird von der Dominanz durch formale Elemente wie Alliteration, Reim und Rhythmus weitgehend befreit.

Fußnoten *Der Findling*

1. Barlachs besondere Wertschätzung des FI wurde wahrscheinlich auch von seinen katastrophalen Erfahrungen mit dem Nationalsozialismus bestimmt. Schon am 9. Mai 1933 bezeichnet er den FI offensichtlich mit Bezug auf die politische Lage und die von ihm so ausführlich geschilderte alte Zeit „als ausbündig aktuell" (B II, S. 375).

2. Z.B. Graucob, *Ernst Barlachs Dramen*, S. 68 und Chick, *Ernst Barlach*, S. 59.

3. Andere ähnlich wichtige Wortfamilien aus dem Essens- und Verdauungs-

bereich mit ähnlich hoher Frequenz sind: „Hunger" (17), „Bauch" (17), „Magen" (12), „Wanst" (13), „Leib" (23) und „Kot" (11).

4. „The Ironic Rebel in the Early Dramatic Works of Ernst Barlach," S. 159.

5. *Ernst Barlachs Dramen*, S. 72.

6. *Der verborgene Gott*, S. 78.

7. „The Ironic Rebel in the Early Dramatic Works of Ernst Barlach," S. 124.

8. „Zur Dramaturgie Ernst Barlachs" (Diss. Heidelberg, 1960), S. 106.

9. Der rote Kaiser ißt kein Fleisch, sondern Brot und kann daher nicht zur Kategorie der Menschenfresser gezählt werden.

10. So interpretiert z.B. Snyder, „Symbol, Allegory and Myth in Ernst Barlach's Dramas," S. 173.

11. Graucob, *Ernst Barlachs Dramen*, S. 72.

12. Snyder, „Symbol, Allegory and Myth in Ernst Barlach's Dramas," S. 163.

13. Gerhard Lietz, „Das Symbolische in der Dichtungs Barlachs" (Diss. Marburg, 1934), S. 37.

14. Fleischhauer, „Barlach auf der Bühne," S. 48.

15. H. Wyneken, „Der Findling," *Die Literatur*, 30.Jg. (1928), S. 536.

16. H. Meier, *Der verborgene Gott*, S. 84.

17. Synn, „The Ironic Rebel in the Early Dramatic Works of Ernst Barlach," S. 126.

18. Fleischhauer, „Barlach auf der Bühne," S. 47. Eine andere Variante mit der gleichen Begründung gibt Synn, wenn er behauptet, daß der Steinklopfer die Rolle Gottes annimmt und sich selbst in der Person des roten Kaisers tötet. Der rote Kaiser repräsentiert für Synn den schuldigen Gott der Vergangenheit und die

Ursache des menschlichen Leidens.   „The Ironic Rebel in the Early Dramatic
Works of Ernst Barlach," S. 124.

19. Die Hervorhebung stammt vom Verfasser.

20. Eins der häufig zitierten Beispiele findet sich in dem Brief an den Vetter Karl
vom 19. April 1925: „...ich für mein Teil komme von der Vorstellung nicht los,
daß wir hier in der Hölle sitzen oder im Zuchthaus" (B II, S. 21).

21. Auf die Ironie dieses Konzepts hat Snyder hingewiesen: „It is an ironic
paradox that society is ready for transformation precisely because of its debased
spiritual condition.   One might say that in the previous plays decay had not
advanced far enough to prepare society to accept transformation."   „Symbol,
Allegory and Myth in Ernst Barlach's Dramas," S. 174.

22. Es handelt sich um eine Prinzessin, und die beabsichtigte Symbolik ist
offensichtlich: Die Lage des Menschen gleicht derjenigen der Puppe, vergessen,
schmutzig, besudelt, aber doch von königlichem Blut.

23. So interpretieren z.B. Alex Page in seinem Vortrag „Das Vater-Sohn-
Verhältnis in Ernst Barlachs Dramen" (Hamburg: Druck der Ernst Barlach
Gesellschaft, 1965), S. 8; Helmut Dohle, *Das Problem Barlach* (Köln: Verlag
Christoph Czwiklitzer, 1957), S. 59 f. und O. Mann, „Ernst Barlach," S. 305.

24. *Der Dramatiker Ernst Barlach*, S. 191.

25. H. Kaiser, *Der Dramatiker Ernst Barlach*, S. 191.

26. Diese Verselbständigung der Sprache verursacht ebenfalls eine Loslösung
des Gesprochenen vom Sprecher.   Daher kann jede Person des Stückes
entscheidende Einsichten und Kommentare zum Verständnis des Geschehens
beitragen.

27. „Der allegorische Dialog", *Akzente*, I (1954), S. 217.

28. „Zur Struktur von Barlachs Dramen" in: *Aspekte des Expressionismus.
Periodisierung. Stil. Gedankenwelt. Die Vorträge des Ersten Kollogquiums in
Amherst*, hrsg. von Wolfgang Paulsen, (Heidelberg: Lothar Stiehm Verlag, 1968),

S. 123. An dieser Stelle läßt sich auch die Benennung einiger Personen des FI entsprechend ihrer Stimmlagen als Baß, Tenor und Diskant anführen.

29. Fechter, *Ernst Barlach*, S. 95 und Graucob, *Ernst Barlachs Dramen*, S. 75 ff.

30. Paulsen, „Zur Struktur von Barlachs Dramen," S. 120 und Graucob, ibid., S. 77.

31. O. Mann, „Ernst Barlach," S. 309.

Die Sündflut

Bereits ein Jahr nach dem Erscheinen des FI entstand im Frühjahr 1923 das Drama in fünf Teilen *Die Sündflut*, Barlachs erfolgreichstes Bühnenstück, für das er 1924 mit dem Kleist Preis ausgezeichnet wurde. Ausgehend von der biblischen Beschreibung der Sündflut im ersten Buch Mose erörtert der Künstler verschiedene Gottesvorstellungen und bringt die Gestalten, die diese Konzepte personifizieren, untereinander in Konflikt. Dabei wird die Diskussion der Gottesauffassungen so wichtig, daß sich der Dialog häufig „in ein theologisches Streitgespräch"[1] verwandelt.

Da das Hauptanliegen der SÜ—verschiedene Standorte des Menschen in Bezug zum Göttlichen darzustellen—nur begrenzte Bedeutung für die Thematik vom neuen Menschen hat, sollen hier lediglich solche Aspekte untersucht werden, in denen sich die beiden Themenkreise überschneiden.[2] Auf diese Weise kann die Entwicklung des Konzepts vom neuen Menschen in Barlachs Dramenwerk lückenlos aufgezeigt werden, ohne daß eine Gesamtinterpretation des Stückes notwendig wird. Ein solch eklektisches Vorgehen ist auch deswegen gerechtfertigt, weil über die SÜ eine Reihe eingehender Einzeluntersuchungen vorliegen.[3] Darüberhinaus ist die SÜ unter allen Stücken Barlachs das eindeutigste: Es zeigt eine klare, übersichtliche Gliederung, die Sprache büßt zum erstenmal über weite Strecken ihre Doppelbödigkeit ein; und eng verbunden damit verliert auch der Gehalt an Ambivalenz und Dunkelheit, denn das eigentlich Gemeinte, das in den frühen Dramen meistens in den Oberflächenvorgängen verborgen und nur an einigen Stellen durch Kommentare erhellt wurde, wird in der SÜ mit Hilfe einer durchgehenden Kommentarfolge unmittelbar ausgesprochen und diskutiert.

Barlach verfaßte die SÜ nach seiner eigenen Aussage, um „nachzuweisen, daß die alte Fabel [der biblische Bericht von der Sündflut] schlechterdings absurd ist."[4] Die Hauptlast für diesen Beweis bürdet er Calan auf, dem in Abweichung vom biblischen Text erfundenen Widersacher Noahs. Calan wird dargestellt als starker, stolzer, großzügiger und unabhängiger Mensch, der es ablehnt, sich als Diener oder Knecht einem Gott zu unterwerfen. Als Geschöpf Gottes sieht er sich mit göttlichen Attributen versehen und will dem Schöpfer gleichen, „frei wie er—Herr wie er—gerecht und gut wie er—groß und mächtig aus der Gewalt der Herrlichkeit entsprossen" (SÜ, S. 324). Entsprechend diesen Vorstellungen maßt er sich gottgleiche Rechte an und scheut weder vor der grausamen Verstümmelung des Hirten noch vor der durch Erbarmen und Mitleid motivierten Tötung seines Knechtes Chus zurück. In seiner lachenden, selbstbewußten Stärke, die sich selber ihre Gesetze schafft und das Böse ebenso bejaht wie das Gute, in seiner Geringschätzung des Materiellen einschließlich des Lebens, in seiner Bereitwilligkeit zum Leiden wie zur Macht und in den wagemutigen Versuchen, die Grenzen seines Seins zu erforschen und zu überschreiten ähnelt er dem von Nietzsche geforderten Übermenschen.[5]

Trotz der offensichtlichen Parallelen wäre es jedoch falsch, Barlachs Konzept des neuen Menschen von der Philosophie Nietzsches abzuleiten, denn die fundamentalen Unterschiede lassen sich nicht übersehen. Während Nietzsches Zarathustra von Grund auf anti-metaphysisch eingestellt ist, da für ihn der Tod Gottes eine unwiderlegbare Tatsache ist, befindet sich Calan auf der Suche nach Gott. Für ihn gibt es keinen Zweifel an der göttlichen Abkunft des Menschen, für ihn gibt es nur Zweifel an den konventionellen Gottesvorstellungen. Gerade die Intensität seines Suchens und Versuchens stempelt ihn zum religiösen Menschen, und daher stirbt er schließlich auch mit Gott vereint.[6]

Wichtiger als die gegensätzliche Einstellung zum Religiösen ist die unterschiedliche Haltung zum Konzept dessen, was Barlach im folgenden Drama *Der blaue Boll* (BB) „das Werden" nennt. Während es Nietzsche vor allem um das Endprodukt, nämlich den Übermenschen geht, betont Barlach den Entwicklungsprozeß. Zwar schreibt auch Nietzsche seinem Übermenschen Verwandlungen vor, doch handelt es sich um eine klar definierte Entwicklung, die mit Gewißheit durch die symbolisch zu verstehenden Kamel-, Löwen- und Kinderstadien zum Ziel, dem Übermenschen, führt. Barlachs Werden dagegen ermangelt präziser Beschreibungen, und obwohl es offenbar eine Richtung hat, läßt sich sein Ziel nicht eindeutig fassen. In dem Roman *Der gestohlene Mond* hat

Barlach versucht, diesen eigentümlichen Vorgang des Werdens ohne Ziel zu beschreiben, indem er Wau und Wahl über das Denken diskutieren läßt:

„Wenn du also zünftig denkst," meinte nun Wahl, „wohin geht der Weg, wo denkst du, wenn auch in bescheidener Gangart, einmal anzukommen?"—„Wie soll ich das im Voraus wissen," erwiderte Wau, „das wird sich erweisen, wenn ich am Ziel bin—." —„Wenn du aber kein Ziel hast, Wau, wozu setzt du dich in Gang, wenn auch mit kleinen Schritten—hm, oder versteh ich dich nicht richtig?" Worauf Wau ihm nachwies, daß er ihn wirklich nicht verstehe, denn das Ziel benennen, beschreiben, klärlich aufweisen, hieße ja, es schon besitzen, was nun Wahl nicht gelten ließ, und es sei ebenso absurd, Schritt für Schritt von irgendwoher irgendwohin loszutrotteln, ohne einen Punkt dabei im Auge zu haben, wie aufs Geratewohl die Gedankenbüchse loszubrennen und sich zufriedenzugeben mit dem Gedanken, daß die Kugel ja irgendwo einschlüge, womit ja nichts zu gewinnen sei (P II, S. 456 f.).

Die Haltung Waus bezeichnet Barlach als „Gläubigkeit" und verbindet sie ebenfalls mit dem Begriff des Werdens:

'Gläubigkeit,' sagte sich Wau, 'hat nichts mit Glauben zu tun, sondern ist das Wissen selbst, insofern es wortlos und der Gnade des Ungeschorenbleibens von Denkmathematik teilhaftig geworden ist. Dank dieser Gnade und im Besitz dieses erhabenen wortlosen Wissens bin ich allwissend oder doch nirgends einer Grenzsetzung und Einhürdung bewußt wie ein Fisch im Teiche, der wohl einmal mit der Nase ans Ufer stößt, aber immer erfahren darf, daß es nach hinten und allen Seiten weitergeht im scheinbar Unermeßlichen, der das Kehren, Wenden und Kreisen betreibt und lebt, wie sich der Fisch sein Leben im schrankenfreien Überall vorstellt' (P II, S. 456).

Werden bedeutet also Suche und Aufbruch ins Ungewisse ohne Kenntnis des Ziels. Obwohl das Ziel unbekannt und unerreichbar bleibt, ahnen Barlachs Menschen doch eine Richtung im Werden. Getragen von einem instinktiven

Vertrauen darauf, daß es einen Sinn in der Welt gibt, streben sie über ihre eigenen Grenzen hinaus auf das Unbekannte und Neue zu, das sich allerdings nicht in Worte fassen läßt. Das Werden steht daher bei Barlach immer im Zusammenhang mit dem Religiösen oder, wie es im *Gestohlenen Mond* heißt, mit der Gläubigkeit und hat immer auch sprachlich-formale Auswirkungen, da es automatisch mit dem Problem der Wort- und Sprachlosigkeit gekoppelt ist. Die Gläubigkeit verhütet, daß das Barlachsche Werden zu einer sinnentleerten Dauerbewegung um seiner selbst willen entartet. Das Probelm der Wortlosigkeit ergibt sich notwendigerweise aus der Unkenntnis des Zieles und der Beschaffenheit der Gläubigkeit. Es taucht als *topos* im Text auf (z.B. SÜ, S. 370 und S. 383); es prägt den Barlachschen Sprachstil, der sich gleichsam auf der Suche nach Worten zu befinden scheint, wühlend, wägend, verwerfend und wieder neu ansetzend, häufig ohne Rücksicht auf Grammatik, Satzbau und klare Gedankenführung; und schließlich beeinflußt es auch die Struktur der Dramen, in denen weder die Dialoge noch die Handlungen der Personen das Eigentliche auszusagen vermögen und die daher durch undramatische Kommentare, Analysen und Erklärungen vom Autor ergänzt werden müssen.

Dieses Konzept des Werdens steht im Zentrum von Barlachs Schaffen und wird auch in den Stücken vor der SÜ behandelt, doch gewinnt es erst in den späten Dramen eine dominierende Rolle. Im TT weist Steißbart im Schlußkommentar darauf hin, daß ein Weg kein Ziel brauche, ohne daß sich diese Lehre jedoch aus dem Stück selbst ziehen läßt. Im AV behauptet Iver, daß alle Wege recht seien, wenn man nur zugehe, versucht jedoch gegen sein besseres Wissen, die übrigen Personen mit missionarischem Eifer von der Richtigkeit seines Weges zu überzeugen. In den ES bemühen sich der junge Sedemund und Grude auf ähnlich erfolglose Weise wie Iver, die Gesellschaft ins Werden zu bringen; im FI soll schließlich die gesamte Menschheit ins Werden gebracht werden, doch konzentriert sich die Darstellung so intensiv auf die Beschreibung des Zustandes vor dem eigentlichen Werdeprozeß, daß die beabsichtigte Wirkung verloren geht. In der SÜ wird das Werden vor allem durch Calan und seine Gottesauffassung verkörpert und der statischen Idee Noahs vom ewig unwandelbaren Gott gegenübergestellt. Im Gegensatz zu Noah, der in seiner selbstgerechten Frömmigkeit beharrt, durchläuft Calan eine Entwicklung. Das zeigt sich besonders deutlich in seinem Verhalten

Chus und dem Hirten gegenüber. Während er Chus zunächst als Knecht behandelt, über den er nach Gutdünken verfügen kann, wandelt er sich am Ende zum barmherzigen Vater und gibt auf diese Weise ein Beispiel für das rechte Verhältnis zwischen Gott und Mensch. Es soll nicht auf bedingungslosen, knechtischen Gehorsam und auf Furcht vor Strafe gegründet sein, wie zwischen Noah und Gott, sondern auf Freiwilligkeit, auf Freundschaft, Liebe und Erbarmen (SÜ, S. 324) wie zwischen Chus und Calan. So wie der stolze und unnahbare Calan in der Stunde der größten Not für Chus zum barmherzigen Vater und Erlöser wird, so erfährt Calan später seinen Gott als eine herrliche, positive Macht, während Noah nur einen rächenden, gerechten Gott erlebt, dessen Gewalt er nicht ertragen kann (SÜ, S. 382).

Deutlicher noch als im Verhältnis zu Chus zeigt sich Calans Wandel im Verhalten zum Hirten. Während er zunächst völlig gefühllos dem Hirten die Hände abschlagen läßt, erkennt er am Schluß seine grausame Haltung und nimmt seine Strafe freiwillig an. „Ich schmecke, was durch mich geschah, mir geschieht recht" (SÜ, S. 381), gesteht er kurz vor seinem Tode. Doch bedarf es nicht erst der logisch zugespitzten Gegenüberstellung, in der Calans Tat auf ihn selbst zurückfällt, da der händelose Hirte ihn nicht von seinen Fesseln befreien kann; Calan zeigt bereits vor dieser letzten Begegnung seine Verantwortlichkeit für den Hirten, denn es ist gerade die Sorge um den Hirten, die zu seiner Fesselung und zu seinem als gerecht akzeptierten Verderben führt.

Erstaunlich ist die Abwesenheit von Rachegedanken beim Hirten gegen seinen Quäler Calan und bei Calan gegen Noah und seinen Gott. Sowohl der Hirte als auch Calan verzichten auf Rache und Fluch und kontrastieren eindrucksvoll mit Noahs Gott der Rache und Vernichtung. Während Gott die Menschen verflucht, weigert sich der vom Unglück verfolgte, unschuldige Hirt zu fluchen, denn „Fluchen kommt aus Blindheit" (SÜ, S. 370), und während Gott in seinem Grimm die Menschen zum Untergang verdammt, liegt Calan als Opfer dieses Grimmes im Schlamm und erbarmt sich seines Zerstörers (SÜ, S. 381). Wie dieses Ende zeigt, ist es Barlach gelungen, die äußere Entwicklung einer inneren entgegenzusetzen. Der allmächtige Calan des Anfangs, der es wagt, sich Noah als Gott anzubieten und der selbst vor Menschenopfern nicht zurückschreckt, liegt am Schluß hilflos und auf grausame Weise verstümmelt winselnd im Schlamm und triumphiert dennoch über Noah und seinen Gott, da er innerlich gewachsen und gewandelt ist. Durch den Verlust seiner Augen ist er sehend geworden und hat seine hybride Verblendung verloren. Er verkündet im Angesicht seines Todes den wahren, den schaffenden Gott:

> Ach, Noah, wie schön ist es, daß Gott keine Gestalt hat und keine Worte machen kann—Worte, die vom Fleisch kommen—nur Glut ist Gott, ein glimmendes Fünkchen, und alles entstürzt ihm, und alles kehrt in den Abgrund seiner Glut zurück. Er schafft und wird vom Geschaffenen neugeschaffen....Auch ich, auch ich fahre dahin, woraus ich hervorgestürzt, auch an mir wächst Gott und wandelt sich weiter mit mir zu Neuem—wie schön ist es, Noah, daß auch ich keine Gestalt mehr bin und nur noch Glut und Abgrund in Gott—schon sinke ich ihm zu—Er ist ich geworden und ich Er—Er mit meiner Niedrigkeit, ich mit seiner Herrlichkeit—ein einziges Eins (SÜ, S. 383).

Im Gegensatz zu Calans Werdegang steht derjenige Gottes. Trotz der Verehrung durch die Engel erscheint er als ohnmächtiger, reumütiger und hilflos über seine mißlungene Schöpfung hadernder Alter, der die angenommene Bettlerrolle und die Verhöhnung durch den Aussätzigen und Calan durchaus verdient hat. Erst am Ausmaß der Katastrophe, die er über die Welt verhängt, zeigt er sich als mächtiger und gewaltiger Herr, der in seiner furchtbaren Rache Calan an Macht und Grausamkeit bei weitem überragt. Doch gerade in diesem gewaltigen Aufwand zur Vernichtung der eigenen Schöpfung wird die Ohnmacht Gottes deutlich. Die Sündflut bedeutet das Eingeständnis des Scheiterns und der Unvollkommenheit. Im Unterschied zu Calan, der die Verantwortung für seine Fehler auf sich nimmt, lehnt Gott die Verantwortung für seine eigene Schöpfung und ihre Folgen ab und entledigt sich ihrer auf grausame und verantwortungslose Weise. Um die Sinnlosigkeit dieser Zerstörung noch stärker hervorzuheben, stellt Barlach die Sündflut so dar, daß sie von vornherein als gescheitert angesehen werden muß. Noah und seine Sippe sind keinesfalls die Menschen, deren Überleben Gott wünschen muß, und Gott selber weiß darum. „Ich fürchte, ich werde wenig Freude an dir und deinen Kindern finden" (SÜ, S. 361), ruft er dem davoneilenden Noah nach. Gemessen am Verhalten der Familie Noahs sind seine

Befürchtungen nur allzu berechtigt. Darüberhinaus gelangt durch Zebid auch ein heidnisches Element in die ohnehin von Zwietracht, Neid, Triebhaftigkeit und Gewinnsucht gekennzeichnete Familie Noahs. Der wohl glänzendste Einfall Barlachs in diesem Zusammenhang ist jedoch der beiläufige Hinweis Calans, daß Awah mit einem Kind von ihm schwanger sei (SÜ, S. 341). Auf diese Weise ist das Überleben auch jener Elemente abgesichert, um deren Ausmerzung willen die Sündflut in Bewegung gesetzt wird.

Es kann daher kein Zweifel bestehen, daß am Schluß Noahs Gott, obwohl äußerlich durch die Schrecken der Flut triumphierend, als Verlierer und Calan, obwohl physisch im Schlamm verendend, als Sieger angesehen werden muß.[7] Der „Gott, von dem es heißt, die Welt ist winziger als Nichts, und Gott ist Alles" (SÜ, S. 383) unterliegt, da sein Konzept keinen Raum für Freiheit und Wandlung zuläßt, und an seine Stelle tritt die Vision eines werdenden Gottes, der in allem ist und an dem alles teilhat. Noahs Konzept vom ewig unwandelbaren Gott verfehlt die Wirklichkeit, da es keinen Platz für das zum Werden unerläßliche Prinzip des Bösen finden kann und es daher konsequent leugnen und vernichten muß, während Calan es in seine Definition vom werdenden Gott als notwendigen Bestandteil einbezieht. Noah sieht die Welt als das Ergebnis eines einmaligen Schöpfungsaktes. Da dieser Akt von einem vollkommenen Schöpfer durchgeführt wurde, kann das Ergebnis von Noah nur als vollkommen gedacht werden und bedarf daher keines Wandels mehr. Veränderung jeglicher Art muß als Widerspruch zur Schöpfung empfunden und daher als böse abgelehnt werden. Nur aus dieser statischen und rückwärts gerichteten Perspektive läßt sich Noahs erschreckende Passivität und seine hilflose Hinnahme von Ungerechtigkeiten und Grausamkeiten erklären. Um sich die als vollkommen vorgestellte Welt weiterhin als vollkommen zu erhalten, schließt Noah die Augen vor den offensichtlichen Unvollkommenheiten. Calan dagegen sieht die Welt nicht als vollkommen an und fühlt sich zu aktiver Beteiligung aufgerufen. Er sieht das Unvollkommene und Böse und begibt sich daher auf die Suche nach dem Vollkommenen. Die Suche läßt ihn zwar schuldig werden, aber nur durch die Schuld findet er Erlösung und Gott, während Noah in penetranter Selbstgerechtigkeit wie sein Gott unwandelbar bleibt.

Es ist nicht das Böse, das in der SÜ verurteilt wird, sondern das Starre, das selbstzufriedene Behagen im Althergebrachten, die Unfähigkeit zur Wandlung. Das Böse ist für den dialektisch angelegten Werdeprozeß unerläßlich, denn ohne das Böse ist das Gute unmöglich, und ohne das Böse gibt es kein Streben und Verlangen. Nur so können Gott und Teufel, wie es bereits in der Dramenskizze „Der Jüngste Tag" gefordert (P I, S. 380) und wie es im BB dramatisch verwirklicht wird, als eins angesehen werden. Der entscheidende Gegensatz zwischen Calan und Noah ist daher nicht ein Gegensatz zwischen gut und böse, wie die langen Passagen der SÜ über die Herkunft des Bösen nahelegen, sondern vielmehr der Gegensatz zwischen der Fähigkeit zur Wandlung und dem Verharren im Alten. Nicht das anmaßende Streben und das selbst vor dem Verbrecherischen nicht zurückschreckende Suchen Calans wird verurteilt, sondern das behäbige Genügen Noahs am Bestehenden; oder allgemeiner gefaßt: das Prinzip des Werdens erhält das Primat über die „Umgrenztheit eines bestimmten religiösen, philosophischen oder allgemein weltanschaulichen Daseins" (B II, S. 326). Die Bereitschaft zum Werden wird zum Maßstab des Menschen und damit zur unabdingbaren Voraussetzung für den neuen Menschen. Wesentliches Sein bedeutet Offenheit gegenüber der Zukunft und dem Neuen; es bedeutet Aufbruch ins Unbekannte und Streben und weist deutliche Parallelen zu Goethes Konzept vom strebenden Menschen auf.

Mit dieser Betonung des Werdens knüpft Barlach an die ersten Dramen an, in denen er die Wegsuche, wie das Werden in den frühen Stücken bezeichnet wird, als Ziel empfiehlt. In der SÜ wird diese Thematik jedoch weiterentwickelt, denn hier erreicht der ins Ungewisse Suchende paradoxerweise zum ersten Mal sein Ziel in der Vereinigung mit Gott, selbst wenn diese Vereinigung nur als Anfang neuen Werdens verstanden wird, während dem Sohn im TT eine Antwort der Götter verweigert wird. Auch Ivers Haltung im AV, dessen Suchen über sich hinaus auf Ekel vor dem Dasein begründet ist, erhält eine positive Wendung in der SÜ, denn Calan ist im Gegensatz zu ihm durch seine „diesseitsgläubige" Verehrung des Irdischen gekennzeichnet.[8] Während Ivers Werden aus der Negierung des Daseins herrührt, versucht Calan aus dem Gefühl der eigenen Kraft heraus und aus der Übereinstimmung mit dem Dasein seine menschlichen Begrenzungen zu sprengen. Er scheidet nicht wie Iver freiwillig aus dem Leben, um eine höhere Seinsform zu erringen, sondern für ihn ist bereits das irdische Dasein eine Stufe dieses höheren Seins, das durch den Tod auf unbeschreibliche Weise erweitert wird. Daher erscheint Calan am Ende als der Erlöste, während Noah zum Überleben verdammt ist.

Obwohl Calan sich nicht wie der Sohn und Iver selbst das Leben nimmt, legt sein Tod doch den Schluß nahe, daß sich ein echtes, neues Menschentum auf dieser Erde nicht verwirklichen läßt. Damit hätte Barlach die Lösungen, die er durch Fräulein Isenbarn und Grude angedeutet hat und im FI als allgemeine Welterlösung gestalten wollte, wieder zurückgenommen. Eine solche Folgerung übersieht jedoch, daß Calan in der Tat bereits als Prototyp des neuen Menschen in der SÜ lebt, sie übersieht auch den Triumph, den Calan im Tode erlebt, und sie läßt schließlich außer acht, daß das Überleben von Calans Haltung durch die schwangere Awah gesichert ist. Calans physisches Ende dient vor allem dem dramatischen Ziel, die Sündflut als absurdes Ereignis zu demaskieren, es dient zugleich aber auch dem Zweck, das unmoralische Verhalten Calans gegenüber dem Hirten zu sühnen. Dieser zweite Aspekt wird vor allem durch die freiwillige Annahme des Todes betont.

Die Bedeutung des Todes und die Rolle der Verantwortung für das Werden, diese beiden für das Konzept vom neuen Menschen wichtigen Themen, sind in der SÜ durch die Konzentration auf die Gottesvorstellungen teilweise überlagert. Daher nimmt Barlach sie in seinem nächsten Drama, *Der blaue Boll*, wieder auf und versucht, dem Konzept vom neuen Menschen dadurch klarere Umrisse zu verleihen.

Fußnoten *Die Sündflut*

1. Braak, „Zur Dramaturgie Ernst Barlachs," S. 84 f.

2. Letzten Endes bedeuten die unterschiedlichen Gottesvorstellungen für Barlach nur eine Möglichkeit, die Seinsposition des Menschen selbst zu bestimmen. In einer brieflichen Anweisung zur Aufführung der SÜ schreibt Barlach, „daß nämlich

die Menschen ihre Götter—Gott—nach sich selbst bilden. Gott, ideeller Wert, allerhöchstes Ich und so..." (B I, S. 724).

3. H. Wagner, „Barlach. Die Sündflut," S. 341–359; Klaus Ziegler, „Das Drama des Expressionismus," *DU*, V, H. 5 (1953) S. 60–63; Chick, „Diction in Barlach's *Sündflut*," *Germanic Review*, XXXIII (1958) S. 243–250; und Graucob, *Ernst Barlachs Dramen*, S. 79–96.

4. Ernst Barlach, *Barlach im Gespräch*, aufgezeichnet von Friedrich Schult, S. 17.

5. Auf die Parallelen zwischen der Darstellung Calans und Nietzsches Konzept vom Übermenschen weisen mehrere Interpreten hin: Fechter, *Ernst Barlach*, S. 95; Graucob, *Ernst Barlachs Dramen*, S. 80; Edward F. Hauk, „Ernst Barlach and the Search for God," *The Germanic Review*, II (1927), S. 166; O. Mann, „Ernst Barlach," S. 305; H. Meier, *Der verborgene Gott*, S. 104 und Christa M. Dixon, „Ernst Barlach: *Die Sündflut* und Günther Grass: *Hochwasser*. Ein Beitrag zum Vergleich," GQ, XLIV (1971), S. 362. In diesen Zusammenhang gehört auch das bereits erwähnte Gedächtniszitat Barlachs aus dem *Zarathustra*: „'Wenn es einen Gott gäbe, wer könnte es ertragen, keiner zu sein!' so ähnlich spricht einmal Nietzsche" (B I, S. 540). Obwohl mit Bezug auf den AV geschrieben, liefert das Zitat auch einen Schlüssel zum Verständnis Calans in der SÜ.

6. Calans physischer Untergang ist als notwendige Sühne für seine Schuld an der Verstümmelung des Hirten zu verstehen und bedeutet zugleich auch eine Ablehnung von Nietzsches Übermenschen-Konzept, da Calan sich keineswegs jenseits von gut und böse stellt. Das beweist vor allem die Einsicht, daß sein Untergang gerecht sei. Durch die freiwillige Annahme seines Schicksals aus den ungerechten Händen Noahs sühnt er seine Schuld an der grausamen Mißhandlung des Hirten.

7. Barlach hat auch in seinen Briefen auf die Überlegenheit Calans über Noah hingewiesen: „Aus vielen Besprechungen anderer Ausführungen sehe ich," schreibt er mit Bezug auf die SÜ an seinen Bruder Hans, „daß es nicht leicht ist, zu erkennen, daß ein leibliches und äußeres Untergehen ein inneres Triumphieren sein kann und daß der Gesegnete und Gerettete nicht der Größte zu sein braucht." (B II, S. 15); ähnlich äußert sich Barlach auch B II, S. 204 f.).

8. Ziegler, „Das Drama des Expressionismus," S. 63.

Der blaue Boll

Im November 1924, also kurz nach der Verleihung des Kleist-Preises und nur zwei Monate nach der Uraufführung der SÜ in Stuttgart, erwähnt Barlach in einem Brief an seinen Bruder Hans, daß er sich mit einem neuen Drama beschäftigt (B I, S. 739). Es handelt sich um den Plan zum BB, mit dem er sich offenbar in der Folgezeit recht intensiv befaßt, ohne jedoch Zeit und Muße zur Niederschrift zu finden (B II, S. 9 und 11). Erst im September 1925 beginnt er, das Stück niederzuschreiben und meldet bereits Anfang Dezember die vorläufige Fertigstellung (B II, S. 40 f). Nach zwei kürzeren Überarbeitungsphasen im Februar und April 1926 berichtet Barlach Ende April voller Erleichterung, daß er sein Drama abgeschlossen hat und auf die Korrekturfahnen wartet (B II, S. 62). Das Drama *Der blaue Boll* erscheint noch im gleichen Jahre und erlebt seine Uraufführung bereits im Oktober 1926 wiederum durch das Landestheater Stuttgart. Zusammen mit der SÜ zählt es zu den erfolgreichsten Bühnenstücken Barlachs.

Wie schon in den ES wählt Barlach eine norddeutsche Kleinstadt, das offensichtlich mecklenburgische Sternberg, zum Schauplatz für die Handlung des BB, die er auf einen Zeitraum von ungefähr vierundzwanzig Stunden zusammendrängt. Die beiden Hauptpersonen des Stückes, der Gutsbesitzer Boll, der wegen seiner blau-roten, von ausschweifender Lebensart herrührenden Gesichtsfarbe allgemein der blaue Boll genannt wird, und Grete, die als Hexe verschriene Frau des Schweinehirten Grüntal, machen einen inneren Wandlungsprozeß durch, von dem auch einige Nebenpersonen ergriffen werden. Als Folge der Begegnung mit Grete löst sich das durch Zweifel an seiner egozentrischen Lebensweise bereits aufgestörte bessere Selbst Bolls vom alten genußsüchtig-materialistischen Boll los. Grete, zu der ihn seine Sinnlichkeit, d.h. der alte oder blaue Boll, zieht, will ihre Kinder durch Gift aus der Fleischlichkeit des Materiellen erlösen und versucht,

Boll zu ihrem Komplizen zu machen. Durch ihr Ansinnen mit der Verantwortung für Grete und ihre Kinder belastet beginnt ein innerer Werdeprozeß für Boll, der durch den geheimnisvollen, mit Gott in Verbindung gebrachten Herrn gefördert wird. Auch Grete gerät auf ähnliche Weise ins Werden; nur spielen für ihre Entwicklung die Erlebnisse beim Kneipenwirt Elias, auf dessen Identität mit dem Teufel angespielt wird, die entscheidende Rolle. Am Schluß müssen Boll und Grete erkennen, daß weder das Beharren im Genuß und im Materiellen noch der Tod und die radikale Verneinung des Materiellen die wahre Antwort auf die Erlösungssehnsucht des Menschen bedeuten. Während Grete durch die Erkenntnis ihrer Liebe für ihre Kinder zur Annahme des irdischen Daseins geführt wird und zu ihrer Familie zurückkehrt, geht für Boll der schmerzhafte Prozeß des Werdens weiter. Seine Begegnung mit Grete beweist zwar, daß er fähig ist, die engen Grenzen seines Egoismus zu überwinden, doch wird die Entwicklung bis zur völligen Selbstaufgabe vorangetrieben, und erst als er zum Freitod durch den Sprung vom Kirchturm bereit ist, hat er seine Würdigkeit für eine neue Existenz bewiesen. Anstatt in den Tod zu fliehen, erhält Boll vom Herrn die Auflage, durch dauerndes Streben, Leiden und Kämpfen den neuen Boll zu verwirklichen.

Wie in allen vorhergehenden Dramen versucht Barlach auch im BB ein inneres Geschehen darzustellen. Dieses Geschehen äußert sich nicht in Handlungen und dramatischen Konflikten, sondern es erfaßt die beteiligten Personen auf eine unbegreifliche Art. Ihr unermüdliches Streben nach Klarheit, ihr bohrendes Forschen und Fragen, ihre Kommentare und Spekulationen über den verstandesmäßig und damit auch sprachlich nicht vollständig faßbaren Vorgang bilden den Kern des Dramas. Trotz dieses Suchens nach innen und dem damit verbundenen Bemühen, Unaussprechliches auszusprechen, verläßt das Drama keinen Augenblick die Sphäre der banalen Alltäglichkeit. In viel stärkerem Maße noch als im AV und den ES ist es Barlach gelungen, eine konstant doppelbödige Atmosphäre zu schaffen. Während das Geschehen in den frühen Dramen entweder über weite Strecken eindeutig realistisch angelegt ist und die hinter der Oberfläche verborgene Wirklichkeit nur an vereinzelten Stellen durchbricht oder sich fast ausschließlich auf die hinter der Realität liegende Ebene konzentriert, zeigt der BB eine permanente Doppelbödigkeit, die einerseits das Alltagsdasein dauernd mit tieferem Sinn befrachtet und andererseits das Unfaßbare und Wesentliche mit nahezu schockierender Selbstverständlichkeit ins Alltägliche übersetzt. Da wird z.b. die städtische Verwaltung für die Sinnlosigkeit des Daseins verantwortlich gemacht (BB, S. 391), oder ein Herr, der wie der Teufel seinen Fuß nachzieht, wird als Herrgott vorgestellt, ohne daß sich jemand darüber verwundert (BB, S. 422). Während sich bei diesen Beispielen die Realität zum Wunderbaren hin öffnet, nimmt andererseits das Wunderbare plötzlich banal-realistische Züge an, wenn Holtfreter auf seinen Bericht über das entlaufene Satanshinterviertel vom Bürgermeister den knappen Bescheid erhält: „So ordne ich hiermit an, daß Sie das Bein unverzüglich im Bureau des Oberwachtmeisters deponieren" (BB, S. 390).

Solche verwirrenden Vermischungen von alltäglichen und unwahrscheinlichen Ereignissen sind charakteristisch für alle Dramen Barlachs und werden bewußt von ihm angestrebt. Mit Bezug auf die „Vorstellung des immer unbegreiflichen Geschehens menschlicher Seelenabenteuer" (B I, S. 746) schreibt der Künstler an seinen Vetter Karl: „Das Unerhörte kann nur mit unerhörten Worten erzählt werden, aber die unerhörten Worte werden plötzlich zu falschen Worten, denn das Selbstverständliche, das im Unerhörten liegt und das man zeigen will, damit das Ergebnis befriedigt und hingenommen werden *muß*, das Selbstverständliche bedingt wieder das schlichteste Wort, die Aufgabe ist: zwingen und nicht bezwungen scheinen" (B I, S. 746).[1] Barlach sieht offenbar in der Verbindung des Selbstverständlichen mit dem Unerhörten zwei Vorteile: zum einen schafft er sich einen soliden Rahmen, in dem er das Unerhörte ansiedeln kann, ohne von ihm überwältigt zu werden; zum anderen verführt die vertraute Alltäglichkeit des Rahmens den Leser oder Zuschauer zur Identifikation, der er sich nicht leicht entziehen kann, auch wenn das Alltägliche plötzlich eine neue und tiefere Bedeutung gewinnt.

Das realistische Element spielt eine entscheidende Rolle in den Dramen, und Barlachs Proteste gegen die Herabminderung dieses Elements durch die expressionistische Dramaturgie der zwanziger Jahre erscheinen aus dieser Perspektive durchaus berechtigt.[2] Durch Stilisierung und Abstraktion verlieren die Dramen ihre Ausgewogenheit und werden zu „expressionistischen Einseitigkeiten" (B I, S. 737), die einen falschen Eindruck vermitteln, da sie das Unerhörte vom Einfachen und Alltäglichen loslösen. Eine solche Interpretation widerspricht dem Denken und der Kunstauffassung Barlachs. Er sieht, wie bereits im Kapitel

über den AV dargestellt wurde, das Vordergründig-Alltägliche und das
Hintergründig-Wesenhafte, die Maske und das Wesentliche, Wirklichkeit und
Vision als unauflöslich miteinander verknüpft.

Das realistische Element wird im BB vor allem durch die gelungene
Darstellung des niederdeutschen Kleinstadtmilieus von Sternberg getragen. Die
Beobachtungsgabe des bildenden Künstlers verbindet sich hier mit einem durch
innere Zusammengehörigkeit geprägten Einfühlungsvermögen, um das Milieu
anschaulich und mit atmosphärischer Echtheit zu schildern. Barlach hat sich zu
diesem Zweck erfolgreich auf seine nächste Umgebung und das ihm eng Vertraute
beschränkt, denn daß er seine eigene Heimatstadt, das mecklenburgische Güstrow,
als Modell benutzt, kommt dem angestrebten Realismus ebenso zugute wie die
Tatsache, daß er das Stück nach seinem eigenen Bericht einem „blauen
Gutsbesitzer...auf den fetten Leib geschrieben" (B II, S. 78) habe.

Die Bühnenanweisungen, deren sich die Naturalisten mit Vorliebe bedienten,
um ihre Milieudramen möglichst realistisch zu gestalten, spielen im BB nur eine
untergeordnete Rolle, da sie, wie auch in den übrigen Stücken, verhältnismäßig
allgemein gehalten sind und Raum und Milieu eher andeuten als festlegen. Das
wichtigste und wirkungsvollste Mittel zur Gestaltung des realistisch alltäglichen
Raumes ist die Sprache. Anders als etwa im FI oder in der SÜ, in denen alle
Charaktere eine Sprache, nämlich die von Barlach geschaffene Kunstsprache,
gebrauchen, sprechen die Personen im BB ihre eigene Sprache. Die gemächliche
und unverkennbar vom Niederdeutschen beeinflußte Sprache des blauen Boll z.B.
kontrastiert effektvoll mit dem offiziell geschraubten Hochdeutsch des
Bürgermeisters, und das farbig ausdrucksvolle Missingsch des Schweinehirten
Grüntal mit den ungelenken Versuchen des Schusters Holtfreter im Hochdeutschen.
Als Charakterisierungsmittel verliert die Sprache, die bei Barlach immer in Gefahr
ist, sich um klanglicher oder semantischer Effekte willen zu verselbständigen, das
Spielerische, das häufig ins Manierierte ausartet, und verdichtet die realistische
Atmosphäre, anstatt sie, wie etwa im FI, aufzulösen. Verstärkt wird diese
naturalistische Tendenz noch dadurch, daß Barlachs Dialog sich am gesprochenen
Alltagsdeutsch orientiert. Ein typischer Dialog eröffnet das Stück:

Boll: Immer noch leichter Nebel—eigentlich gar nicht unsympathisch, Martha—was?

Frau Boll: Bis auf das Frösteln—und so—als wir Krönkhagen abfuhren, wurde es mir doch beinah ein ganz klein wenig zu frisch.

Boll: Hast recht, Martha—immerhin, sieh diese verwischte Perspektive, mags woll leiden—es kann mehr dahinter stecken, als man denkt, kann anders kommen, als ausgemacht ist,—schließlich, was hat man auf die Dauer von dem flotten Lebenslauf mit garantiert ausgeschlossenen Beinbrüchen—wie sagst du, Martha?

Frau Boll: Ich weiß es nicht und niemand kann wissen, wozu es gut sein mag, daß etwas anders kommt als man denkt, aber darum lege ichs noch lange nicht auf an und laß den Respekt vor mir selbst außer acht—dazu versteh ich den lieben Gott viel zu gut, als wollt er wohl was anderes mit mir im Sinn haben, wie ich einsehn kann—nein—o nein! (BB, S. 387).

Charakteristisch für die Umgangssprache ist das Auslassen leicht zu ergänzender Satzteile wie in der einleitenden Frage Bolls und in der einschränkenden Entgegnung seiner Frau; ebenso typisch sind auch das umgangssprachliche, nach Zustimmung heischende „was," das ausdruckslose, als Füllwort verwendete Adverb „immerhin" von Boll und das verallgemeinernde und nichtssagende „und so" seiner Frau. Vom Niederdeutschen beeinflußt ist der Gebrauch des Verbs „abfahren" ohne „von," der kurze Vokal in „woll," der Wegfall der „dar"-Komponente in der Verbindung „lege ichs noch lange nicht [dar]auf an," und wahrscheinlich auch der Gebrauch des „wie" statt des „als" im letzten Vergleichssatz. Auch die übermäßige Verwendung von qualifizierenden Adverbien und Adjektiven in dem Satzteil „wurde es mir doch beinah ein ganz klein wenig zu frisch" ist eine typisch umgangssprachliche Nachlässigkeit ebenso wie die

Kontraktionen „mags" statt „ich mag es" und die Ellipse des „e" im Infintiv „einsehn." Deutlich sind auch die Brüche in der grammatischen Struktur der Sätze, die Barlach häufig durch ein oder zwei Bindestriche kennzeichnet. Obwohl die Dialogpartner beim Thema bleiben, wird die Gedankenführung stellenweise abrupt abgebrochen und ohne Überleitung ein neuer Gedanke eingefügt. Auf diese Weise entsteht der Eindruck, als sprächen die Personen gleichsam ins Unreine.

Der Dialog läßt auch deutliche Unterschiede zwischen den Satzkonstruktionen und der Sprechweise von Boll und seiner Frau erkennen. Während Boll meistens kurze, parallel gebaute Satzkonstruktionen reiht und dabei zur Mundfaulheit neigt, indem er häufig Satzteile einspart oder logische Verknüpfungen mit Konjunktionen vermeidet, verwickelt sich seine Frau fast bis zur Atemlosigkeit in unter- und beiordnende Satzkonstruktionen. Bolls Sätze schreiten gleichsam selbstsicher einher und erlauben sich mit ihren Einsprengseln „woll," „immerhin," „schließlich" und der lässigen Wortwahl, „was" und „flott," ein gewisses Maß an Jovialität, wohingegen Frau Boll offensichtlich nach einer feineren, das ist aus ihrer Sicht hochdeutschen Sprechweise strebt, was ihr allerdings nicht völlig fehlerfrei gelingt. Ihre Sätze spiegeln daher eine leicht gezierte Sprechpose, und man spürt die schmunzelnde Ironie, mit der Barlach sich die herzensgute, aber etwas einfältige Frau Boll um ihr Ansehen als Dame bemühen läßt.

Man muß sich denselben Dialog nur einmal im „korrekten Schriftdeutsch" vorsprechen, um zu erkennen, wieviel die Barlachsche Sprache zur Atmosphäre des Stückes beiträgt:

> *Boll*:   Es herrscht immer noch leichter Nebel. Das ist eigentlich gar nicht unsympathisch, Martha, nicht wahr?
>
> *Frau Boll*:   Bis auf das Frösteln stimmt es. Als wir von Krönkhagen abfuhren, fror ich ein wenig.
>
> *Boll*:   Du hast recht, Martha. Sieh diese verwischte Perspektive, ich mag es wohl leiden; es kann mehr dahinter stecken, als man denkt; es kann anders kommen, als ausgemacht ist....

In diesem Dialog geht nicht nur die individuelle Sprechweise verloren, die die einzelnen Sprecher charakterisiert, sondern auch die schwer zu bestimmende Liebenswürdigkeit und der spielerische Humor der Textstelle werden zerstört. Es ist aber gerade dieses betulich-humorvoll-banale Element, das im Kontrast zum ungewöhnlichen, inneren Geschehen die Wirkung des Dramas ausmacht.

Obwohl es viel stärker an die semantische Schicht der Sprache gebunden ist, läßt sich auch das Unerhörte und Außergewöhnliche, nach dessen Bindung mit dem Alltäglichen Barlach strebt, in der Dialogstruktur erkennen. Bolls Sprachrhythmus eignet auf Grund der deutlichen Pausen etwas Zögerndes, leicht Erstauntes, nach innen Gerichtetes. Darüberhinaus fällt der eigenartige Genuswechsel des Personalpronomens in seiner Antwort auf Frau Bolls Einwände auf: „...sieh diese verwischte Perspektive, mags woll leiden...." Das „es" müßte sich grammatisch auf die Perspektive beziehen, doch soll es offenbar auf etwas Unbestimmtes, Umfassenderes hinweisen, für das die Wörter „Nebel" und „verwischte Perspektive" nur äußere Zeichen sind. Diese Vermutung wird durch das „es" im Folgesatz bestätigt.

Auf der Bedeutungsebene läßt sich das Ungewöhliche jedoch leichter feststellen. Bolls Sympathieerklärung für den Nebel erscheint zunächst wie eine harmlose Bemerkung über das Wetter. Sie wird als solche von seiner Frau behandelt und mit dem Hinweis auf das Frösteln zurückgewiesen. Doch Boll nimmt das Nebelmotiv als „verwischte Perspektive" wieder auf und beharrt auf seiner Zuneigung für diesen Zustand. Gleichzeitig erweitert er den Bedeutungs- bereich des Nebelmotivs durch seine Vermutung, daß mehr dahinter steckt, als man denkt, und durch seinen Hinweis auf den Lebenslauf. Der Nebel und die verwischte Perspektive werden jetzt eindeutig auf das menschliche Dasein bezogen. Dementsprechend reagiert Bolls Frau mit einer energischen Ablehnung. Wie sie auf der Ebene des Wetters leicht alarmiert mit dem Hinweis auf das Frösteln antwortete, so weist sie jetzt auf der erweiterten Ebene Bolls spekulative Vorliebe für das Unbestimmte, Ungewisse, Neue und Andere unter Berufung auf ihren gesunden Menschenverstand mit einem emphatischen doppelten „nein—o nein!" zurück.

Mit diesem kurzen Einleitungsdialog gelingt es Barlach gleichsam nebenher und in beiläufig-banalem Plauderton, Bolls Problematik zu umreißen: Boll strebt aus den Grenzen seines geregelten Lebens heraus nach einer neuen Existenz. Wie die von Paulsen als „rätselhafteste" Motivprägung empfundene Formel: „Die Luft hats in sich, die Luft holts her und die Luft gibts heraus" (BB, S. 388, 394, 397, und 422) andeutet, ahnt Boll etwas von den bevorstehenden Veränderungen, ohne sie allerdings benennen zu können.[3] Er kann seine Ausgangsposition als Unzufriedenheit mit der gegenwärtigen Existenz lediglich negativ bestimmen und sehnt sich danach, ein anderer zu werden.[4] Ausreichende Gründe für diese Unzufriedenheit liefern der Schuster Holtfreter und der Uhrmacher Virgin, die Boll als reichen, von Selbstachtung gemästeten Nichtsnutz darstellen, der „seine Zeit veraast" (BB, S. 399) und auf Grund seines Wohllebens jederzeit mit einem Schlaganfall rechnen muß (BB, S. 389). Boll selber bestätigt die Beobachtungen der beiden in seinem ersten Gespräch mit dem Bürgermeister.

Der Dialog beginnt mit einer Beschwerde Bolls über den Zustand der Welt. Er beklagt, „daß das so und nicht anders ist" (BB, S. 391) und bezeichnet das Dasein als „verdammte und unentschuldbare, sinnlos verfahrene Sache" (BB, S. 391). Seine Beschwerde wendet sich direkt an den Bürgermeister, dessen Position als Verwalter der weltlichen Angelegenheiten von Sternberg symbolische Bedeutung annimmt. Er bürdet dem Bürgermeister die Verantwortung für den schlimmen Zustand des irdischen Daseins auf und wendet sich dann dem geistigen Bereich des Seins zu. Die Wendung wird dadurch verdeutlicht, daß Boll den Bürgermeister plötzlich als „Herr Pastor" (BB, S. 391) anredet. Aus der geistigen Perspektive erscheint das Leben als „Kälberleben" (BB, S. 391), in das der Mensch ohne sein Einverständnis hineingebracht worden ist. Mit dieser Chiffre deutet Barlach einerseits auf das Tierisch-Geistlose der menschlichen Existenz, zum anderen aber auch auf die Wehrlosigkeit des Menschen, auf die Unfähigkeit, das eigene Schicksal zu bestimmen. Wie ein Kalb gemästet und schließlich zur Schlachtbank geführt wird, so lebt auch der Mensch. Das Dasein wird aus dieser Sicht zur Falle, die mit Sicherheit in den Tod führt. Zunächst geht es dem Menschen wie dem Kalb, das gemästet wird, „sehr gut, besser und noch immer besser" (BB, S. 391), da beide ihr Dasein genießen können; aber plötzlich kommt ein Punkt, an dem es nicht mehr besser werden will. Für das Kalb bedeutet dieser Wendepunkt den Schlachthof, und auch Boll ist, wie er Grete gesteht, von Todesfurcht befallen: „Und ich habe immer gut gelebt und muß nach einer verdammt strammen Ordnung schlimm sterben. Ich wollt, ich bekäm bei Kleinem was Lust zu sterben. So aber, weil ich bin wie ich bin, muß ich mich fürchten—und wart ungern aufs Sterben" (BB, S. 397). Diese Todesfurcht stürzt Boll in die Krise, und er beginnt, sein eigenes Leben in Frage zu stellen. Auf der Suche nach einem Schuldigen für seine verzweifelte Lage, verfällt er auf sich selbst. Unter dem Druck dieser Erkenntnis geschieht mit Boll, was häufig mit Barlachs Personen in ähnlichen Lagen geschieht: Sein Ich fällt auseinander. Wie der Sohn im TT auf dem Höhepunkt seiner Krise einen Doppelgänger trifft, wie Siebenmark am Strand gegen sein hündisches Selbst wütet, wie der alte Sedemund seine äußere Form nur als „Kofferträger seines Selbst" (ES, S. 245) ansieht und wie schließlich aus Thomas dem Puppenspieler „Thomas der Neue,...Thomas Tugut" (FI, S. 299) wird, so zerfällt Boll in zwei Ichs; d.h. ein Teil objektiviert sich, um den anderen Teil zu bewerten. Der bewertende Teil ist der „neue, neugefundene Boll[,] der wahre Boll" (BB, S. 411), wie der Bürgermeister es später ausdrückt, während der kritisierte Teil „der gute, alte Kurt" (BB, S. 412) ist, wie Frau Boll ihn sich für immer unveränderbar wünscht. Diese Aufteilung in neuen und alten Boll wird auch sprachlich objektiviert, so daß Boll mit sich selber in der dritten Person verkehrt: „Boll hat Boll beim Kragen," und „Boll bringt Boll um" (BB, S. 392).[5]

Die Feststellung, daß Boll Boll umbringe, ist ambivalent und läßt sich auf drei verschiedene Arten auslegen: zum ersten könnte Boll auf den Selbstmord anspielen, dessen Ausführung er bis zum Schluß immer wieder erwägt. Daß diese Möglichkeit, die der negativen Lösung Ivers entspräche, durchaus ernst zu nehmen ist, wird vor allem in der letzten Szene deutlich, in der Boll zum Sprung vom Turm entschlossen ist.

Die zweite Möglichkeit wäre, daß Boll so bliebe, wie er war, daß er sich nicht veränderte. Damit würde der alte Boll den neuen umbringen, aber auf diese Weise die Forderung seiner Frau erfüllen, die ihn lieber tot als gewandelt sehen möchte (BB, S. 412), und zugleich auch dem Verlangen von Otto Prunkhorst nachkommen, der ihn beruft, „dem Zustand jeder Veränderung" (BB, S. 431) abzuschwören. Auch diese Lösung, die dem Verhalten des alten Sedemund und Siebenmarks entspräche, wird von Boll lange und ernsthaft erwogen, wie seine trotzige Selbstbestätigung gegenüber Elias: „...und schließlich, warum sollt ich auch den blauen Boll ablegen" (BB, S. 421) und seine zweifelnde Frage: „Tut uns Veränderung not?" (BB, S. 431) beweisen.

Die dritte Möglichkeit ist, daß der neue Boll den alten überwindet. Das wäre die Lösung, an deren dramatischer Gestaltung Barlach im FI gescheitert ist, und es wäre auch die Lösung, die der Bürgermeister mit seinem gedrechselten Verwaltungsdeutsch vorschlägt: „Herr Gutsbesitzer Boll, ein Antrieb freimütiger Herzlichkeit hilft mir, Ihnen zu sagen, daß allerdings anscheinend Boll Boll umbringt; aber warum, verehrter Herr, ist der eine dieser beiden ein schädlicher Boll....—könnte Boll nicht geradezu der beste Helfer Bolls sein?" (BB, S. 392 f). Diese Deutung des Bürgermeisters erhält umso mehr Gewicht, als er inzwischen von Boll mit „Herr Sanitätsrat" betitelt wird und damit von Boll in der Funktion eines heilenden Arztes vorgestellt wird.

Trotz des wertvollen Hinweises, den die Entgegnung des Bürgermeisters enthält, verharrt Boll jedoch in seiner dualistischen Haltung, denn „jeder ist," wie Boll später erkennt, „sich selbst der Nächste bei seiner Entfaltung und muß wissen, wie ers schafft" (BB, S. 448). Das heißt, daß Boll selber seinen Weg finden und seine Wahl treffen muß zwischen der Flucht in den Tod, dem Verharren im Alten oder dem Weg ins Unbekannte und Neue. Diese Wahl steht im Zentrum des Geschehens und kann, da sie seine Existenz bestimmt, von Boll nicht einfach auf Grund rationaler Erwägungen entschieden werden. Bolls Entscheidung ist zugleich auch die Entscheidung über die Existenzmöglichkeit und -fähigkeit des Neuen Menschen: Kann er sich, wie der Sohn, Iver und Calan, nur im Tode verwicklichen? Kann er sich, wie Siebenmark und der alte Sedemund, nur zu einer momentanen Erkenntnis aufschwingen, um dann wieder in sein altes Menschentum zurückzufallen? Oder hat er eine reale Daseinsmöglichkeit in einer realen Welt, wie Fräulein Isenbarn und Grude anzudeuten scheinen, ohne jedoch zu überzeugen?

Bolls Schwanken zwischen der Unzufriedenheit über sein gegenwärtiges Dasein und der Bereitschaft, sein gewohntes, genießerisches Leben jederzeit wieder aufzunehmen, wird bereits im ersten Bild deutlich. Der Eindruck, daß ihm seine Existenz problematisch geworden ist, wird nach dem Gespräch mit dem Bürgermeister auch durch den Bericht seiner Frau bestätigt. „Jeder ist sich selbst der Nächste," soll er gesagt und dann hinzugefügt haben, „ich möchte so einer nicht sein" (BB, S. 393). „Jeder ist sich selbst der Nächste," ist die Formel für den alten Menschen und wird daher zur Charakterisierung des Kneipenwirts Elias (BB, S. 420) und des Ehepaares Prunkhorst (BB, S. 426) gebraucht. Es ist die Formel für den menschlichen Egoismus, für die Unfähigkeit, sich zu öffnen, zu verändern und zu erneuern. Der Begriff Egoismus darf in diesem Zusammenhang nicht lediglich als moralische Kategorie verstanden werden, sondern er bezieht sich auf die Existenz des Menschen, auf seine Unfähigkeit, die Individuation zu durchbrechen. Dieses Konzept spielt für Barlachs Denken eine entscheidende Rolle und wird in den Briefen und Tagebuchnotizen immer wieder beschrieben. So schreibt der Künstler z. B. an seinen Vetter:

> Dies Leben kann tief, echt und reich sein. Ich fühle so etwas, als ob die zurückgedrängte Leidenschaft zum einzelnen zur großen Leidenschaft für alles werden kann. Für mich wäre es nicht widersinnig, solch ein Verzichten als ein teilweises Sterben, das es ja ist, anzusehen, aber mit dem Aufgehen in einen höheren Kreis der Einsicht, in einen Zustand über dem früheren, vergleichbar einem Durchbrechen egoistischer Grenzen. Aber dazu gehört ein Wille und Wunsch, in diesen Zustand, dem man in geahnter Vorbestimmung bereits angehört, nun endlich zu gelangen. Und wenn es durch eine Art von Tod sein müßte! (B I, S. 420).

Ins Humorvoll-Spielerische abgewandelt wird das gleiche Problem in der Frage des Herrn an Holtfreter: „Wollen Sie ewig Holtfreter sein—lohnt sich das?" Die bezeichnende Antwort lautet: „Aber lohnen tut es sich, so zu werden, daß Sie sich schämen müssen, Holtfreter gewesen zu sein" (BB, S. 418). Auch diese Frage mit der dazugehörigen Antwort wird leitmotivisch verwendet und in leicht abgewandelter Form an Boll (BB, S. 420) und Bertha Prunkhorst (BB, S. 427) gerichtet und schließlich von Holtfreter so verallgemeinert, daß jeder zur Wandlung und Erneuerung aufgefordert wird (BB, S. 427). Boll hat offensichtlich diese Aufforderung verstanden, denn er verwirft eindeutig seine egoistische Lebensweise und möchte nicht mehr in seiner eigenen Haut stecken (BB, S. 393). Dabei weitet sich die Situation des Gutsbesitzers, der „stundenweit keine Nachbarn hat" (BB, S. 393) zur allgemeinen Situation des isolierten und auf sich geworfenen Menschen, der sich heraussehnt aus seiner Vereinzelung und Einsamkeit.

Doch in dem Augenblick, als er Grete Grüntal erblickt und die Möglichkeit eines Seitensprunges sich anbietet, fällt er in sein altes, rücksichtsloses Genußleben zurück. „Man kann nicht für alles aufkommen" (BB, S. 395) beschwichtigt er sich, nachdem er Gretes Mann in die falsche Richtung geschickt hat, und begibt sich, wieder ganz der alte, verantwortungslose blaue Boll, auf die Suche nach einem Abenteuer mit Grete. Ihr Zusammentreffen findet im Turm statt, den Herbert Kaiser „die Sphäre des geistigen Seins" nennt.[6] Boll selber weist auf seine Verwandtschaft mit dem Turm hin. Bei der ersten Erwähnung des Turmes behauptet er: „...mir ist wohl wie ihm" (BB, S. 394), und beim Zusammentreffen im Turm erklärt er Grete: „...sehn Sie mal, Frau, abseits von meinem Fleisch bin ich noch sonst was, sowas wie aufgetürmt, turmhaftig, was ganz gehörig Anderes" (BB, S. 396). Der Turm wird von Barlach in diesem Zusammenhang als Chiffre des Höheren und Geistigen gebraucht und gegen das Fleisch gesetzt, wie die bündige Formel Bolls „Fleisch zu Fleisch, Turm zu Turm" (BB, S. 396) andeutet. Die Anmaßung der Turmhaftigkeit scheint Boll als einen Vertreter des Geistes auszuweisen, doch wird dieser Anspruch von ihm selbst wieder zerstört. Als Grete auf eine Auskunft über seinen Turmvergleich besteht, muß er bekennen: „Mir wird wohler, wenn ich lüge—sehen Sie, mit Lügen straf ich mein Fleisch, mit Lügen säble ich mich in tausend Stücke und werf die Fetzen vor die Hunde" (BB, S. 397). Was Boll hier als Lügen bezeichnet, ist im Grunde seine Sehnsucht nach dem Höheren, das der Turm für ihn verkörpert, eine Sehnsucht, die ihn dazu treibt, sich selbst zu belügen. Es ist Selbst-Verleugnung im eigentlichen Sinne des Wortes.

Trotz seines Strebens vom Fleische weg, das ihn in den Bereich des Turmes geführt und offenbar auch zu Grete gezogen hat, bleibt Boll dem Fleischlichen verhaftet. Er bekennt nicht nur seine Furcht vor dem Tode, sondern gibt auch freimütig zu, daß er „das liebe Fleisch nicht lassen" (BB, S. 398) kann. Es ist daher nicht verwunderlich, daß er schließlich sogar einwilligt, das von Grete verlangte Gift zu besorgen, um seine fleischlichen Begierden zu befriedigen. Es ist allerdings auch bezeichnend für Bolls Drang über das Fleischliche hinaus, daß er sich gerade von Grete angezogen fühlt, die doch die Ablehnung des materiellen Prinzips personifiziert.[7] Boll selber faßt den Widerstreit von geistigem und fleischlichem Prinzip in sich mit einer einprägsamen Formel zusammen: „Mein

Blut ist rot, aber blau steht es mir zu Gesicht" (BB, S. 397). Seine Sehnsucht nach dem Höheren, Geistigen, die das rote Blut andeutet, wird durch den gleichzeitigen Versuch, dieses Höhere im eigenen „blauen" Fleisch zu ersticken, vereitelt. Die paradoxe Mischung führt zu einer Art Selbstaufhebung Bolls, deren äußeres Zeichen der Schwindelanfall ist, den Boll im Turm erleidet (BB, S. 397 f).[8] Bolls Eindringen in den Turmbereich beweist, daß der Drang und die Potentialität zum Geistig-Turmhaften in ihm angelegt ist; sein Schwindelanfall deutet aber zugleich an, daß der geistige Bereich noch nicht seine Heimat ist.

Kurz nach dem Anfall erscheint der Uhrmacher Virgin, vor dem Boll seine Identität verleugnet. Oberflächlich gesehen hat Boll genügend Gründe für dieses Verhalten, da der Uhrmacher ihn in einer augenscheinlich kompromittierenden Lage überrascht; doch kann kein Zweifel für Boll oder den Zuschauer daran bestehen, daß Virgin ihn, den stadtbekannten Gutsbesitzer, beim ersten Anblick erkannt hat. Der Grund für Bolls Selbstverleugnung liegt vielmehr darin, daß Boll nicht mehr als der alte blaue Boll identifiziert werden will. Er fühlt, daß die Schablone, die ihm sein vergangenes Leben aufgedrückt hat, nicht mehr zutrifft und bestätigt dies durch die Selbstverleugnung, die der alte Boll, wie Virgin ihn schildert, niemals für nötig befunden hätte. In Virgins Beschreibung „fährt [Boll] daher, gemästet von Selbstachtung, frisch aus der eigenen Weihräucherei und allein für sich ein Triumphzug" (BB, S. 399). Doch erleidet Bolls Selbstbewußtsein in Virgins Erzählung eine Niederlage. Wie es „das Schicksal" (BB, S. 399) will, wird er auf demütigende Weise gezwungen, dem Grafen Ravenklau, den er zuvor lächerlich gemacht hat, „folgsam und artig... gleichsam in kuschender Haltung und Gangart" (BB, S. 400) zu folgen. Kaiser weist zu Recht auf den Parabelcharakter dieser Erzählung hin, denn sie deutet an, daß Bolls Zeit der Selbstherrlichkeit vorüber ist und daß er sich in seiner Entwicklung unterordnen muß.[9] Boll selber erklärt sein Verhalten damit, daß er vielleicht doch nicht so gemästet ist von Selbstachtung, wie man allgemein annimmt. Erst nach dieser Richtigstellung akzeptiert er Virgins Anrede als „Herr Boll" ohne Widerspruch, da er jetzt erwarten kann, daß Virgin den richtigen, nämlich den gewandelten Boll anspricht. Darüberhinaus stellt er seine Wandlung unter Beweis, indem er sich den Schlüssel zum Kirchturm aushändigen läßt und damit die Verantwortung für Grete übernimmt. Während er am Ende des ersten Bildes alle

Verantwortung mit der Bemerkung: „Man kann nicht für alles aufkommen" (BB, S. 395) von sich schiebt, verpflichtet er sich jetzt: „Schon gut, ich komme auf, ich übernehme alle Verantwortung" (BB, S. 401).

Diese Bereitschaft zur Verantwortung scheint auf eine innere Entwicklung Bolls hinzudeuten, die ihn vom alten, am Genuß orientierten Sein weg—und auf eine neue Existenz hinführt. Doch endet die zweite Szene nicht mit der Erfüllung seiner eingegangenen Verpflichtung, sondern mit dem Versprechen an Grete, daß er ihr das Gift besorgen wird, das sie zur Erlösung ihrer Kinder vom Fleisch nötig zu haben glaubt. Damit endet das zweite Bild ebenso wie das erste in einer Kreisbewegung. Beide Bilder zeigen Boll zunächst in Aufbruchsstimmung, in Erwartung von etwas Neuem, und voller Unzufriedenheit mit dem alten Dasein; in beiden Bildern ist das Ziel dieses Aufbruchs unbekannt, und in beiden Szenen kehrt Boll mit erstaunlicher Inkonsequenz und Leichtfertigkeit in das von ihm denunzierte alte Dasein zurück. Er versucht, die Grenzen seines alten Seins zu sprengen, um ein anderer zu werden, aber er weiß nicht, wie er es anfangen soll. Aus diesem Grund muß ihn auch Virgins hymnischer Vortrag über das Werden irritieren. „Unser Sein," belehrt ihn der Uhrmacher, „ist nichts als eine Quelle, aber unser Leben ein Strom des Werdens, und kein Ziel als immer neues Werden" (BB, S. 400). „Werden" wird im BB fast ausschließlich als Verb oder nominalisierte Form gebraucht, ohne daß ein Adverb oder Prädikatsnomen jemals bestimmt, wer, was oder wie eine Person wird.[10] Auf diese Weise braucht Barlach weder auf der grammatisch-sprachlichen noch auf der semantischen Ebene ein Objekt oder einen Endpunkt anzugeben, und es gelingt ihm, den Eindruck einer Bewegung hervorzurufen, ohne daß er sich auf ein Ziel festlegen muß. Werden bleibt daher für Boll auch nur eine Chiffre für das, was er mit seiner eigenen Formel „Die Luft hats in sich, die Luft holts her, und die Luft gibts heraus" auszudrücken versucht. Es bedeutet Suche und Aufbruch ins Ungewisse und läßt sich weder sprachlich noch gedanklich fixieren. Aus diesem Grunde schiebt Boll die Belehrung des Uhrmachers mit ein paar ironischen Bemerkungen beiseite.

Fruchtbarer für Bolls Entwicklung als Virgins Theorie über das Werden ist die Spannung, die sich aus der Begegnung mit Grete ergibt. Ihre totale Negierung des Fleischlich-Materiellen bleibt nicht ohne Eindruck auf Boll. Sie verlangt Gift von ihm, um die Seelen ihrer drei Kinder aus dem Fleisch zu erlösen, denn nur,

„wer nicht mehr im Fleisch ist, der ist im Glück" (BB, S. 397).[11] Einerseits gibt ihr Ansinnen Bolls Selbstmordgedanken neue Nahrung, und das Motiv des Sprunges vom Turm verdichtet sich nach diesem Zusammentreffen, andererseits wird Boll dazu gezwungen, sich mit dem extremen Anspruch, den Grete als Verächterin des Fleisches stellt, auseinanderzusetzen.[12] Grete wird für ihn „das saure Probestück" (BB, S. 451) seiner Entwicklung, denn durch sie wird er zu der Verantwortung gezwungen, die er bisher mit Erfolg vermieden hat. Er muß sich entscheiden, ob er Grete das geforderte Gift besorgen will oder ob er es ihr verweigern soll. In dem einen Fall handelt er verantwortungslos und schuldhaft, während er im anderen freiwillig auf seine triebhaften Ansprüche verzichten muß. Durch einen Verzicht zugunsten anderer würde Boll sich selbst überwinden, die harte Schale seines Egoismus durchstoßen und auf den Weg des Werdens geraten. Es ist jedoch bezeichnend, daß er weder das eine aufgeben noch das andere tun will. Diese Haltung wird von Grete in einer weiteren leitmotivisch verwendeten Formel zusammengefaßt: „Boll muß, bald so, bald so" (BB, S. 419).[13] Während der alte Boll Grete um jeden Preis besitzen will, erinnert sich der neue Boll an die Verantwortung, die sich nicht nur auf Grete und ihre Kinder, sondern auch auf seine Frau bezieht. Und je nach der Lage, in der er sich befindet, gewinnt entweder der alte oder der neue Boll die Oberhand, sodaß Boll selber sich als Dual erlebt und stellenweise die Orientierung verliert. Daher ist die Frage „bin ichs wieder, oder bin ichs nicht mehr, oder bin ichs überhaupt gewesen?" (BB, S. 397) ebenso ernst gemeint wie die resignierende Feststellung, wenn der Bürgermeister ihn durch die Namensnennung aus seinen Spekulationen zurückruft: „Herr Boll? Also doch Boll....Boll, nichts als Boll!" (BB, S. 408).

Da solche Zustände der Selbst-Entfremdung oder des Außer-Sich-Seins Boll die Ahnung einer neuen Seinsmöglichkeit vermitteln, verfällt er ihnen immer wieder. Seine Vorliebe für den Nebel, sein Wunsch, aus der alten Haut herauszukommen, die Spaltung seines Ichs, der Schwindelanfall, die Verleugnung seiner Identität vor Virgin und schließlich seine Vision vom Jünsten Tag (BB, S. 407) sind Anzeichen dafür, daß Boll versucht, seinem alten Ich zu entkommen. Um keinen Zweifel darüber aufkommen zu lassen, daß Boll sich bei diesen Versuchen auf dem richtigen Weg befindet, läßt Barlach den Bürgermeister und Frau Boll am Ende des dritten Bildes die Entwicklung des Gutsbesitzers

kommentieren. „Selbstvergeßlichkeit" und „Selbstverlorenheit" (BB, S. 411) sind
die beiden Wörter, mit denen der Bürgermeister das Verhalten Bolls
charakterisiert, und er fügt erklärend hinzu: „Ja, sehen Sie, wir sprachen von
seiner Selbstverlorenheit, sollte man sich nicht vorsichtig der Frage nähern und
meinen, daß der verlorene, sozusagen der bisherige Herr Boll der falsche, dagegen
der jetzige und neue, neugefundene Boll der wahre Boll wäre" (BB, S. 411). Frau
Boll weist diese Möglichkeit zunächst entsetzt von sich. Sie will, daß Boll ihr
„alter, guter Kurt" (BB, S. 412) bleibt, muß dann aber doch zugeben, daß er sich
geändert hat, wenn er auch noch nicht „gänzlich ein anderer" (BB, S. 412) ist.
Der Bürgermeister, den Boll selber im ersten Bild als verantwortlich für die
menschliche Existenz anerkannt hat, stellt den alten und falschen Boll dem neuen
und wahren Boll gegenüber und zeigt damit an, daß Bolls Werden nur durch eine
Öffnung und Überwindung seines Ichs erfolgen kann.

Während der Bürgermeister die Entwicklung Bolls objektiv beurteilt, fehlt
es Frau Boll in ihrer Selbstbezogenheit an Verständnis für die Probleme ihres
Mannes. Der Bürgermeister schreibt ihr „Selbstbeherrschung" zu und trifft damit
den Kern ihres Verhaltens. Sie gehört eindeutig zu den alten, statischen
Menschen, die fest in ihr eigenes Selbst verankert sind und jegliche Entwicklung
ablehnen. „...dazu versteh ich den lieben Gott viel zu gut, als wollt er wohl was
anderes mit mir im Sinn haben, wie ich einsehen kann" (BB, S. 387), verkündet
sie gleich zu Beginn des Stückes in unerschütterlicher Selbstgerechtigkeit. Daher
wünscht sie sich auch ihren Mann lieber tot als verändert, denn Veränderung ist
ihrer Meinung nach „unnatürlich" (BB, S. 412). Bezeichnenderweise spielt das
Essen für sie eine bedeutende Rolle. Ihr Hauptbestreben ist es, Boll rechtzeitig
zum Essen mit den Prunkhorstens in die Goldene Kugel zu bringen (BB, S. 388,
394, u. 405). Barlach hebt die Bedeutung des Essens für sie auch durch eine
Regieanweisung hervor: *„Sie gibt dem Wort Essen eine kreischende Betonung"*
(BB, S. 394); und Boll kritisiert auf ironische Weise ihr Interesse am Essen, wenn
er über den Jüngsten Tag spricht: „Gott im Himmel, da heißt es nicht: zum Essen,
zum Essen—da heißt es: keine Verwesung vorgeschützt—ran mit jedermann!" (BB,
S. 407). Schließlich unterbricht sie auch ziemlich abrupt ihre Unterhaltung mit
dem Bürgermeister und den dadurch verursachten Tränenstrom mit der

überraschenden Mitteilung: „Ich muß aber jetzt wirklich ganz schnell zum Essen gehen....Ich bin ganz steif vor Hunger!" (BB, S. 412).

Neben der Eßmetaphorik verwendet Barlach Wörter wie „Stolz" und „Respekt" zur Charakterisierung von Frau Boll. Die Werte, die mit diesen Begriffen verbunden sind, dienen bezeichnenderweise der Abgrenzung und Erhaltung des Ichs und deuten zugleich auf Frau Bolls Übereinstimmung mit der bürgerlichen Ordnung. Dieser Eindruck wird noch verstärkt durch ihre enge Bindung an die Prunkhorstens. Ottos Trunksucht, seine Beschwörung Bolls, jeglicher Verantwortung zu entsagen und die Betonung seines Besitzes sind ebenso deutliche Zeichen für ihre ungeistig-materielle Haltung, wie die Hervorhebung der Zähne seiner Frau Bertha.[14] Auch die wiederholte Anwendung der Formel „Jeder ist sich selbst der Nächste" (BB, S. 426) weist die beiden eindeutig als Vertreter des alten Menschentums aus.

Durch seine Begegnung mit Grete ist Boll also in ein Spannungsfeld geraten. Auf der einen Seite versucht seine Frau, ihn im alten, materialistisch orientierten, bürgerlichen Wertgefüge festzuhalten; auf der anderen Seite zieht es ihn zur „Hexe Grete," die sich in ihrem Streben zum Fleischlosen völlig aus den bürgerlichen Konventionen befreit hat. Eine Schematisierung des Geschehens, in dem Frau Boll die Inkarnation und Grete Grüntal das exkarnative Prinzip vertritt, drängt sich nahezu auf. In diesem Schema stünde Boll dann zwischen den beiden Frauen, und seine Entscheidung für eine von ihnen wäre zugleich eine Entscheidung für das Prinzip, das sie vertritt. So einfach lassen sich die Verhältnisse des Dramas jedoch nicht schematisieren. Zum einen ist Bolls Verhältnis zu den Frauen widersprüchlich: An Grete, die das geistige Prinzip vertritt, reizt ihn das Fleischliche, während ihn das geistige Band der Liebe an seine Frau bindet, die das materialistische Prinzip verkörpert; zum anderen machen beide eine Entwicklung durch, die sie von ihren klar definierten Anfangspositionen entfernt. Während Grete durch ihre Erlebnisse in der „Herberge zur Teufelsküche" auf die Diesseitigkeit und die materiellen Qualitäten der Mutterliebe hingewiesen wird und somit einen inkarnativen Prozeß durchläuft, lernt Frau Boll, die Andersartigkeit ihres Mannes nicht nur zu akzeptieren, sondern sie hilft ihm sogar—wenn auch widerstrebend—bei seiner Entwicklung und beweist durch ihre selbstlose Haltung die Fähigkeit zur Exkarnation. Schließlich sind die Entwicklungsvorgänge im BB nicht eigentlich Vorgänge, die von äußeren Faktoren abhängig sind. Sie folgen vielmehr einer inneren Mechanik, in die alle Beteiligten auf ihre eigene Art verwickelt sind, ohne daß andere Personen oder Ereignisse dabei eine wesentliche Rolle spielen. Weder Grete Grüntal noch Martha Boll sind daher als motivierende Faktoren für Bolls Entscheidungen anzusehen. W.I. Lucas erkennt diesen Sachverhalt, wenn er die Funktion der Personen im BB beschreibt: „They tend to exist less as characters in their own right and more as spiritual forces working on Boll or better said perhaps, they present stages in the growth of Boll."[15] Barlach selber macht darauf aufmerksam, daß Motivierungen für das Geschehen völlig nebensächlich sind: „Daß das Sollen zum Wollen wird, ist durch Motivierungen ebensowenig begreiflich zu machen wie ohne sie" (B II, S. 76).

Bolls Entwicklung folgt vielmehr der inneren Gesetzmäßigkeit, die Barlach das Werden nennt. Diesem Werden kann sich kein Mensch entziehen; es ergreift ihn mit schicksalhafter Macht, ob er sich dagegen wehrt wie Otto Prunkhorst und Martha Boll, oder ob er danach strebt wie Boll. „Gesetz, Zwang, Unentrinn-barkeit" (BB, S. 400) sind die drei Wörter, die Uhrmacher Virgin gebraucht, um diesen Aspekt des Werdens zu charakterisieren. Die fast ausschließliche Verwendung von vegetativen Metaphern zur Beschreibung dieses Prozesses verstärkt den Eindruck eines naturbedingten, unausweichlichen Geschehens.[16] Daher hat Boll im Grunde keine Möglichkeit der Wahl und keine Entscheidungs-freiheit—er muß, wie es immer wieder im BB heißt. „Müssen" wird zum Leitwort für Boll und beherrscht in noch stärkerem Maße den Text als das Verb „werden". Wie eine bestimmte Klangverbindung in einer Fuge in immer neuen Variationen und Verbindungen wiederkehrt, so erscheint auch das „Müssen" immer wieder in neuen Kombinationen und Abwandlungen: „Boll muß," „du mußt, Kurt, du mußt," „du mußt müssen," „Boll muß, bald so, bald so," „So muß es werden und nicht anders," „Boll hat gemußt," „Boll muß? Muß? Also—will ich!"—Wie „werden" gebraucht Barlach auch „müssen" verwiegend als Vollverb ohne Infinitiv.[17] Auf diese Weise suggeriert er Bolls inneren Werdezwang, ohne näher zu bestimmen, was Boll denn eigentlich muß. So wundert Boll selber sich noch am Ende des vierten Bildes: „...bin neugierig, wie Bolls Werden ausfällt" (BB, S. 423).

Wie sorgfältig Barlach seine Sprachmittel im BB berechnet, läßt sich an der Verwendung des Verbs „müssen" demonstrieren. Alle entscheidenden Phasen in der Entwicklung Bolls werden durch dieses Verb markiert. Im ersten Bild wird es nur einmal verwendet und zwar bezeichnenderweise in Frageform. Auf den Vorschlag des Bürgermeisters, daß er das Rauchen einstellen sollte, erwidert Boll: „Wieso sollte? Heißt es nicht: Boll muß?" (BB, S. 392). Damit hat Boll selber die entscheidende Frage formelhaft zusammengefaßt: Muß er sich ändern, oder kann er sein altes Leben weiterführen?

Am Ende des zweiten Bildes wird Boll von Grete bedrängt: „Herr Boll kann es schaffen, er kann es, er muß es" (BB, S. 401). Da das Akkusativobjekt „es," das von „schaffen" abhängt, erst drei Sätze später als „Gift" identifiziert wird, bleibt der Satz—besonders für den Zuschauer—ambiguos genug, um auf die allgemeine Lage Bolls bezogen zu werden. In diesem Falle müssen alle drei „es" als Ausdruck für das Wirken unpersönlicher, unbestimmter Kräfte angesehen werden und drücken Gretes Vertrauen in die „Werdefähigkeit" Bolls aus. Doch bleibt Boll weiterhin skeptisch, denn auf Gretes wiederholtes Drängen, daß er ihr das Gift besorgen müsse, erwidert er nur: „Oho—Boll muß?" (BB, S. 402), ohne sich festzulegen. Trotzdem erklärt er sich unter Zusicherung einer Liebesnacht schließlich bereit, das Gift zu beschaffen.

Bei seiner nächsten Begegnung mit Grete hat er sich jedoch eines Besseren besonnen und begründet, warum er das Gift nicht besorgt hat: „Weißt du, Kind, ich glaube nicht, daß es hier an dem ist, daß Boll muß. Und ich glaube nicht, daß du mußt" (BB, S. 414). Diese Aussage bezieht sich eindeutig auf Gretes Forderung nach dem Gift, und der Boll, der in diesem Fall nicht muß, ist der neue, der werdende Boll, während der alte Boll sich von Grete schon nach kurzer Zeit wieder überreden läßt, das Gift doch noch zu besorgen (BB, S. 418). Auf diesen erneuten Sinneswandel antwortet Grete mit höhnischen Angriffen, in denen sie die positiven und negativen Formen von „müssen" buchstäblich durcheinanderwirbelt und schließlich mit der Formel endet: „Boll muß, bald so, bald so" (BB, S. 419).

Diese treffende Kennzeichnung wird vom Kneipenwirt Elias erweitert. „Was ihr wollt, das könnt ihr nicht, was ihr müßt, das wollt ihr nicht" (BB, S. 420), wirft er Boll vor und beweist damit sein Verständnis für Bolls Situation: Einerseits will der alte Boll mit Grete schlafen, aber der neue Boll läßt es nicht zu;

zum anderen muß der neue Boll den alten abschütteln, doch gelingt es ihm nicht. Auf diese Weise bleibt Boll einer von den halben Menschen, die Elias verächtlich abtut und die schon von Iver im AV heftig angegriffen werden: „...ihr bleibt ewig ein doppeltes Halbes...Lieber ordentlich nichts als zweimal halb" (AV, S. 106). Durch die Verbindung von „müssen" und „wollen," die hier genau in der Mitte des BB zum ersten Mal auftaucht, gibt Elias Boll außerdem den Schlüssel zur Lösung seines Problems. Nur wenn Boll, wie Elias selber, das Müssen zum eigenen Wollen macht, wenn er den notwendigen Ablauf frei-willig als seinen Weg annimmt, kann er aus seiner Halbheit heraus zum neuen Menschentum finden. Es ist nicht genug, zu tun, was man muß, man muß auch wollen, was man muß. Boll scheint diesen Ratschlag des Teufels jedoch nicht zu verstehen, denn nachdem er Elias erklärt hat, daß er „mit dem blauen Boll ganz wenig zu tun [hat], fast nichts„ (BB, S. 420) und diesen zum Tausch angeboten hat, nimmt er sein Angebot kurz darauf wieder zurück: „Pah—und schließlich, warum sollt ich auch den blauen Boll ablegen. Jeder ist sich selbst der Nächste" (BB, S. 421).

Dennoch ist die Belehrung des Teufels offenbar nicht erfolglos gewesen, denn er läßt Boll in grüblerischer Simmung zurück. „Weg mit Boll," monologisiert er im Dunkeln, „—und darf nicht einmal fragen, ob er will oder muß?" (BB, S. 421). Boll ahnt also—wenn auch noch in negativer Frageform ausgedrückt—etwas von dem Zusammenhang zwischen dem auferlegten Müssen und dem eigenen Wollen, und er sieht den kommenden Ereignissen mit einer fast schicksalsergebenen Bereitwilligkeit entgegen. „Hab ich nicht den Zaum im Gebiß?" fragt er mit Bezug auf die Chiffre, die seine Verantwortung für Grete symbolisiert, und fährt fort, „Was hilfts—muß warten, bis er zuckt und zeigt, wohin die Reise geht" (BB, S. 421). In dieser Offenheit und Bereitschaft für die Zukunft liegen die Keime zu Bolls endgültiger Wandlung, denn „zum Werden verhilft einzig, bereit sein" (B II, S. 326).

Am Ende des fünften Bildes trifft Boll seine Entscheidung. Von seiner Frau und Otto Prunkhorst auf das Äußerste bedrängt, sich zum alten blauen Boll zu bekennen, übernimmt er schließlich die ihm von Virgin und Grüntal aufgebürdete Verantwortung für Grete. Der neue Mensch ist geboren. Eigenartigerweise hält Barlach jedoch Bolls Entscheidung zurück und läßt sie von seiner Frau aussprechen. Zunächst fordert sie ultimativ seine Rückkehr auf das Gut und damit in das alte, von Boll als „Hölle" (BB, S. 432 u. 433) bezeichnete Leben: „Aber jetzt muß er [Boll], muß mitfahren—muß!" (BB, S. 432). Doch als ihr Mann sie daraufhin vor die Alternativen stellt, entweder vom Turm zu springen oder mit ihrer Erlaubnis für Grete zu sorgen, schickt sie ihn zu Grete: „Du mußt, Kurt, du mußt zu ihr, ich schick dich zu ihr, geh zu Grete, Kurt, geh gleich!" (BB, S. 433). Obwohl Boll seiner Frau scheinbar die Entscheidung über sein Werden zuschiebt, hat er selber schon vorher seinen Entschluß gefaßt, denn die Alternativen, die er seiner Frau gibt, schließen seine Rückkehr in das alte Sein aus. Kaiser sieht daher in Bolls Haltung eine Verspottung seiner Frau, doch läßt sich sein Vorgehen eher als Ausdruck seines neugewonnenen Verantwortungs-bewußtseins deuten.[18] In dem Augenblick, in dem er die Verantwortung für Grete als bindend empfindet, bestätigt er zugleich seine Verpflichtung gegen seine Frau und bringt sie durch ihre Beteiligung am Entscheidungsprozeß ebenfalls auf den Weg des Werdens.

Die Tatsache, daß Boll dem Gebot seiner Frau und seines eigenen Gewissens folgend die Verantwortung für Grete und ihre Kinder auf sich nimmt, ist ein äußeres Zeichen für die Wandlung Bolls. Diesem äußeren Zeichen verleiht Barlach im folgenden Tiefe und Anschaulichkeit. Die eigenartige Mischung von Rausch, Vision und Realität des sechsten Bildes geben ihm die Möglichkeit, den alten Boll zum Höllenfeuer zu verdammen, während der neue, schlanke, junge Boll, der den Kindern Gretes hilft, gerettet ist. Bolls Klopfen an der Tür des Gasthauses, das Grete aus ihrem Rausch erwachen läßt, bestätigt seine Wandlung. Er hat seine Verantwortung endgültig übernommen. Damit erscheint sein Werdegang abgeschlossen.

Doch gehört es zum Wesen des Werdens, daß es niemals endet, und daher steht Boll erst am Anfang seiner Entwicklung. Wie sich im siebten Bild erweist, hat er die Idee des Sprunges vom Turm nicht aufgegeben. Da ihm sein Werden als „saure Sache" (BB, S. 447) und die Welt fortan als „Elendstal" (BB, S. 447, 448 u. 451) und „Schweinestall" (BB, S. 451) erscheint, erwägt er trotz seines Bekenntnisses, daß er an diesem Leben hänge, seine „turmhohe Veränderung" (BB, S. 448), um möglichst schnell in den „Festsaal der unvermeidlichen Dereinstigkeit" (BB, S. 448) zu gelangen. Damit wählt er aber wieder den einfacheren, verantwortungslosen und vom Genuß bestimmten Weg oder, wie es

der Herr nennt, das „primitive Werden" (BB, S. 454). Denn er versucht, das
saure, langsame und leidvolle Werden durch den geplanten Kraftakt mit einer
gloriosen, schnellen Handlung zu vertauschen. Diese Haltung wird vom Herrn
entlarvt und zurückgewiesen: „Das Werden, wissen Sie, das vom Turm herab,
dieses primitive Werden, ist verpaßt. Fängt man vernünftigerweise mit enden
an—?" (BB, S. 454). Stattdessen weist er Boll auf den richtigen, wenn auch
weniger attraktiven Weg des Werdens hin. Nur durch Schwere, Streben, Leiden
und Kämpfen (BB, S. 455) kann Boll sich erneuern. Mit diesem Hinweis auf „die
Organe des Werdens" (BB, S. 455) nimmt Barlach zugleich die Entscheidungen
seiner frühen Helden zurück. Der Tod des Sohnes und Hans Ivers und selbst die
Entscheidung des jungen Sedemund, sich ins Irrenhaus zu begeben, werden jetzt
als zu simple Lösungen, als ein Ausweichen vor den eigentlichen Problemen
gesehen, und die lebensbejahende Haltung Calans wird auf unpathetische Weise
bestätigt. Leben und Welt werden weiterhin pessimistisch als Quelle des Leidens
dargestellt, aber durch die Bejahung dieses Leidens kann der Mensch sich selbst
und die Welt überwinden und zu einem neuen Sein finden. Boll erkennt das und
vollzieht seine eigene Neugeburt durch die freiwillige Annahme seines Schicksals:
„Boll muß? Muß? Also—will ich!" (BB, S. 455).

Durch diesen Zusammenfall von Müssen und Wollen überwindet Boll seinen
inneren Dualismus und gewinnt seine Einheit zurück.[19] Er ist nicht mehr der mit
sich selbst zerfallene Boll, der von sich in der dritten Person spricht, sondern
bestätigt ausdrücklich sein neu erworbenes Ich. Über dieses Ich hat auch der
Zwang des Müssens seine Macht verloren, denn durch die freiwillige Annahme
seines Schicksals erringt Boll ähnlich wie Schillers Helden seine Freiheit. Diese
Selbstannahme ist ein wichtiges Ingredienz für die Entstehung des neuen
Menschen, denn ohne sie erliegen Barlachs geistige Helden dem Ekel vor der Welt
und dem eigenen Dasein, wie der Sohn im TT oder Iver im AV. Werden bedeutet
daher nicht nur Öffnung und Überwindung der eigenen egoistischen Grenzen,
sondern es enthält auch die ausdrückliche Bejahung der körperlichen Existenz, in
der sich der Mensch dauernd zu bewähren hat.

Das Stück endet mit der Geburt des neuen Menschen; daran läßt Barlachs
Diktion keinen Zweifel. Als Boll ungläubig um Bestätigung heischend fragt, ob
er wirklich weiterleben könnte, erwidert ihm der Herr: „Weiter? Nein gewiß

nicht, aber von frischem. Es ist erwiesen—Sie müssen, Boll muß Boll gebären"
(BB, S. 455). Diese Geburt vollzieht sich im letzten Satz des Stückes durch Bolls
Einwilligung in sein Schicksal. Damit ist Boll allerdings, wie die Metapher von
der Geburt nahelegt, erst in das „Säuglingsstadium" des neuen Menschentums
gelangt. Ein endgültiges Erreichen und Verbleiben im Status des neuen Menschen
läßt sich ohnehin nicht denken, da es dem Prinzip des Werdens widerspräche.
Deshalb wird das Konzept des neuen Menschen zur Idee, nach deren Verwirk-
lichung der Mensch strebt, ohne sie jemals erreichen zu können, und die Betonung
fällt auf das Streben, auf den Weg selber, der zum eigentlichen Ziel und
Lebenssinn wird. Nur im beständigen Streben, Kämpfen und Leiden bewährt und
erfüllt sich das neue Menschentum, ohne jemals die Gewißheit oder Hoffnung auf
ein Ziel oder ein Ende dieses Prozesses zu besitzen. Mit dieser Auffassung
überwindet Barlach die Todessehnsucht seiner frühen Protagonisten und bekennt
sich entschieden zum Leben, das bei ihm, wie bei Nietzsche, auch das Leiden
einschließt. Im Gegensatz zu Nietzsche vermeidet Barlach es jedoch, sich auf eine
Zielvorstellung vom Menschen festzulegen. Der neue Mensch wird weder als
welterlösender Heiland noch als asketischer auf das Jenseits gerichteter Weiser
dargestellt; er ist kein überragendes Individuum, aber er funktioniert auch nicht als
bloßer Bestandteil der Masse. Er ist vielmehr ein über sich hinaus suchender und
strebender Mensch mit dem Willen zur Verantwortung anderen gegenüber und der
Bereitschaft zum Leiden und Kämpfen.

Boll ist jedoch nicht die einzige Person des Dramas, die diesen Prozeß der
Mensch-Werdung durchläuft. Auch Grete Grüntal erfährt eine Wandlung. Doch
ist ihre Ausgangsposition diametral entgegengesetzt zu der des blauen Boll.
Während Boll das Leben liebt und sich im eigenen Fleisch wohlfühlt (BB, S. 414),
befällt sie der Ekel vor dem Fleisch, und während Boll den Tod fürchtet, sucht sie
ihn, denn nur „wer nicht mehr im Fleisch ist, der ist im Glück" (BB, S. 397). Sie
ist besessen von dem Gefühl der Schuld, daß sie ihre drei Kinder ins „verfluchte
Fleisch" (BB, S. 397) gebracht hat, und sinnt darauf, sie durch den Tod aus ihrem
Elend zu erlösen. Damit nimmt Grete eine ebenso extrem negative Haltung zum
Leben ein, wie Bolls Einstellung positiv ist. Ihre totale Lebensverneinung bedarf
offenbar ebenso sehr einer Wandlung wie die geistlose Genußhaltung Bolls.

Ihre Wandlung geschieht im sechsten Bild, das im Vergleich zu den übrigen Szenen unrealistisch erscheint. Doch hat Barlach auch in diesem Bild die realistischen Elemente mit dem dahinter liegenden Sinn in Balance gebracht, indem er die Möglichkeit offenläßt, daß das gesamte Geschehen ein durch Alkoholgenuß gefördertes Traumerlebnis von Grete darstellt. Durch die Gleichsetzung von Gift und Alkohol (BB, S. 419, 421 u. 437) und durch wiederholte Andeutungen auf Gretes Alkoholkonsum während ihrer Nacht in Elias Gasthaus (BB, S. 441 f u. 445) deutet Barlach an, daß die „Höllenvisionen" und der damit verbundene Heilungsprozeß lediglich in Gretes Phantasie stattgefunden hat. Eine solche Interpretation entwertet den Vorgang keineswegs, denn wie Kule den Sohn im TT belehrt, kann man träumend weiter sehen als mit wachenden Augen (TT, S. 22). Trotz dieser realistischen Einbettung bleibt das Bild geheimnisvoll und rätselhaft und deutet auf die Schwierigkeiten hin, die Barlach zu überwinden hatte, um das innere Wandlungsgeschehen auf der Bühne darzustellen.

In ihrer Vision sieht Grete ihre drei Kinder wehrlos dem höllischen Feuer ausgesetzt, und durch diesen Anblick erwacht in ihr der kreatürliche Mutterinstinkt. Alle Gedanken an ihre Versuche, die Kinder aus dem Fleisch zu erlösen, sind plötzlich vergessen. Angst (BB, S. 440) und Sorge um die Kinder beherrscht ihr Verhalten. In einer zweiten Vision—diesmal offensichtlich schon unter dem Einfluß des Alkohols—verhindert sie, daß die drei Toten Mehlspeis, Splint und Käselow ihre Kinder abholen und bestätigt dadurch, daß sie das Vorhaben, ihre Kinder zu vergiften, aufgegeben hat. Obwohl die Toten sie an ihren ursprünglichen Plan erinnern, müssen sie das „Kroppzeug," wie sie Gretes Kinder nennen, „in seinem Fleisch" lassen, da Grete es nicht besser haben will (BB, S. 442). Durch diese Annahme des eigenen Fleisches in ihren Kindern erlebt Grete ebenfalls eine Neugeburt. Während Bolls Werden in eine exkarnative Richtung geht und eine Art geistige Erneuerung darstellt, erlebt Grete einen inkarnativen Prozeß, der ihre extreme Orientierung am Geistigen wieder an das Materielle bindet. Daß diese Inkarnation nicht gleichbedeutend ist mit der Aufgabe ihrer geistigen Haltung, beweist Grete in ihrer letzten Begegnung mit Boll. In ihrem Vergleich zwischen dem hölzernen Apostel und Boll betont sie die Qualität seiner Zähne und weist damit auf seine „scheußliche Familienähnlichkeit" (BB, S. 427) zu den Prunkhorsts hin, von der er sich offenbar noch nicht völlig befreit hat.[20] Auch Bolls Augen werden von ihr zunächst negativ beurteilt, während es ihr erscheint, als ob die Augen des Apostels von innerer Geistigkeit glühen. Doch kurz darauf, als Boll ihr seinen Entschluß, vom Turm zu springen, angedeutet hat, erkennt sie auch in Bolls Augen ein ähnliches Glühen. „Wenn die Sonne in deine Augen scheint, glühen sie besser als dem seine [die Augen des Apostels], das seh ich genau, wenn ich gut hinseh" (BB, S. 448). Auf diese Weise bestätigt sie Bolls Wandlung. Dennoch macht sie keinen Versuch, Boll von seinen Selbstmordplänen abzuhalten. Sie weiß viel zu gut, „was im Fleisch steckt" (BB, S. 414) und hat den Ekel vor dem Leben zu tief erfahren. Sie weint um ihn und sichert ihm ihre Verzeihung zu, doch überläßt sie ihn seinem eigenen Gericht, während sie selber „heil und ganz" (BB, S. 448) zu ihren Kindern zurückkehrt.

Eigenartigerweise muß man Gretes Heilung als Werk des Teufels verstehen oder dem von Elias personifizierten, teuflischen Prinzip wenigstens einen starken Einfluß zubilligen. Es mag sein, daß Barlach sich bewußt des Teufels bediente, um das Inkarnative des Wandlungsvorganges zu betonen, so wie er den Herrn für die letzte Phase von Bolls exkarnativen Prozeß verantwortlich macht. Doch spielen die Kategorien „gut" und „böse" und die Unterschiede zwischen Gott und Teufel im Rahmen des Werdeprozesses nur eine untergeordnete Rolle, und Barlach bemüht sich, die Grenzen zwischen ihnen zu verwischen. Das auffälligste Zeichen dafür ist das Satanshinterviertel, in dem Wagner ein „Surrogat-Symbol" sieht, das „die abstrakte Vorstellung 'Werden' in einem Bild" konkretisiert.[21] Zweifellos dient das Satanshinterviertel, dessen Entstehung offenbar auf eine Anregung aus dem Faust-Volksbuch zurückgeht, als skurrile Chiffre für das „Wachsen und Werden" (BB, S. 417); aber da es ausgerechnet dem Herr-gott als Attribut zugeschrieben wird, deutet es zugleich darauf hin, daß auch das Böse und Teuflische ein Teil des Göttlichen ist. In diesem Sinne beschwert Boll sich später beim Herrn: „Herr, was für ein ausgelernter Satan sind Sie" (BB, S. 454), und der Herr selbst weist mehrfach auf seine Verbindungen mit dem Bösen hin (BB, S. 417, 428 u. 431). Die Tatsache, daß die Kirche der neuen apostolischen Gemeinde neben dem Gasthaus liegt, das Elias als seine gemütliche „Teufelsküche" bezeichnet, übersetzt dieses Konzept ins Räumlich-Visuelle. Hinzu kommt, daß weder der Herr noch Elias eindeutig festgelegt sind. Beide weihen Boll mit mehrdeutigen Worten in ihre Identität ein. „Man nennt mich hier herum den

Teufel Elias, " flüstert Elias Boll zu und fährt fort, „es ist was dran!" (BB, S. 420); „Herrgott sagen Sie so—, " erwidert der Herr auf Bolls Anrede, „also unter uns: es ist was daran, nur etwa als sachte und demütige Spiegelung aus der Unendlichkeit nehme ich den Namen des Herrn hin, eine schwache, kaum wahrnehmbare Abschattung Gottes, nicht wahr, so ists gemeint?" (BB, S. 426). Sowohl der Herr als auch Elias haben allegorische Funktionen. Sie dienen als „menschliche Erscheinungsformen des Göttlichen und Teuflischen" und sind daher vom allgemeinen Werden ausgenommen.[22] Während jedoch der Herr kaum ein Eigenleben gewinnt und fast ausschließlich als Kommentator und Interpret des inneren Geschehens fungiert, erscheint Elias in seiner Rolle als bedenkenloser Kneipenwirt voller Leben und Realität. In seiner rücksichtslosen Egozentrik und seiner unverhüllten Genußsucht verkörpert er gewissermaßen einen unverwandelten Boll im fortgeschrittenen Stadium.

Trotz des Übergewichts von Elias als dramatischer Figur und trotz der Versuche Barlachs, die Grenzen zwischen Gut und Böse, zwischen Gott und Teufel verfließen zu lassen, hat das Stück ein solides ethisches Zentrum. „Verantwortung" ist eines der Schlüsselwörter des BB, und die Forderung, sich selber nicht der Nächste zu sein, läßt sich nicht überhören. Darüberhinaus entwickeln sich mit Ausnahme des Herrn und des Teufels Elias alle wichtigen Personen auf einen schwer zu beschreibenden inneren moralischen Kern zu: Frau Boll verliert die Gewißheit, Gottes Willen zu verstehen, indem sie den „Zucker der Demut" ißt und sich vor Grete erniedrigt; Otto Prunkhorst, der jeglicher Veränderung abgeschworen hat, erlebt im Tode die entscheidende Veränderung seiner Existenz; Grete gibt den Plan, ihre Kinder zu vergiften, auf und lernt auch das Fleischliche als Daseinsform zu akzeptieren; und Boll verzichtet schließlich auf sein Abenteuer mit Grete und auf den Selbstmord, um einen mühseligen und glanzlosen Lebensweg auf sich zu nehmen. Obwohl sich aus diesen Werdegängen, an denen zudem noch der Teufel beteiligt ist, keine spezifischen ethischen Gesetzmäßigkeiten ableiten lassen, liegt ihnen doch ein ethisches Schema zu Grunde: Jede Person wandelt sich aus einer festgelegten, extremen Seinsposition auf eine gemäßigtere und flexiblere Haltung zu. Frau Bolls Selbstgerechtigkeit verwandelt sich in Demut, Ottos Unwandelbarkeit in Veränderung, Gretes Lebensekel und Ablehnung des Fleisches zur Bereitschaft, für das eigene Fleisch zu kämpfen, und Bolls selbstischer Materialismus und seine Genußsucht läutern sich zu Hilfs- und Verantwortungsbereitschaft. Diese Wandlungen geschehen nicht, weil Barlachs Menschen äußeren, vorgeschriebenen Verhaltensweisen oder Gesetzen folgen, sondern weil sie ihre Sinne nach innen richten und ihren inneren Gesetzmäßigkeiten gehorchen. Indem sie sich auf sich selber besinnen und ihren eigenen Impulsen folgen, finden sie den göttlichen Kern, den nach Barlachs Auffassung alle Menschen in sich haben, und sie werden zu echten Menschen. Daß dieses Werden mit innerer Notwendigkeit jeden Menschen ergreift, beweist Barlachs grenzenloses und optimistisches Vertrauen auf den Menschen und seine Fähigkeiten. Die Welt erscheint dem Menschen zwar als Hölle, Zuchthaus oder Schweinestall, doch ahnt er hinter allem eine höhere Harmonie, nach der er dauernd streben muß (B II, S. 21).

In den frühen Stücken stellt Barlach hauptsächlich zwei menschliche Verhaltensweisen zu diesem Zustand der Welt dar: Entweder richtet sich der Mensch in dieser Welt wohnlich ein und zeigt keinerlei Bedürfnis nach einer anderen Existenz, oder die Verzweiflung über das irdische Dasein und die Sehnsucht nach der geahnten, auf der Erde jedoch unmöglichen Existenzform läßt ihn scheitern. Im BB gestaltet Barlach die Synthese. Der im Materiellen, Diesseitigen verhaftete Mensch wird zur Vergeistigung und Überwindung seiner selbst geführt, und der am Jenseitigen orientierte, das Irdische verleugnende wird zur Annahme des Fleisches gebracht. Beide Vorgänge enden jedoch nicht mit einem endgültigen fixierten Resultat, sondern werden als endlose Prozesse dargestellt. Echtes Menschentum bedeutet für Barlach demnach, so banal es auch klingen mag, Ringen um die Synthese von Körper und Geist, von Irdischem und Göttlichem im Menschen. Das Ringen um diese Synthese steht im Zentrum von Barlachs gesamtem Schaffen. Es beherrscht nicht nur seine Dramen, sondern bestimmt auch sein Verhältnis zur Sprache, in der er einerseits eine untaugliche Krücke sieht, aber andererseits auch die einzige Möglichkeit, zur Wahrheit durchzustoßen; es läßt sich in seinen theoretischen Äußerungen zur Kunst nachweisen, in denen er die abstrakte „Esperanto"-Kunst (B I, S. 395) eines Kandinsky und die „psychische Geometrie" (P II, S. 373) eines Picasso ebenso entschieden ablehnt wie den landläufigen Naturalismus (B I, S. 376); den mächtigsten Ausdruck findet es jedoch in seinen Skulpturen, in denen die Idee, die

Vision, das Geistige auf unnachahmliche Weise in den erdenschweren, menschlichen Körpern angesiedelt wird.

Fußnoten *Der blaue Boll*

1. In seinem autobiographischen Bericht „Ein selbsterzähltes Leben" spricht Barlach auch von der „Selbstverständlichkeit des Unwahrscheinlichen" (P I, S. 18), und in einem Brief über den BB heißt es mit Bezug auf das Werden: „Was so unfaßbar ist, kann man nur als Selbstverständlichkeit hinnehmen wie Sonnenauf- und-niedergang" (B II, S. 76).

2. B I, S. 621 und 737; B II, S. 107 und Paul Schurek, *Begegnungen mit Ernst Barlach*, S. 30.

3. „Zur Struktur von Barlachs Dramen," S. 121. Paulsen übertreibt die Wichtigkeit dieser Formel, wenn er ihr besondere strukturelle Bedeutung zuschreibt. Im Verlaufe des BB taucht sie nicht „immer wieder aus dem Blauen" auf, sondern sie wird im Ganzen nur viermal benutzt, um Bolls unbestimmte Vorahnung seiner bevorstehenden Wandlung auszudrücken. Mit dem Auftreten des Herrn und der damit verbundenen Entfaltung der Thematik vom allgemeinen Werden verliert auch die Formel als Ausdruck des Ungewiß-Seins ihre Funktion. Wenn man der Formel tatsächlich strukturelle Bedeutung beimessen will, dann höchstens für die erste Hälfte des Dramas, in der sie die Thematik des Werdens vorbereitet.

4. Nicht ohne Grund taucht das Wort „anders" in dem zitierten Dialog am Beginn des BB bereits dreimal auf und nimmt im Verlaufe des Stückes durch ständige Wiederholung leitmotivischen Charakter an. „Anders" wird in adjektivischer und adverbialer Form zweiundzwanzigmal im BB gebraucht; dazu kommen noch elfmal die von der gleichen Wurzel stammenden Formen „ändern," „verändert," „Änderung" und „Veränderung."

5. Barlach gebraucht den Wechsel von der ersten zur dritten Person und umgekehrt sehr effektiv. Besonders gelungen ist z. B. die Art, wie Boll das

Gespräch mit dem Bürgermeister abbricht: „Da kommt meine Frau, Herr Bürgermeister, überlassen wir Boll sich selbst, mag er zusehen, wie ich, glaube ich, schon mal sagte" (BB, S. 393); und vor allem der Schluß des Dramas: „Boll muß? Muß? Also—will ich!" (BB, S. 455).

6. *Der Dramatiker Ernst Barlach*, S. 111, Anmerkung 22.

7. Dieses paradoxe Verhältnis Bolls zu Grete erinnert an Siebenmarks Werbung um Fräulein Isenbarn im AV.

8. Die Chiffre „Schwindel" drückt im BB, wie Kaiser richtig beobachtet, „ein Gefühl des Erhobenseins und der Gefährdung zugleich" aus; *Der Dramatiker Ernst Barlach*, S. 108. Es ist möglich, daß auch die dritte Bedeutung „Betrug" mitschwingt, denn, wie bereits beschrieben wurde, hat Bolls Anspruch, innerlich „aufgetürmt, turmhaftig" (BB, S. 396) zu sein, etwas Hochstaplerisches.

9. *Der Dramatiker Ernst Barlach*, S. 109.

10. Das Wort wird fünfunddreißigmal im BB gebraucht und spielt eine ähnlich prominente Rolle wie das Wort „Gott" in der SÜ.

11. Die gleiche Idee von der Schuld der Frau am Elend der Kinder findet sich bereits in den ES. Dort heißt es: „Die Frauen bedenken nicht, daß ihre Kinder von Geistes Gnaden sind, sie vergiften sie im Leibe mit gemeiner Menschlichkeit. Sie glauben an keinen Geist als Gewissen um sich und in sich" (ES, S. 239).

12. Kaiser bezeichnet es als Widersinn, daß Grete „die Erlösung vom Fleisch durch ihr eigenes Fleisch erwirken" will; *Der Dramatiker Ernst Barlach*, S. 113. Er übersieht jedoch, daß für Grete, ebenso wie für Fräulein Isenbarn im AV, das Fleisch so bedeutungslos geworden ist, daß ihre Bereitschaft, Bolls sexuelle Wünsche zu befriedigen, eher auf völlige Indifferenz als auf Opferwilligkeit zurückzuführen ist. Wie Fräulein Isenbarn ihrem Verlobten ohne Hemmungen ihren Körper anbietet (AV, S. 179 ff), da sie das Körperliche in sich überwunden hat, so geht auch Grete bereitwillig auf die Forderungen Bolls ein.

13. Ebenso: BB, S. 421 und S. 444; S. 438 bringt eine Variation: „Boll wirds beliebig machen, bald so, bald anders, Boll muß."

14. Die Parallelen zu den Zähnen des alten Kummer im FI (FI, S. 302) sind deutlich.

15. „Barlach's *Der Blaue Boll* and the New Man," S. 238. Allerdings übersieht Lucas, daß Barlach alle Personen des Stückes mit zuviel Individualität und Humor ausgestattet hat, um sie lediglich als Vertreter von Entwicklungsphasen fungieren zu lassen. Außerdem sind auch diese Personen dem gleichen Werdeprozeß wie Boll unterworfen.

16. Barlach gebraucht die Verben „wachsen" (zweimal), „sprossen," „keimen," „gedeihen," „in Saat schießen" und „Triebe ansetzen." Allerdings vermittelt der Gebrauch der Pflanzenmetaphorik auch irreführende Assoziationen, denn das Werden ist keineswegs mit dem organisch bestimmten Wachstum von Pflanzen gleichzusetzen. „Werden vollzieht sich unzeitig" (BB, S. 455), erklärt der Herr am Ende des Stückes und bestätigt damit, was vorher bereits an den Personen demonstriert wurde. Werden kann plötzlich und mit großen, endgültigen Entwicklungsschüben geschehen wie im Falle von Otto Prunkhorst, oder es kann als Ergebnis innerer Kämpfe nach langem Zaudern, Schwanken und Suchen gewonnen werden, wie im Falle Bolls.

17. „Müssen" wird als Vollverb ohne Infinitiv vierzigmal im BB gebraucht.

18. *Der Dramatiker Ernst Barlach*, S. 119.

19. Kaiser behauptet, daß der Dualismus weiterbesteht. Er sieht hinter Bolls letzter Formel: „Also—will ich!" (BB, S. 455) „ein Wollen-Müssen, hinter dem zwar der Geist steht, welches aber das widerstrebende alte Ich nicht zum Vollbringer-Wollen zwingen kann." *Der Dramatiker Ernst Barlach*, S. 127. Kaiser übersieht jedoch, daß das Müssen vor der Formel durch die zwei Fragezeichen bereits in Frage gestellt ist. Er erkennt auch nicht den programmatischen Wechsel von der dritten Person, die noch die Gespaltenheit Bolls andeutet, zur ersten sich ausdrücklich als Einheit bestätigenden Person. Darüberhinaus läßt sich diskutieren, ob nicht das „Wollen-Müssen" eine Form des „Vollbringen-Wollens" darstellt.

20. Vgl. die Bedeutung der Zähne für den alten Kummer im FI, S. 302.

21. „Die Sündflut," in: *Das deutsche Drama, Bd. II*, S. 354.

22. H. Kaiser, *Der Dramatiker Ernst Barlach*, S. 120.

Zusammenfassung

Wie den Plastiken von Ernst Barlach trotz ihrer Vielfalt ein gemeinsames Thema zu Grunde liegt, das man als menschliches Leiden und Ergriffensein bezeichnen könnte, so behandeln seine Dramen ebenfalls ein zentrales Thema, nämlich den Menschen im Aufbruch aus seiner irdisch begrenzten Existenz auf der Suche nach einer neuen, unbekannten Daseinsform; und wie seine ersten Bettlerplastiken nach dem Rußlanderlebnis im Jahre 1906 bereits die Thematik und Formen der späteren Schöpfungen vorausnehmen, so setzt auch Barlachs erstes Drama, der TT, den gehaltlichen, formalen und sprachlichen Rahmen für alle folgenden Stücke.   Doch zeigt bereits ein oberflächlicher Vergleich der „Russischen Bettlerin mit Schale" aus dem Jahre 1906 z.B. mit der „Frierenden Alten" aus dem Jahre 1937 ebenso wie ein Vergleich etwa des TT mit dem BB, daß eine deutliche Entwicklung in Form und Gehalt stattgefunden hat.

Im TT schildert Barlach vor allem die alte Welt und den alten Menschen und zeigt, wie diese Welt das Streben zum Neuen ersticken und auslöschen kann.   In der Gestalt der Mutter ist Barlach eine der eindrucksvollsten Verkörperungen des alten Menschen gelungen.   An das Irdische, Dunkle gebunden und an der Vergangenheit orientiert, bekämpft sie jegliche Veränderung.   Eingekapselt in ihren Egoismus und ohne Verständnis für das Geistige, verbreitet sie durch ihre verzweifelten Versuche, den *status quo* zu sichern und eigenes Leid zu vermeiden, Unglück um sich herum.   Ihre materialistische Lebensauffassung läßt sie selbst in Bezug auf ihren Sohn nur in Kategorien des Besitzes denken, und die endgültige Erkenntnis, diesen Sohn aus ihrem Besitz verloren zu haben, bereitet ihr den Untergang.

Aus diesem negativen Bild der Mutter läßt sich unschwer das positive Gegenbild des neuen Menschen konstruieren, nach dem der Sohn strebt.   Der neue Mensch lebt in einer Welt des Tages, des Lichtes und der Sonne; sein Streben orientiert sich an der Zukunft und richtet sich auf die Verbesserung und Erneuerung der alten Welt. Materielles bedeutet ihm nichts, da er den Wert des Geistigen kennt. Nicht Egoismus und Besitz, sondern Selbstlosigkeit und Selbstaufgabe sind seine Leitworte, und sein Leben ist gekennzeichnet durch eine ethische Grundhaltung, deren Zentrum Mitleid und Öffnung zum Mitmenschen bildet.

Doch geht es Barlach im TT nicht, wie diese Gegenüberstellung vermuten läßt, um einen Konflikt zwischen alter Welt und neuer Welt, zwischen altem Menschen und neuem Menschen, der nach expressionistischem Muster in einen Generationskonflikt eingekleidet ist; sondern es geht um eine Problematik, die im Sohn selber angelegt ist. Die Ablehnung der Mutterwelt wird zwar dargestellt und spielt eine wichtige Rolle, entscheidend ist jedoch nicht die Negierung des Alten, sondern die Erlangung des Neuen. Der Sohn will sich vom Muttersohn zum Göttersohn aufschwingen und scheitert bei seinem hybriden Versuch. Durch Ekel aus der alten Welt vertrieben und unfähig, das von ihm selbst zu hoch angesetzte Ziel der Welterneuerung zu erreichen, verzweifelt er über die Sinnlosigkeit seiner Existenz und gibt sich selber den Tod. Dieser Tod kann leicht als die grausame Konsequenz einer Welt mißverstanden werden, in der es für den neuen Menschen keinen Platz gibt. Eine solche Deutung, obwohl sie sich mit fast zwingender Notwendigkeit aus dem Geschehen im TT ergibt, widerspricht jedoch der Auffassung Barlachs und wird daher durch den Schlußkommentar entkräftigt. Indem Steißbart verkündet, daß ein Weg kein Ziel haben müsse, sondern das Ziel selber sei, erhält die Problematik eine überraschende und positivere Erklärung: Der Grund seines Scheiterns ist nicht der Bruch mit dem Alten und das Streben nach dem Neuen, er liegt vielmehr in dem Versuch, eine leidlose Welt schaffen zu wollen und auf diese Weise ein unerreichbares Ziel anzustreben. Durch das Scheitern des Sohnes und mit Hilfe des Schlußkommentars verweist Barlach den Menschen auf sich selber. Nicht in einer außer- oder übermenschlichen Realität, sondern hier auf dieser unvollkommenen, leidvollen Erde soll sich der Mensch durch dauerndes Streben ohne Kenntnis eines endgültigen Zieles bewähren.

Ein Weg, dessen Ziel dem Menschen ewig unbekannt und unerreichbar bleibt, kann leicht zu Verzweiflung und Nihilismus führen, doch ist Barlach durch einen fast instinktiv zu nennenden Glauben an den Menschen und ein Vertrauen darauf, daß es einen Sinn in dieser Welt gibt, gegen eine solche Haltung gefeit. Für ihn und seine Dramenfiguren gibt es „irgendeine Wahrheit" (TT, S. 30), und diese Gewißheit bewahrt ihn vor dem Gefühl der Sinnlosigkeit. Sie führt letzten Endes auch zu der freiwilligen Annahme des Schicksals, die bei Kule im TT bereits angedeutet wird und die im BB zur unerläßlichen Voraussetzung für den Weg zum neuen Menschentum wird.

In dieser Haltung erweist Barlach sich als wahrer Humanist, der trotz aller Schilderungen von pervertierten und grotesken menschlichen Zuständen an die Möglichkeit eines echten Menschentums glaubt, selbst auf einer Erde, die einem „ganz raffinierten Zuchthaus" (B II, S. 21) gleicht.

Auch im AV verwendet Barlach einen großen Teil seiner künstlerischen Energien auf die Beschreibung der alten Welt, die zwar an realistischem Detail gewinnt, aber dadurch nicht minder abstoßend und ekelerregend wirkt als im TT. Das Rattendasein (AV, S. 134) ist gekennzeichnet durch Selbstzufriedenheit, Egoismus und Streben nach Besitz, Sicherheit und Genuß. Es wird von den alten Menschen fraglos akzeptiert. Wie auch im TT gibt es das Bemühen einzelner, sich aus dieser Welt zu befreien, und wie im TT endet der Befreiungsversuch der Hauptperson mit einem freiwilligen Ausscheiden aus dem Leben. Doch zeigt sich gerade am Freitod Ivers eine Weiterentwicklung der Idee vom neuen Menschen. Während die Geburt des neuen Menschen im TT als traurige Mißgeburt dargestellt wird, erscheint Ivers Tod als eine Art Verherrlichung des neuen Menschen. Während der Sohn an der Erkenntnis scheitert, daß er den Göttern nicht gleichen kann und aus Verzweiflung über diese Erkenntnis stirbt, führt das Wissen um die Begrenztheit des menschlichen Daseins Iver dazu, im Tode ein Mittel der Selbstbefreiung und -entgrenzung zu sehen. Während der Sohn sich von seinem Göttervater verlassen fühlt, versteht Iver seinen Tod als Eingang zu einer höheren Existenzform. Mit dieser Auffassung vom Tode nimmt Barlch die Tat des Sohnes im TT zurück, gesteht dem Menschen ein zunehmendes Maß an Entscheidungsfreiheit zu und verstärkt das Vertrauen auf den göttlichen Kern im Menschen.

Entscheidend für die Entwicklung des Konzepts vom neuen Menschen ist die Rolle von Fräulein Isenbarn. Sie wächst nicht nur über die materialistisch-egoistische alte Welt hinaus, sondern überwindet auch den Iverschen Lebensekel, indem sie der Welt und damit auch ihrem Leben einen positiven Sinn gibt. In ihrer

Person deutet Barlach zum ersten Mal die Möglichkeit an, daß sich das Konzept vom neuen Menschen auf untragische Weise im irdischen Dasein verwirklichen läßt.

Während Iver und Fräulein Isenbarn von vorneherein als Außenseiter und Auserwählte auftreten, die nach der neuen Welt streben, stellt Barlach mit Siebenmark zum ersten Mal einen fest in der alten Ordnung verankerten Menschen vor, der einen Wandel versucht. Selbst wenn dieser Versuch der Wandlung vergeblich ist, beginnt hier eine Entwicklung, die mit dem Konzept des Werdens endet, das nach Barlachs Auffassung alle Menschen in einen Wandlungs- und Erneuerungsprozess verstrickt.

In den ES gestaltet Barlach eine untragische Lösung. Der Tod wird nicht mehr als befriedigende Antwort für die Suchenden angesehen, und die Zahl der Konversionen zum neuen Menschentum steigt. Trotzdem kann man nicht eigentlich von einer optimistischen Grundhaltung Barlachs in Bezug auf die Welt sprechen, denn spätestens in den ES wird deutlich, daß es dem Künstler nicht um eine Verbesserung der Welt geht oder daß er etwa danach strebt, das Leiden in der Welt zu beseitigen. Im Gegenteil, dem Leiden, der Disharmonie, dem Negativen wird eine durchaus positive Rolle zuerkannt. Damit nimmt Barlach die Leidensthematik, mit der er sich bereits im TT und AV beschäftigt hat, wieder auf und weist ihr eine entscheidende Rolle in seiner neuen Welt zu. Ähnlich wie Goethe sieht auch Barlach im Leiden, Unglück und selbst im Bösen eine bewegende, positive Kraft, die den Menschen zum Streben anspornt. Daher ist das Leiden unauflösbar mit dem Konzept vom neuen Menschen verknüpft, und eine Beseitigung des Leidens ist nicht nur unmöglich, sondern auch unerwünscht. Erneuerung des Menschen hat folglich nichts zu tun mit Verbesserung im Sinne einer eudämonistischen Anschauung, sondern bedeutet vielmehr dauerndes Streben und Suchen nach dem geistig-göttlichen Wesenskern im Menschen. Leiden, Schmerz und Unglück sind für diesen Prozess unerläßliche Voraussetzungen.

Im FI wird die Welt entsprechend der in den ES erkannten Bedeutung des Leidens und des Negativen in ihrer gemeinsten und niedrigsten Form gezeigt. Der neue Mensch, dessen Geburt am Schluß der ES versprochen wurde, entpuppt sich in der unbeschreiblich häßlichen und abstoßenden Gestalt des Findlings als das Symbol der alten Welt, und der alte Mensch, der in den frühen Dramen als Fresser dargestellt wurde, entwickelt sich buchstäblich zum Menschenfresser. Dadurch, daß die Menschheit auf ihren absoluten Tiefpunkt geführt wird, erscheint sie reif für die notwendige Wandlung. Durch die Erkenntnis der eigenen Minderwertigkeit wird der Mensch fähig zur Selbsterneuerung. Dieser Vorgang, den Barlach im AV zutreffenderweise als „Ekelkur" (AV, S. 147) bezeichnet, liefert den Schlüssel zu den häufigen Darstellungen von grotesken, grausamen oder ekelerregenden Szenen und Bildern in Barlachs dramatischem Werk. Durch Übertreibung und Verzerrung sollen Charaktere, Leser und Zuschauer auf den unerträglichen Zustand der Welt hingewiesen und zur Selbsterneuerung geführt werden.

Es ist jedoch nicht die „Ekelkur", die zur Erneuerung der Menschheit im FI führt, sondern die Erlösungshandlung von Thomas und Elise. Aus freiem Entschluß, gedrängt allein durch Mitleid und die Erkenntnis ihrer eigenen Schuld an dem elenden Zustand der Welt, nehmen sie den Findling und damit das Symbol der alten Zeit an. Durch diesen Akt der freiwilligen Selbstannahme verwandeln und erneuern sie die Welt. Obwohl Barlach sich bemüht, dieser Wandlung das christlich-wunderbare Element zu nehmen und die Erlösung als Menschenwerk darzustellen, überzeugt seine Lösung nicht völlig. Darüberhinaus läßt sich der Bruch zwischen der auf die Verwandlung angelegten Motivkette der „Ekelkur" und dem von Thomas und Elise bewirkten Erlösungsgeschehen nicht übersehen.

Die Verselbständigung der Sprache, die häufig ins Übertriebene und Manierierte verfällt, verstärkt die Schwächen dieses äußerst optimistischen Welterlösungsdramas.

In der SÜ beschreibt Barlach den Menschen in seinem Verhältnis zum Göttlichen und stellt dar, wie der Mensch sich selber in seinen Gott projiziert. Dementsprechend glaubt der materialistische, genießerische und selbstgerechte Noah an einen ewig unwandelbaren Gott, während der Zweifler, Sucher und Versucher Calan einen wandelbaren Gott preist, der im Tode sogar mit Calan eins wird. Es kann kein Zweifel daran bestehen, daß Barlach den behäbigen Pharisäer Noah trotz seiner Rettung verdammt, während Calan trotz seiner negativen Züge wegen seiner bohrenden, zweifelnden Suche nach Gott zum Prototyp des neuen Menschen wird. Im Vergleich zu den frühen Vertretern des neuen Menschentums zeichnet Calan sich durch seine rückhaltlose Diesseitsbejahung aus, die das Gute und das Böse einschließt. Verbunden mit dieser Haltung ist eine selbstbewußte, lachende Stärke, Verantwortungsgefühl, Geringschätzung des Materiellen und Bereitwilligkeit zur Macht und zur Wandlung. Vor allem dieser letzte Aspekt, seine fast experimentell zu nennende Bereitschaft zur Wandlung und zur Erforschung der Grenzen seines Ichs, weist auf die Thematik des Werdens voraus, die die letzten drei Stücke Barlachs beherrscht.

Werden ist eine Chiffre, die in enger Verbindung mit Barlachs Konzept vom neuen Menschen steht. Es bedeutet Aufbruch ins Unbekannte und Suche nach dem geahnten metaphysischen Kern des Menschen. Es führt, wie Barlach im BB demonstriert, den Menschen aus der Enge und Begrenztheit seiner alten Existenz in eine neue Daseinsform. Am Beispiel des Gutsbesitzers Boll wird der stufenweise Zerfall des alten Boll dargestellt. Zunächst wird ihm sein von Trieb, Genuß und Verantwortunglosigkeit bestimmtes egoistisches Dasein fragwürdig. Sein ständiges Fragen und Suchen führt zur Selbstverleugnung, Selbstverlorenheit und schließlich sogar zur Selbstaufgabe. Durch diesen Zustand der Selbstaufgabe findet Boll den Weg zur Erneuerung. Er bestätigt diese durch die freiwillige Annahme einer Existenz, die von ihm ein selbstloses, von Leiden und Streben bestimmtes Leben verlangt. Damit ist der neue Mensch geboren. Bolls Weg führt vom Äußerlichen zum Wesentlichen, vom Materiellen zum Geistigen, von der Verantwortungslosigkeit in die Verantwortung und aus der Beschränktheit des Individuellen zu einer Übereinstimmung mit umfassenderen Kräften.

Werden bleibt jedoch immer in Verbindung mit dem Menschlichen und daher auch mit dem Materiellen und Individuellen. Den Beweis dafür liefert Barlach durch den Werdegang von Grete Grüntal. Ihre Ablehnung des Fleischlichen spiegelt Ivers Lebensekel wieder, der jedoch im BB exemplarisch zurückgenommen wird. Wie Boll in Richtung auf sein geistiges Zentrum geführt wird, so muß Grete lernen, ihre Abhängigkeit vom Fleischlich-Diesseitigen zu akzeptieren. Wie auch die Werdegänge der übrigen Personen beweisen, ist der Weg zum neuen Menschentum für jeden individuell verschieden; dennoch läßt sich ein allgemeines Grundschema erkennen: Neues Menschentum bedeutet dauerndes Suchen und Streben nach inneren Gesetzmäßigkeiten. Indem der Mensch sich auf sich selber besinnt, findet er das Göttliche, an dem nach Barlachs Auffassung alle Menschen teilhaben, in sich. Da dieser metaphysische Kern die einzige Verbindung zu den höheren Gesetzmäßigkeiten darstellt, die dem Menschen auf Grund seines

Menschseins verborgen sind, kann nur eine freiwillige Annahme des Schicksals zu echtem menschlichen Verhalten führen.[1] Daher bedeutet der Entschluß Bolls, zu wollen, was er muß, die Geburtsstunde des neuen Menschen. Möglich ist ein solches Vertrauen auf das Schicksal nur, weil ihm der Glaube Barlachs an eine göttliche Ordnung zu Grunde liegt, die den Menschen trotz seiner Unfähigkeit, sie zu durchschauen, den richtigen Weg finden läßt.

In seinem nächsten Drama, dem GR, stellt Barlach die Entwicklung des Grafen von Ratzeburg dar.[2] Aus dem „Herr[n] und Haber, Haber und Heger..., Walter und Behalter" (GR, S. 520) wird ein demütiger, selbstloser Mensch, der sich seiner alten Geltungen und Bindungen völlig entledigt und schließlich in Übereinstimmung mit seinem Geschick den freiwilligen Martertod an Stelle seines Sohnes stirbt. Die Ähnlichkeit der Thematik zum BB ist offensichtlich, und Graucob geht soweit, den Grafen von Ratzeburg einen Boll „in anderen Verhältnissen und anderer Zeit" zu nennen.[3] Doch ist diese Bemerkung irreführend, da der GR eher als eine Fortsetzung des BB anzusehen ist, denn das Stück setzt an der Stelle ein, wo der BB endet. Während die Wandlung Bolls das Drama beschließt, findet die Wandlung des Grafen bereits in der zweiten Szene statt. Dennoch hat Graucob mit seiner Beobachtung nicht völlig unrecht, da sich im Grunde Bolls Weg bis zum neuen Anfang nicht eigentlich von dem Weg des Grafen bis zu seinem Tode unterscheidet. Beide Wege sind gekennzeichnet durch ein nach innen gerichtetes Vorwärtstasten, beide führen durch Selbstentfremdung und Selbstaufgabe, durch Leiderfahrung und Todesnähe zur Bereitschaft, Verantwortung für andere zu übernehmen und beide enden schließlich mit einer inneren Übereinstimmung von Müssen und Wollen. Unterschiedlich ist allerdings der immer stärker werdende religiöse Gehalt, der nicht nur im Märtyrertod des Grafen, sondern vor allem auch in der Parallelentwicklung des Offerus zum Christofferus seinen Ausdruck findet.

Dieser religiöse Gehalt verstärkt sich noch im letzten Stück Ernst Barlachs, der GZ. Celestine, die Hauptperson des Stückes, die in sich ein durch Vererbung verdorbenes Kind weiß, steigt in den einzelnen Stationen des Dramas im wahren Sinne des Wortes immer höher in ihrer Selbsterkenntnis und Opferbereitschaft und stirbt schließlich auf dem Gipfel eines Berges einen freiwilligen Tod am Kreuz für einen unschuldigen Knaben. Indem sie die satirisch dargestellte alte Welt der

„Absoluten Versicherung" ablehnt und ihre ursprüngliche Absicht, sich wegen
ihrer verzweifelten Lage zu töten, aufgibt und sich in Übereinstimmung mit ihrem
inneren Sollen aus Verantwortungsbewußtsein für einen anderen freiwillig opfert,
wiederholt sie den Weg des Grafen von Ratzeburg.

Mit der Vollendung der GZ im Jahre 1929 bricht die Dramenproduktion ab.
Es ist vielleicht kein Zufall, daß Barlach die Arbeit an seinem dramatischen Werk,
in dessen Zentrum die Verkündung eines neuen Menschentums steht, zu einem
Zeitpunkt einstellt, in dem sich die Angriffe der nationalistischen und patriotischen
Parteien und Vereine gegen seine Kunst immer mehr verschärfen. Wie hätte er
trotz seiner bitteren persönlichen Erfahrungen fortfahren können, seinen
optimistischen Glauben an den neuen Menschen zu verkünden?

Wie diese Untersuchung zeigt, spielt das Konzept vom neuen Menschen eine
wichtige Rolle in den Dramen Ernst Barlachs. Da der neue Mensch im Expressionismus „zum Losungswort" und „zum verpflichtenden Programm erhoben"
wurde, drängt sich eine geistige und gehaltliche Einordnung von Barlachs Werk in
diese literarische Strömung von selber auf.[4] Es geht daher nicht an, Barlach
lediglich als eine Randfigur des Expressionismus zu behandeln.[5]

Doch ist das Konzept vom neuen Menschen nicht allein für die Einordnung
in die literarische Epoche des Expressionismus von Bedeutung; es hat zugleich
auch formale Konsequenzen für die Dramen selber. Im Sprachlichen entwickelt
Barlach einen Stil, der seinem Hauptanliegen, der Suche und des Strebens auf ein
unbekanntes Ziel hin, nahezu perfekt entspricht. Durch grammatische Unregel-
mäßigkeiten, assoziative Einschübe, Auslassungen und Abschweifungen auf der
Satzebene und durch Ballung von Substantiven, Häufung von Genitiven und
Adjektiven und durch Prägung ungewöhnlicher Komposita auf der Wortebene
beteiligt er den Leser oder Zuhörer gleichsam am Ringen um das Neue und
Unsagbare. Glätte und Harmonie des Stiles werden vermieden und durch eine
stockende, bohrende und suchende Sprachbewegung ersetzt.

Schließlich paßt sich auch die Struktur der Dramen dem Thema der Suche
nach einer neuen menschlichen Daseinsform an. Alle Dramen Barlachs sind aus
Bildfolgen zusammengesetzte Stationsdramen, die die einzelnen Stadien der
Entwicklung unabhängig von Zeit-, Raum-, und Handlungseinheiten wiedergeben.
Diese Charakterisierung trifft selbst auf den TT zu, in dem Barlach die drei

Einheiten auf das Strengste wahrt, in dem jedoch die Akteinteilung völlig willkürlich wirkt und die Berechtigung des dritten Aktes als autonome Einheit nicht einleuchtet. Deswegen erscheint es auch angemessen, daß Barlach in den folgenden Dramen die traditionellen Gliederungsschemata zugunsten von Bildern oder Stücken aufgibt oder die einzelnen Entwicklungsphasen lediglich beziffert.

Über die Einheit von Gehalt und Form hinaus gibt es, besonders im Falle Barlachs, auch noch die Einheit des Dichters mit seinem Werk. Daß Barlach das Konzept des neuen Menschentums für sich selber als verpflichtend ansah, bestätigen nicht nur seine dramatischen Werke, sondern auch seine Briefe. Ein besonders beredtes Zeugnis dafür legt der folgende, von dem Künstler in seinem 62. Lebensjahr verfaßte Brief ab:

> Es geht eine neue Sonne auf, und nichts kann gewisser
> sein als die Wichtigkeit des Neuen und die Abgewelktheit
> des Alten. Zum Werden verhilft einzig bereit sein—in
> ehrlicher Unerschrockenheit und mit dem Willen,
> keinerlei Dogmatik über sich Gewalt zu lassen....Die
> Umgrenztheit eines bestimmten, religiösen,
> philosophischen oder allgemein weltanschaulichen Daseins
> ist gewiß ein Glück, gewiß kein Verdienst. Ich will
> gestehen, sie scheint mir oft beneidenswert—aber es ist
> mir nicht gegeben. Das Werden in mir ist schrankenlos,
> solange ich Vertrauen habe, daß es mich hebt. Aber
> wenn es mich wer weiß wohin brächte, ich würde nicht
> ein Wort der Klage finden (B II, S. 326).

Fußnoten Zusammenfassung

1. Barlach selber hat sich in seinen Briefen häufig zu seinem Glauben an das Schicksal bekannt; z.B.: B I, S. 714 u. B II, S. 127 u. 451.

2. Zur Entstehungsgeschichte des GR siehe Graucob, *Ernst Barlachs Dramen*, S. 115–117.

3. Ibid., S. 117. Die Parallelen sind offenbar nicht völlig zufällig, da die Entstehungsgeschichte des GR mit der Zeit der Niederschrift des BB im Jahre 1925 zusammenfällt.

4. Paul E. Wyler, „Der 'neue Mensch' im Drama des deutschen Expressionismus" (Diss. Stanford University, 1943), S. 2.

5. Wie z.B. Otto Mann, „Ernst Barlach," S. 296 ff.

LITERATURVERZEICHNIS

1. BARLACHS WERKE

Barlach, Ernst. *Das dichterische Werk in drei Bänden: Erster Band. Die Dramen*, in Gemeinschaft mit Friedrich Droß hrsg. von Klaus Lazarowicz. München: R. Piper & Co. Verlag, 1956. *Zweiter Band. Die Prosa I*, hrsg. von Friedrich Droß. München: R. Piper & Co. Verlag, 1958. *Dritter Band. Die Prosa II*, hrsg. von Friedrich Droß. Mit einem Nachwort von Walter Muschg. München: R. Piper & Co. Verlag, 1959.

_____. *Die Briefe I. 1888–1924*, hrsg. von Friedrich Droß. München: R. Piper & Co. Verlag, 1968.

_____. *Die Briefe II. 1925–1938*, hrsg. von Friedrich Droß. München: R. Piper & Co. Verlag, 1969.

_____. *Barlach im Gespräch*, aufgezeichnet von Friedrich Schult. Leipzig: Insel Verlag, 1948.

_____. *Ernst Barlach. Leben im Werk. Plastiken, Zeichnungen und Graphiken. Dramen, Prosawerke und Briefe*, hrsg. von Naomi Jackson Groves. Die blauen Bücher. Königstein: Karl Robert Langewiesche, 1972.

_____. *Ernst Barlach. Prosa aus vier Jahrzehnten*, hrsg. mit einem Nachwort,

Anmerkungen und Erläuterungen sowie einer Chronik von Elmar Jansen. Berlin: Union Verlag, 1966.

_____. *Three Plays by Ernst Barlach*, übersetzt von Alex Page. Minneapolis: The University of Minnesota Press, 1964.

2. FORSCHUNGSBERICHTE UND BIBLIOGRAPHIEN

Brinkmann, Richard. „Expressionismus-Probleme. Die Forschung der Jahre 1952–1958," *DVjS*, XXXIII (1959), 105–181.
Für den angegebenen Zeitraum sehr gute kritische Übersicht über den Forschungsstand; diskutiert unter anderem das Fehlen einer vollständigen und brauchbaren Bibliographie für Barlachs Werk.

Gielow, Wolfgang. *Ernst Barlach. Literaturverzeichnis*, als Manuskript hrsg. München: Selbstverlag, 1945.
Von Brinkmann als unvollständig, unbrauchbar und dilettantisch abgelehnt.

Hill, Claude und Ley, Ralph. *The Drama of German Expressionism. A German-English Bibliography*. Chapel Hill: The University of North Carolina Press, 1960.
Bis 1957 die zuverlässigste Bibliographie, die auch Eintragungen aus dem englisch-sprachigen Raum einschließt.

Kröplin, Karl-Heinz. *Ernst-Barlach-Bibliographie*. Deutsche Staatsbibliothek. Bibliographische Mitteilungen, 25. Berlin: Deutsche Staatsbibliothek, 1972.
Unter der Abteilung Sekundärliteratur wird hauptsächlich Schrifttum aus der ehemaligen DDR berücksichtigt.

3. AUSGEWÄHLTE UND ANNOTIERTE SEKUNDÄRLITERATUR ZU BARLACHS DICHTERISCHEM WERK

Albus, Günter. „Die weltanschauliche und künstlerische Entwicklung Ernst Barlachs und die Beziehungen zwischen Literatur und bildender Kunst in seinem Werk." Diss. Leipzig, 1965.
Aus der marxistischen Perspektive von Albus muß die Bewertung von Barlachs dichterischem Werk negativ ausfallen, auch wenn der Künstler selber auf Grund seiner Zeichnungen und Plastiken und seiner Verfolgung durch die Nationalsozialisten von der offiziellen kommunistischen Parteilinie positiv beurteilt wird.

Anderson, Bernard R. „The Grotesque in Barlach's Work. Towards an Understanding of His World," in: *Essays on German Literature*, hrsg. von Bates, Goetz und Stankiewicz. Toronto: University of Toronto Press, 1968, S. 62–93.
Nachweis zahlreicher grotesker Elemente im Frühwerk Barlachs. Das Groteske dient nicht der Darstellung einer absurden Welt sondern dem Ausdruck des Leidens am Menschen, der es versäumt, sich selbst und die Welt zu verbessern.

Bab, Julius. „Ernst Barlach," in: *Deutsche Literatur im 20. Jahrhundert*, hrsg. von Hermann Friedmann und Otto Mann. Heidelberg: Wolfgang Rothe, 1954, S. 136–145.
Allgemeine Einführung in das bildhauerische, zeichnerische und dichterische Werk; eher zusammenfassend als interpretierend. Bab stellt irrtümlicherweise Gedichte von Friedrich Schult als Verse von Barlach vor.

Barlach, Karl. *Mein Vetter Ernst Barlach*. Bremen: B. C. Heye & Co., 1960.
Allgemeine Einführung in das Leben und Gesamtwerk Barlachs durch die persönlich-verwandtschaftliche „Augenzeugenperspektive" angereichert.

Beckmann, Heinz. „Religion in Ernst Barlachs Werk." *18.Jahresgabe der*

Ernst-Barlach-Gesellschaft. Bremen: Ernst-Barlach-Gesellschaft, 1956.

_____. „Die metaphysische Tragödie in Ernst Barlachs Dramen." *Schriften der Ernst-Barlach-Gesellschaft*. O. O.: Ernst-Barlach-Gesellschaft, 1964/65.

_____. *Ich habe keinen Gott. Ernst Barlachs religiöse Provokation*. Kaiser Traktate, 10. München: Chr. Kaiser Verlag, 1974.
Starke Betonung der religiös-christlichen Komponente in Barlachs Werk, ohne daß auch die Unterschiede zum dogmatischen Christentum dargestellt werden.

Bevilacqua, Guiseppe. *Ernst Barlach. Letteratura e critica*. Argalia: Editore Urbino, 1964.
Von Georg Lukacs beeinflußte Kritik, die Barlach mangelnde Erkenntnisse von historischen Zusammenhängen und eine Neigung zum abstrakten Utopismus vorwirft.

Braak, Kai. „Zur Dramaturgie Ernst Barlachs." Diss. Heidelberg, 1960.
Braaks Untersuchung schließt einen späten Erfolg der Dramen auf der Bühne nicht aus, doch bleibt er eine Erklärung für den Mißerfolg der Stücke schuldig. Als wesentliche Kennzeichen der Dramen identifiziert er die Art, in der das Unfaßbare im Gewand des Selbstverständlichen gezeigt wird, die Reduzierung der Figuren zu Puppen, die Monologisierung des Dialogs und Anklänge an das *theatrum mundi*.

Bremer, Klaus. „Barlach und die Bühne," *Akzente*, I (1954), 226–233.
Ausgehend von seinen Inszenierungen des GR und der SÜ versucht Bremer zu begründen, warum seine expressionistischen, auf Kandinskys Theater-experimenten beruhenden Aufführungen die richtige Form einer Barlach Dramaturgie darstellen. Es ist ironisch, daß gerade Kandinskys Theorien, die Barlach so entschieden abgelehnt hat, (z.B. B I, S. 396), von Bremer herangezogen werden.

Carls, Carl Dietrich. *Ernst Barlach*. New York: Frederick A. Praeger, 1969.
Barlach Monographie mit starker Betonung des plastischen und graphischen
Werkes, bietet eine brauchbare Paraphrase der Dramen.

Chick, Edson M. „Comic and Grotesque Elements in Ernst Barlach,“ *Modern
Language Quarterly*, XX (1959), 173–180.

_____. „*Der blaue Boll* and the Problem of Vision in Barlach,“ *GR*, XL (1965),
31–40.

_____. „Diction in Barlach's *Sündflut*,“ *Germanic Review*, XXXIII (1958),
243–250.

_____. *Ernst Barlach*. Twayne's World Authors Series, V. 26. New York:
Twayne Publishers, 1967.

_____. „Ernst Barlach and the Theater,“ *GQ*, XXXVI (1963), 39–51.

_____. „Ernst Barlach's '*Der arme Vetter*': A Study,“ *MLR*, LVII (1962),
373–384.
Der Band *Ernst Barlach* faßt die Essays von Chick zusammen. Es handelt
sich um am Text orientierte Interpretationen des AV, der SÜ und des BB,
um eine Analyse der Barlachschen Sprachform, um die Bedeutung des
Grotesken und des Humors in den Dramen und um den Versuch, Barlachs
Mißerfolge auf der Bühne zu erklären. Die Essays enthalten wertvolle
Ergebnisse und Anregungen und zeichnen sich durch ihre Konzentration auf
den Text und ihre klare Sprache aus.

Deppert, Fritz. „Schuld und Überwindung der Schuld in den Dramen Ernst
Barlachs.“ Diss. Frankfurt am Main, 1966.
Deppert identifiziert in seiner Gehaltsdeutung drei verschiedene Schuld-
begriffe und fügt dann ohne überzeugende Begründung ein Exkursionskapitel
über bestimmte formale Elemente der Dramen ein.

Dixon, Christa K. „Ernst Barlach: *Die Sündflut* und Günter Grass: *Hochwasser*. Ein Beitrag zum Vergleich," *GQ*, XLIV (1971), 360–371.

Am Text orientierter Vergleich, der zeigt, daß Barlachs SÜ trotz des universalen Ausmaßes der Katastrophe die Möglichkeit einer Katharsis, Hoffnung im Werden und Rettung im Untergang sieht, während Grass Verschmutzung und Untergang trotz Rettung darstellt.

Dohle, Helmut. *Das Problem Barlach*. Köln: Verlag Christoph Czwiklitzer, 1957. Allgemeine, stellenweise recht oberflächlich geschriebene Einführung in die Dramen.

Domandi, Agnes K. „Zur Struktur der Dramen Ernst Barlachs." Diss. New York University, 1966.

Unter Heranziehung der neueren Arbeiten zur Dramenform stellt Domandi die Frage nach der dramatischen Qualität der Barlachschen Dramen. Sie untersucht Komposition, Handlung, Raum, Zeit und Charaktere und findet die Dramen strukturell undramatisch, da ihr Wesen darin bestehe, daß Unsagbare als unsagbar darzustellen. Es fällt schwer, anzunehmen, daß Barlach seine Dramen bewußt verfertigte, um zu zeigen, daß sein Unsagbares nicht darstellbar ist.

Douthit, Dorothy Ann Balfe. „The Concept of Women in Ernst Barlach's Dramas." Diss. University of Texas, 1967.

Douthit identifiziert fünf Frauentypen im plastischen Werk und im Leben Barlachs. Ihre Untersuchung zeigt, daß Entsprechungen zu diesen Typen im dramatischen Werk nur unbedeutend sind.

Durzak, Manfred. *Das expressionistische Drama. Ernst Barlach, Ernst Toller, Fritz von Unruh*. München: Nymphenburger Verlagshandlung, 1979.

In seinem Versuch, Barlachs Dramen im Kontext des Expressionismus zu bestimmen, konzentriert Durzak sich auf AV, ES und BB. Für ihn sind die Dramen charakterisiert durch die Spannung zwischen dem Mythisch-Mystischen und dem Realistisch-Kleinbürgerlichen, zwischen dem Religiösen und dem Politischen und zwischen dem expressionistischen Stationendrama und dem naturalistischen Volksstück. Er sieht im Aufbruch zum neuen Menschentum das expressionistische Element und in der sprachlichen Verankerung der Personen im Kleinbürgertum die realistische Ebene. Nur im BB sieht Durzak eine gelungene Synthese dieser Spannung von irdischer Wirklichkeit und mystischem Jenseitsstreben, von Bürgergroteske und Erlösungsspiel.

Eichholz, Renate. „Ernst Barlachs kleine Prosa 1895–1914." Diss. Basel, 1965.
Die Untersuchung beschränkt sich auf die frühe Prosa und betont die radikale Sprachskepsis Barlachs.

Engel, Heinrich. „Ernst Barlachs dichterisches Werk," *Aufbau*, V (1949), 997–1005.
Kurze Einführung in Barlachs dichterisches Werk aus marxistischer Perspektive.

Entner, Heinz. „Ernst Barlachs Auseinandersetzung mit der bürgerlichen Gesellschaft seiner Zeit, untersucht an seinem erzählerischen Werk." Diplom-Arbeit. Berlin, 1956.
Bewertung des erzählerischen Werkes auf gesellschaftliche Bezüge hin.

Erdmann, Karl-Heinz. „Ernst Barlachs Dramen. Eine Untersuchung zur spätbürgerlichen Problematik in der Konfliktwahl und Menschengestaltung." Diss. Jena, 1967.

Fechter, Paul. *Ernst Barlach*. Gütersloh: C. Bertelsmann Verlag, 1957.
Lebendig geschriebene Barlach Monographie mit beeindruckenden Detailkenntnissen.

Fetting, Hugo. „Die dramatische Technik Barlachs." Diplom-Arbeit. Humboldt Universität Berlin, 1951.

Fleischhauer, Dietrich. „Barlach auf der Bühne." Diss. Köln, 1956.
Die Arbeit betont die dramatischen Strukturen und liefert einen lückenlosen Katalog aller Inszenierungen von Barlachs Dramen bis 1955 einschließlich einer Auswahl von Theaterkritiken. Fleischhauer identifiziert vier Regietypen, ohne sich jedoch für eine Art der Regie zu entscheiden.

Flemming, Willi. *Ernst Barlach. Wesen und Werk*. Sammlung Dalp, Bd. 88. Bern: Francke Verlag, 1958.
Allgemeiner Überblick über das Leben und Schaffen Barlachs. Ein Versuch, die Dramen zu werten, ist zu eng angelegt, da ausschließlich traditionelle Gattungsdefinitionen angewendet werden.

Franck, Hans. *Ernst Barlach. Leben und Werk*. Stuttgart: Kreuz Verlag, 1961.
Allgemeine Einführung mit einer Paraphrase der Dramen.

Graucob, Karl. *Ernst Barlachs Dramen*. Kiel: Walter G. Mühlau Verlag, 1969.
Eine sorgfältige, am Text orientierte Untersuchung von Handlung, Charakteren, Zeit- und Raumstrukturen der einzelnen Dramen, die die dramatische Qualität betont und Barlach in das moderne Theater von Strindberg bis Ionesco einordnet.

Gross, Helmut. *Zur Seinserfahrung bei Ernst Barlach. Eine ontologische Untersuchung von Barlachs dichterischem und bildnerischem Werk*. Freiburg: Herder, 1967.
Basierend auf Heideggers Dichtungsverständnis versucht Gross, Barlachs Seinserfahrung zu analysieren. Er sagt dabei mehr über Heideggers Philosophie aus als über Barlachs Werk.

Hauch, Edward F. „Ernst Barlach and the Search for God," *GR*, II (1927), 157–166.
Der Essay untersucht die Verbindung zwischen Barlachs Menschenbild und Nietzsches Auffassung vom Übermenschen.

Herrmann, Elisabeth. „Die Dramen Barlachs. Darstellung und Interpretation unter besonderer Berücksichtigung der zeitkritischen und historischen Bezüge." Diplom-Arbeit. Leipzig, 1961.

Hollmann, Werner. „Das religiöse Erlebnis bei Ernst Barlach," *Monatshefte*, XLII (1950), 1–8.
Hollmann untersucht Verbindungen des Barlachschen Werkes mit der Theologie Karl Barths und der Philosophie Heideggers.

Horn, Friedericke. „Die Dichtung Ernst Barlachs und ihr ethischer Gehalt." Diss. Wien, 1951.

Ihering, Herbert. *Von Reinhardt bis Brecht. Eine Auswahl der Theaterkritiken von 1909–1932*, hrsg. von Rolf Badenhausen. Hamburg: Rowohlt Verlag, 1967.

Jackson, Naomi Catherina A. „Ernst Barlach: The Development of a Versatile Genius." Diss. Radcliffe, 1950.
Ausführliche und kenntnisreiche Einführung in das Werk Barlachs. Eine der besten Einführungen im englisch-sprachigen Bereich.

Jansen, Elmar, Hrsg. *Ernst Barlach. Werk und Wirkung. Berichte. Gespräche. Erinnerungen*. Frankfurt am Main: Athenäum Verlag, 1972.
Umfangreiche und kritische Materialsammlung zum Leben und Werk Barlachs.

Jens, Walter. „Ernst Barlachs Dramen," in: *Zueignungen. 12 literarische Porträts*. 2. Auflage. München: R. Piper & Co, 1963, S. 52–62.
Kurze Einführung in das Werk, die sich vor allem auf den Gehalt der Dramen konzentriert aber auch formale Elemente streift.

Johnson, Uwe. „Ernst Barlach. *Der gestohlene Mond*. Diplom-Arbeit. Leipzig, 1956.

Just, Klaus Günther. „Ernst Barlach," in: *Deutsche Dichter der Moderne. Ihr Leben und Werk*, hrsg. von Benno v. Wiese. 2. erweiterte Auflage. Berlin: Erich Schmidt Verlag, 1969, S. 428–447.
Kenntnisreiche, konzise Einführung in das dichterische Schaffen Barlachs.

Kaiser, Herbert. *Der Dramatiker Ernst Barlach*. München: Fink-Verlag, 1972.
Eine vorbildliche, wegweisende und hauptsächlich auf den Text gegründete Deutung der Dramen und des Dramatikers Barlach. Die sehr eingehenden Einzelinterpretationen zwingen Kaiser den FI, die SÜ und die GZ auszulassen, ohne daß er jedoch eine Begründung für seine Auswahl gibt. Das Buch würde von einem Register profitieren, liefert dafür aber eine ausgezeichnete Diskussion ausgewählter wichtiger Sekundärliteratur. Die durchweg wichtigen Fußnoten, die fast ein Viertel des Textes ausmachen, hätten zum großen Teil mit in den Text eingebaut werden können. Trotz dieser Mängel leistet die Untersuchung einen äußerst wertvollen Beitrag zur Barlachliteratur.

Keith-Smith, Brian. „Ernst Barlach," in: *German Men of Letters*, Bd. 3, hrsg. von Alex Natan. London: O. Wolff, 1964, S. 55–81.
Eine kurze, präzise und kenntnisreiche Einführung in das Werk und die Biographie Barlachs.

Krahmer, Catharine. *Ernst Barlach*. Reinbek: Rowohlt, 1984.
Eingehende und kenntnisreiche Monographie, die Leben und Gesamtwerk des Künstlers behandelt.

Krapp, Helmut. „Der allegorische Dialog," *Akzente*, I (1954), S. 210–219.
Es geht Krapp darum, zu zeigen, daß die Sprache vor dem Unbegreiflichen, das Barlach ausdrücken will, versagt. Der Aufsatz zeigt an Hand von Textbeispielen wichtige Charakteristika der Barlachschen Sprache, schließt aber von diesen Beobachtungen zu eilig auf das Gesamtwerk. Barlach hat das Wort nicht nur als „Krücke" sondern auch als ein Mittel angesehen, das „direkt ins Innerste dringt" (B II, S. 327).

Lazarowicz, Klaus. „Die Symbolik in Barlachs '*Der Graf von Ratzeburg*' im Zusammenhang mit dem dichterischen Gesamtwerk." Diss. Gttingen, 1954. Ausgehend vom GR und basierend auf dem Goetheschen Symbolbegriff weist Lazarowicz eine allgemein gefaßte Symbolik von Weg, Kreis, Strom, Pendel und Steg in Barlachs dramatischem Werk nach und deutet diese Symbole, ohne sich dabei sehr eng an den Text zu halten. In vielen Fällen sind seine Deutungen entweder zu allgemein gefaßt, oder sie erlauben keinen Raum für Ambivalenz.

Lehmann, Margaret. „Eine Interpretation von Ernst Barlachs Dramen, gestützt auf die Psychologie von C. G. Jung." Diss. New York University, 1965. Die Untersuchung zeigt, daß Barlachs Dramen sich mit Hilfe der Jungschen Psychologie erfassen lassen und beweist, daß eine Ähnlichkeit zwischen Barlachs Konzept vom Menschen und der Psychologie Jungs besteht. Dieses Ergebnis scheint aber eher für den Psychologen als für den Literaturwissenschaftler von Bedeutung zu sein. Außerdem erschwert das psychologische Fachvokabular das Verständnis der Dramen für den Nich-Pscychologen.

Lichter, Elisabeth. „Wort und Bild in den Dramen Ernst Barlachs." Diss. Heidelberg, 1960. Die Untersuchung konzentriert sich ausschließlich auf die Sprachbewegung in den Dramen. Lichter sieht den Sinn und Wert der Dramen gleichsam in der Sprachwerdung der menschlichen Existenz. Obgleich die Arbeit zu einigen interessanten Teilerkenntnissen führt, leidet sie stark unter ihrer undeutlichen Terminologie und der rigorosen Weigerung, Bedeutungs-kategorien jenseits der Wortebene anzuerkennen.

Lietz, Gerhard. „Das Symbolische in der Dichtung Barlachs." Diss. Marburg, 1934. Diese Arbeit kann als Vorläufer und Grundlage für die späteren Symbol-untersuchungen von Lazarowicz und Snyder angesehen werden.

Lotz, Pater. „Ernst Barlachs '*Graf von Ratzeburg*' in christlicher Sicht," *Das neue Forum* (1951/52), S. 103–105.
Eine kurze, religiös-christliche Deutung des GR, die Barlachs undogmatische Auffassung vom Christentum außer Acht läßt.

Lucas, W. I. „Barlach's '*Der blaue Boll*' and the New Man," *German Life and Letters*, XVI (1962/63), S. 238–247.
Lucas zeigt, wie die Hauptfigur im BB sieben Stationen durchläuft, um sich schließlich in einen neuen Menschen zu verwandeln. Die Interpretation wendet Kategorien an, die am bildhauerischen Werk gewonnen sind, und betont das Ineinander von Realität und Vision. Eine Definition des „neuen Menschen" wird nicht versucht.

Mann, Otto. „Ernst Barlach," in: *Expressionismus. Gestalten einer literarischen Bewegung.* Heidelberg: Wolfgang Rothe Verlag, 1956, S. 296–311.
Kurze, allgemeine Einführung in das Werk.

Mann, Thomas. „German Letter," *The Dial*, LXXVII (1924), S. 414–419.
Thomas Manns erste Eindrücke beim Lesen des TT.

McFarlane, J. W. „Plasticity in Language: Some Notes on the Prose Style of Ernst Barlach," *MLR*, IL (1954), S. 451–460.
Der Autor benutzt gehaltliche Kriterien wie Anschaulichkeit und Plastizität, um Barlachs Sprachstil zu beschreiben. Dabei übersieht er völlig die abstrahierende Tendenz in Barlachs Sprache, die dem Anschaulichen entgegenarbeitet.

Meier, Herbert. *Der verborgene Gott. Studien zu den Dramen Ernst Barlachs.* Nürnberg: Glock und Lutz, 1963.
Eine Gehaltsdeutung des dramatischen Werkes aus existenzphilosophischer Perspektive. Meier benutzt Formeln wie „Inkarnation," „Exkarnation" und „dämonische Indifferenz," die eher vom Text wegführen als ihn zu erklären.

Muschg, Friedrich A. „Der Dichter Barlach." Diss. Zürich, 1961.
Eine am Text orientierte, gründliche Arbeit, die eingehende Einzel-interpretationen und einen Gesamtüberblick über die Dramen bringt, ohne dabei die Analyse der sprachlichen Form zu vernachlässigen.

Muschg, Walter. „Der Dichter Ernst Barlach," in: *Die Zerstörung der deutschen Literatur*. 3. erweiterte Auflage. Bern: Francke Verlag, 1958, S. 231–261.

_____. „Ein Opfer. Ernst Barlachs Briefe," in: *Die Zerstörung der deutschen Literatur*. 3. erweiterte Auflage. Bern: Francke Verlag, 1958, S. 84–109.

_____. „Ernst Barlach der Erzähler," in: *Von Trakl zu Brecht.Dichter des Expressionismus*. München: R. Piper & Co, 1961, S. 244–263.

Muschgs Essays befassen sich nicht mit den Dramen, sondern mit der tragischen Biographie Barlachs, den Briefen und der Prosa.

O'Neil, Daniel Charles. „A Critical Study of '*Seespeck*' and '*Der gestohlene Mond*,' with Special Attention to Distinctive Visual Elements." Diss. Cornell University, 1966.
Eine Analyse der zwei posthumen Prosafragmente Barlachs mit formalen Kriterien, die aus dem bildhauerischen und zeichnerischen Werk stammen. Wie bei McFarlane bleibt dieser Versuch zu einseitig, da die abstrakte Komponente des Barlachschen Stils vernachlässigt wird.

Page, Alex. *Das Vater-Sohn-Verhältnis in Ernst Barlachs Dramen*. Hamburg: Druck der Ernst Barlach Gesellschaft, 1965.
Eine kurze Untersuchung, die vor allem im TT mit Freudschen Kategorien operiert, dann aber auf eine eher biographische Methode umschwenkt und Parallelen zwischen den Vater-Sohn Verhältnissen in den Dramen und in Barlachs Leben feststellt.

Paulsen, Wolfgang. „Zur Struktur von Barlachs Dramen," in: *Aspekte des Expressionismus. Periodisierung. Stil. Gedankenwelt. Die Vorträge des Ersten Kolloquiums in Amherst,* hrsg. von Wolfgang Paulsen. Heidelberg: Lothar Stiehm Verlag, 1968, S. 103–132.

Eine kenntnisreiche Analyse der Struktur von Barlachs Dramen, die zugleich eine kritische Musterung der verschiedenen Interpretationsansätze für Barlachs Werk gibt, vor einer Überbewertung gehaltlicher Kriterien warnt, und auf Gebiete hinweist, die ausführlichere Studien benötigen.

Piper, Reinhard. *Mein Leben als Verleger.* München: R. Piper & Co Verlag, 1964.

Persönliche Erinnerungen an den Künstler und Freund Ernst Barlach.

Raschke, Heinz. „Mensch und Landschaft in Ernst Barlachs Prosa. Versuch einer marxistischen Wertung Ernst Barlachs." Staatsexamens-Arbeit. P.H. Potsdam, 1959.

Rothe, Wolfgang. „Ernst Barlach," in: *Christliche Dichter im 20. Jahrhundert. Beiträge zur europäischen Literatur,* hrsg. von Otto Mann. Bern und München: Francke Verlag, 1968, S. 269–285.

Eine sehr eng, aus dogmatisch-christlicher Sicht verfaßte Einführung, die die Dramen als liturgische Spiele interpretiert.

Schmidt-Sommer, Irmgard. „Sprachform und Weltbild in den Dramen von Ernst Barlach." Diss. Tübingen, 1967.

Die sorgfältige und erkenntnisreiche Untersuchung zeigt, daß Barlachs Weltbild seine adäqute Ausdrucksform in den von ihm verwendeten Stilmitteln findet. Allerdings leidet die Arbeit unter Atomisierung und Vernachlässigung des Kontextes, weil es der Verfasserin nicht gelingt ihre wichtigen Detailbeobachtungen zu einem übersichtlichen Ganzen zusammenzufassen.

Schurek, Paul. *Begegnungen mit Ernst Barlach.* Hamburg: Claassen und Goverts, 1946.
Ein persönlich gefärbter „Erlebnisbericht" über Barlachs Leben.

Schweizer, Hans. *Ernst Barlachs Roman „Der gestohlene Mond."* Basler Studien zur deutschen Sprache und Literatur, hrsg. von Walter Muschg. Heft 22. Bern: Francke Verlag, 1959.
Die sorgfältige Interpretation des Romans enthält als letztes Kapitel eine Stilanalyse, deren Ergebnisse sich zum großen Teil auch auf die Dramensprache übertragen lassen.

Schwerte, Hans. „Über Barlachs Sprache," *Akzente*, I (1954), S. 219–225.
Der kurze Aufsatz liefert wichtige und zutreffende Beobachtungen über die Merkmale von Barlachs Sprache. Substantivierung, Primat des Wortes gegenüber dem Satz, Wortspiel, Abstrahierung des Konkreten und Personifizierung des Abstrakten werden beschrieben. Allerdings benutzt der Autor keine Textbeispiele sondern beruft sich lediglich auf Briefstellen zur Erhärtung seiner Beobachtungen.

Snyder, Bradley Johnson. „Symbol, Allegory and Myth in Ernst Barlach's Dramas." Diss. University of Colorado, 1968.
Snyders Dissertation knüpft bewußt an die Arbeiten von Lazarowicz an und versucht, über dessen allgemein gefaßte Symbolik hinaus ins Detail zu gehen. Es werden vier häufig wiederkehrende Symbolgruppen identifiziert, die ein Netz bilden, in dem jedes Symbol eine fixierte Bedeutung hat. Abgesehen davon, daß Snyder sich von willkürlichen Begriffsdefinitionen abhängig macht, übersieht er auch die Komplexität und Ambivalenz der verwendeten Zeichen.

Synn, Ilhi. „The Ironic Rebel in the Early Dramatic Works of Ernst Barlach." Diss. Princeton University, 1966.
Synn ordnet Barlach geistesgeschichtlich zwischen Dostojewski und Camus ein und interpretiert sein Werk aus existenzphilosophischer Sicht. Für ihn

rebellieren die Helden der Dramen gegen Gott und werden durch diesen Akt der Rebellion eins mit Gott. Abgesehen davon, daß Synn die Richtung des Suchens verkehrt, —nicht Gott sucht den Menschen, sondern der Mensch sucht über sich hinaus,—wird Barlach zu sehr auf einen einzigen Weg, und zwar auf den Weg Calans aus der SÜ festgelegt.

Vietta, Egon. „Versuch einer ersten Deutung des *'Grafen von Ratzeburg,'*" in: *Ernst Barlach, Dramatiker, Bildhauer, Zeichner*. Darmstadt: Verlag Stichnote, 1951.

_____. „*'Der Graf von Ratzeburg'* und der Entwurf einer neuen Barlach-Dramaturgie," *Die Neue Rundschau*, LXII, H. 4 (1951), S. 142–150.
Auf Heideggers Philosophie basierende Interpretationen des GR.

Wagner, Horst. „Barlach. *'Die Sündflut,'*" in: *Das Deutsche Drama vom Barock bis zur Gegenwart. Interpretationen*. Bd. II, hrsg. von Benno v. Wiese. Düsseldorf: August Bagel Verlag, 1968, S. 341–359.
Klare, am Text orientierte Interpretation des SÜ.

_____. „Ernst Barlach und das Problem der Form." Diss. Münster/Westf., 1955.
Eine umfassende und erkenntnisreiche Arbeit, die unter Heranziehung der Plastik und des Romans *Der gestohlene Mond* eine Struktur aufzeigt, die allen Werken Barlachs zugrunde liegt. Es geht dem Künstler vor allem um die Vision von der Erneuerung des Menschen. Da dieser innerliche Vorgang auf der Bühne nicht darstellbar ist und da Barlach sich nicht auf ein allgemeines Verständnis der Zuschauer verlassen kann, muß er nach Wagner zu den undramatischen Mitteln des Kommentars, der Surrogat-Symbolik und der Stilisierung der Sprache greifen. Barlach sprengt mit diesen Mitteln bewußt das dramatische Gefüge, um den Zuschauer auf die eigentliche Aussage hinzuweisen.

Welliver, Glenn E. „Internal Evidence of the Interrelation of Ernst Barlach's Dramas." Diss. Northwestern, 1964.
Welliver zeigt wiederkehrende Themen und Motive in den einzelnen Dramen auf und versucht, Quellen für diese bei Jakob Böhme nachzuweisen. Zweifelsohne spielt das Mystische in Barlachs Werken eine Rolle, doch läßt sich trotz der Bemühungen Wellivers eine direkte Beeinflussung mit Wahrscheinlichkeit ausschließen.

Wyneken, H. *„Der Findling,"* Die Literatur, XXX (1928), S. 536.

Ziegler, Klaus. „Das Drama des Expressionismus," *DU*, V, H. 5 (1953), S. 57–72.
Ziegler stellt an Hand der Untersuchung von Barlachs SÜ and Kaisers *Die Bürger von Calais* zwei typische Ausprägungen des expressionistischen Dramas dar. Barlachs Dramen haben ihren Grund im Mythisch-Religiösen, während Kaisers Stücke eher durch das Soziologische bestimmt werden.

4. ALLGEMEINE LITERATUR

Benn, Gottfried. *Probleme der Lyrik.* 9. Auflage. Wiesbaden: Limes Verlag, 1966.

Böckmann, Paul. „Die Bedeutung Nietzsches für die Situation der modernen Literatur," DVjS, XXVIII (1953), S. 77–101.

Crumbach, Franz Herbert. *Die Struktur des Epischen Theaters. Dramaturgie der Kontraste.* Braunschweig: Waisenhaus, 1960.

Denkler, Horst. *Drama des Expressionismus. Programm. Spieltext. Theater.* München: Wilhelm Fink Verlag, 1967.

Dietrich, Margret. *Das moderne Drama. Strömungen. Gestalten. Motive.* Kröners Taschenausgabe, Bd. 220. Stuttgart: Alfred Kröner Verlag, 1961.

Esslin, Martin. *The Theatre of the Absurd*. Anchor Books, A 279. Revised edition. Garden City: Doubleday, 1969.

Fechter, Paul. *Das europäische Drama. Geist und Kultur im Spiegel des Theaters. Bd. II. Vom Naturalismus zum Expressionismus*. Mannheim: Bibliographisches Institut AG, 1951.

von Goethe, Johann Wolfgang. *Faust. Der Tragödie erster und zweiter Teil. Urfaust*, kommentiert von Erich Trunz. Hamburg: Christian Wegner Verlag, 1963.

Grass, Günter. *Die Blechtrommel*. Neuwied am Rhein: Luchterhand Verlag, 1959.

Kafka, Franz. *Die Erzählungen*. Frankfurt am Main: S. Fischer Verlag, 1961.

Kayser, Wolfgang. *Das Groteske in Malerei und Dichtung*. rowohlts deutsche enzyklopädie, Nr. 107. Hamburg: Rowohlt Verlag, 1960.

Kesting, Marianne. *Das epische Theater. Zur Struktur des modernen Theaters*. Urban Bücher, Nr. 36. Stuttgart: Kohlhammer, 1959.

Klotz, Volker. *Geschlossene und offene Form im Drama*. 4. Auflage. München: Hanser, 1960.

Nietzsche, Friedrich. *Werke*. 3 Bände, hrsg. von Karl Schlechta. München: Carl Hanser Verlag, 1956.

Raabe, Paul, Hrsg. *Expressionismus. Aufzeichnungen und Erinnerungen der Zeitgenossen*. Olten und Freiburg i. Br.: Walter Verlag, 1965.

Sokel, Walter H. *The Writers in Extremis. Expressionism in Twentieth-Century German Literature*. Stanford: Stanford University Press, 1959.

Szondi, Peter. *Theorie des modernen Dramas*. edition suhrkamp, Nr. 27. Frankfurt am Main: Suhrkamp Verlag, 1963.

Webb, Daniel. „The Demise of the 'New Man.' An Analysis of Late German Expressionism." Diss. University of Southern Claifornia in Los Angelos, 1968.

Wyler, Paul Edward. „Der 'neue Mensch' im Drama des deutschen Expressionismus." Diss. Stanford University, 1943.